Topographie der Stadt Halle

Geschichte der Straßen, Plätze und Märkte, öffentlichen und privaten Gebäude der Stadt von den ältesten Zeiten bis zum Jahre 1914

Dritter Band (Schlußband)

Die Eingemeindungen der Stadt Halle:

Giebichenstein · Trotha · Cröllwitz · Gimritz

Von

Dr. S. Baron von Schultze-Galléra

Privatdozent der Universität Halle-Wittenberg

Im Heimat-Verlag für Schule und Haus
zu Halle a. d. Saale

Impressum

Umschlaggestaltung: Harald Rockstuhl frei nach dem Original

Autor: Dr. Siegmar Baron Schultze-Galléra
(* 6. Januar 1865 in Magdeburg; † 15. September 1945 in Halle-Nietleben)

Zeichnungen: Alfred Weßner-Collenbey (1873–1940)

Bisheringe Auflagen: 1. Auflage um 1924,
Heimat-Verlag für Schule und Haus zu Halle a.d.S.

1. Reprintauflage 2018
ISBN 978-3-95966-308-3

Repro: Harald Rockstuhl, Bad Langensalza

Druck und Bindearbeit: Digital Print Group Oliver Schimek GmbH, Nürnberg/Mittelfranken

Gedruckt auf alterungsbeständigem Papier nach ISO 9706

Die Deutsche Nationalbibliothek verzeichnet diese Publikation in der Deutschen Nationalbibliografie. Detaillierte bibliografische Daten sind im Internet über *http://dnb.d-nb.de* abrufbar.

Inhaber: Harald Rockstuhl
Mitglied des Börsenvereins des Deutschen Buchhandels e.V.
Lange Brüdergasse 12 in D-99947 Bad Langensalza/Thüringen
Telefon: 03603 / 81 22 46   Telefax: 03603 / 81 22 47
www.verlag-rockstuhl.de

Inhalt des dritten Bandes

Die Erweiterung der Stadt Halle von 1900 ab

I. Giebichenstein

sich von nun an die Grenze den Mötzlicher Weg entlang über den Goldberg, dann östlich von der Braunkohlengrube „Frohe Zukunft" (Hallisches Kohlenwerk) bis dicht vor Tornau, darauf westwärts die Dessauer Chaussee überquerend zur Südecke der alten Seebener Fasanerie („Weiße Mauer"), von hier zum Trothaer Bahnhof, dann nördlich bis zu Sennewitz-Dreckende, dann wieder bis zur Magdeburger Chaussee zurückspringend zum Giebichensteiner Wasserwerk, dann auf den Tafelwerder; hier überschreitet sie die Saale führt auf die Dölauer Straße südlich der Brandberge, geht bis auf die Nordostecke der Heide (Erholungsheim), dann am Heiderand entlang auf Schurigs Garten, am Waldkater entlang, westlich und parallel die Prachtstraße entlang bis auf das Weinbergrestaurant, umgeht hier die Heilanstalt Nietleben im Bogen, die auf Nietlebener Flur bereits liegt, und springt westwärts bis zur Pumpstation der Heilanstalt an der Eisleber Chaussee vor, überspringt die Chaussee, geht südlich von dieser und parallel mit ihr bis zur großen Ratswiese, altem hallischen Besitz, und springt dann nördlich der Rabeninsel bis dicht vor Böllberg über die Saale in die Südgrenze ein.

I.

Giebichenstein.

Vorgeschichtliche Topographie.

Die mittlere Steinzeit. Die älteste nachweisbare menschliche Wohnstätte in unserem hallischen Stadtgebiete lag auf Giebichensteiner Gelände nördlich vom großen Galgenberge; sie stammt aus der mittleren Steinzeit, eine vereinzelte Stätte wohl noch nomadisch herumziehenden Menschentums, weit über 2000 v. Chr. zurückreichend. Eine Menge Feuersteingeräte kennzeichnete sie.[1])

Die jüngere Steinzeit (bis 2000 v. Chr.). Grabstätten und Siedlungen der jüngeren Steinzeit befanden sich auf dem großen Galgenberg, auf dem Reilsberg (große mit ansehnlichen Steinplatten ausgesetzte und überdeckte Hügelgräber, Urnen mit Leichenbrand in ihnen)[2]), auf den Höhen von Schmelzers Berg und des Bleichberges (Steinkistengräber mit Urnen und Knochen)[3]), im Wittekinder Tal am Westende des Badehauses (Erdbestattung auf gepflastertem Untergrund)[4]). Andere vereinzelte Siedlungen befanden sich auf dem Gelände des heutigen Museums, am Advokatenwege (s. Band II B, Mühlwegviertel), weiterhin auf dem Hasenberge (Pauluskirche), auf dem Goldberge, wie über die Saale hinaus auf den Brandbergen, in der Heide.

Die Bronzezeit (2000—500 v. Chr.). Ein Begräbnisplatz wurde 1913 auf dem Conradschen Acker am Galgenberg aufgedeckt.[5]) Die Bewohner sind Kelten, die etwa um 500 bis 400 v. Chr. aus unserer Gegend den andringenden Germanen weichen müssen. Diese keltischen Bewohner[6]) unseres thüringischen Landes begruben ihre Toten, während die Germanen die Leichenverbrennung mit sich brachten. Für die ausgehende Bronzezeit (Hallstattkultur) sind zahlreiche Siedlungen der Kelten auf Giebichensteiner Gelände besonders um das Wittekinder Tal nachgewiesen. Der Grund der Wohlhabenheit und Stärke der Siedlungen wird in dem Besitz der damals wohl viel stärkeren Solquelle, ihrer Ausbeutung und in dem Handel mit ihrem Salze zu suchen sein. Eine Menge Flachgräber fanden sich, die sich durch die offenen steigbügelartigen Armringe und durch die gegossenen Bronzewendelringe mit imitierter Torsion auszeichnen. Die bedeutendste Grab- und Siedlungsstätte war der alte Räderberg (Röderberg) auf den Grundstücken Friedenstraße Nr. 13 a und Nr. 14, andere waren[7]) auf der Trothaer Straße Nr. 2 (ehemalige Wirtschaft „Sachsenburg"), auf dem Angerweg Nr. 3, auf der benachbarten Nordostseite des Zoologischen

Gartens, auf dem neuen Friedhof an der Friedenstraße, an der Fährstraße, Bauers Felsenkeller, Diakonissenhausgelände, am Mühlweg u. a.

Die Latènezeit (frühe Eisenzeit) (500 v. Christi bis Christi Geburt). Die Siedelungen liegen zerstreut, aber reichlich auf dem ganzen Plateau von den Galgenbergen und dem Hasenberge westwärts bis zum Saaleabhang, sie erstrecken sich südlich in die Stadt, in die „Halle" und weiterhin. Auf dem Giebichensteiner Gelände lagen Gehöfte und Gehöftgruppen nebst Begräbnissen um das Wittekinder Tal, an der Körnerstraße, katholischen Kirche, auf dem Bauerschen Garten, im Lehmannschen Parke, auf dem Advokatenweg, Diakonissenhausgelände, auf dem Hasenberg, in der Ziethenstraße, Gneisenaustraße (Spindlers Garten), Wettiner Straße u. a. Die Bewohner sind bereits Germanen. Ihre mannigfachen Siedlungen haben eine Zufluchts- oder Wallburg, die sogenannte „Alte Burg" (der heutige obere Amtsgarten), östlich von der Burg Giebichenstein. Diese eingewanderten Germanen gehören der Herminonen- oder Irmionengruppe an, die das mittlere Deutschland bewohnte. Sie leitet sich nach ihrer Stammsage von einem gemeinsamen Ahnherrn ab, der von den Herminones (den Ehrwürdigen) den Namen Erminaz erhielt. Es ist der oberste Gott des Himmels Tiuz (Ziu). Der religiöse und politische Völkerbund verschob sich bereits um 300 v. Chr. durch die großen germanischen Wanderungen. Im ersten vorchristlichen Jahrhundert sitzen die Hermunduren in unserem Gebiet (2 v. Chr. zum ersten Mal als Besitzer unseres Landes erwähnt). Außer ihnen gehörten nach Pliinius (hist. nat. 4. 99) noch die Sueben, Chatten (Hessen) und Cherusker zum Verbande. Das gemeinsame Kultzentrum des Tiuz (Ziu) lag im Semnonenwalde östlich der Elbe.[7a]).

Die römische Periode (bis 350 n. Chr.). Die Hermunduren gründen einen mächtigen Völkerbund und nennen sich daher „Allduren". Im ersten nachchristlichen Jahrhundert dehnt sich dieser von der Elbe bis zur Werra im Westen und vom Harz bis zum Fichtelgebirge und später bis zur Donau im Süden aus. Sie kämpfen um 59 n. Chr. an der Werra mit den Chatten um die Salzunger Salzquellen und stehen als lebhaftes und intelligentes Handelsvolk mit den Römern als die einzigen Germanen, die Handelsfreiheit und Freizügigkeit im römischen Gebiet genossen, im regen Handels- und Tauschverkehr. Diese lebhafte Handelstätigkeit wird durch mannigfache römische Münzenfunde, auch in unserem Volkskastell, der „Alten Burg", bestätigt. Ihr Hauptgott ist der alte Stammesgott, der oberste Himmelsgott Tiuz. Doch schon im Kampfe mit den Chatten erscheint Wodan, der Sturm- und Totengott, als ein wohl ebenso bedeutender Gott neben ihm. Sicher wurden im ersten nachchristlichen Jahrhundert hauptsächlich diese beiden Gottheiten auch in unserer Gegend verehrt.

Die Alte Burg und der Stein des Giebich.

Die Alte Burg (Alter Schloßberg, Römerberg). Das Gelände dieser Flucht- oder Wallburg[8]) ist ein Plateau von etwa 10 Morgen Größe. Auf seinem nördlichen Rande erhob sich nochmals ein länglicher Hügel ziemlich steil als höchste Erhebung, jetzt noch 50 Schritte lang und 15 Schritte breit (heute über dem Rosarium und Blumengarten gelegen), wohl die ursprüngliche Opfer- und Kultstätte innerhalb der Volksburg. Die Nordseite des Plateaus fällt steil in das Tal (in den unteren Amtsgarten), das offenbar sumpfiges, unzulängliches Saaleschwemmland gewesen war, die Westseite fiel ebenfalls steil zur jetzigen Burg hin ab, die Ost- und Südseite senken sich sanfter bis zur Klausberg- und Seebener Straße herab. Durch einen versteckten Diebes- oder Eselspfad erreichte man die Saale und das notwendige Wasser. Die Ost-

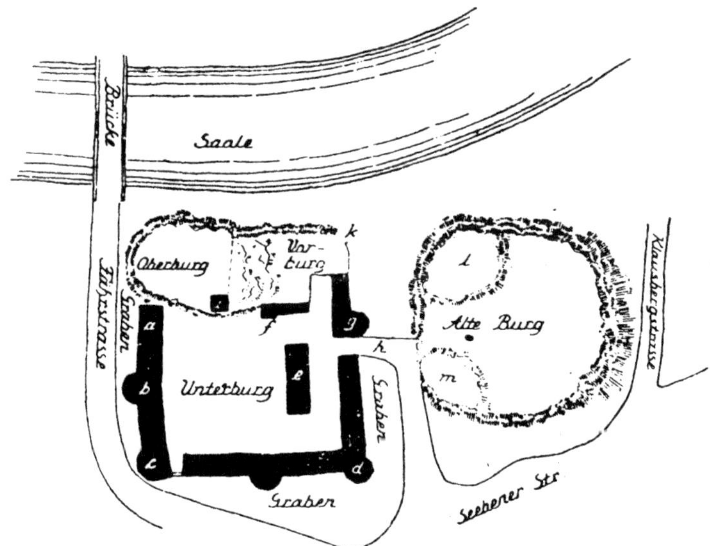

Lageplan von Alter Burg, Oberburg und Unterburg.

- a. Residenzgebäude,
- b. Musturm,
- c. Margarethenkapelle,
- d. Holzturm,
- e. Kornhaus des Erzbischofs Johann,
- f. Wasserturm,
- g. Brückenturm,
- h. Eingang in die Unterburg,
- i. Berchfriet der Oberburg,
- k. Alte Ausfallspforte,
- l. Oberbefestigung der Alten Burg,
- m. Schutzwerk für den Eingang h.

und der „Meierhof". — Parallel mit der Ostfront lag das Kornhaus (1473 erbaut), das unten als Pferdestall, aber auch zur Aufbewahrung von Kanonen und Waffen diente, oben als Korn- und Heuspeicher benutzt wurde. — Andere Gehöfte, teils an den Umfassungsmauern, teils in der Mitte des Hofs, müssen als Stallungen des Viehs, als Remise- und Furageräume gedient haben. Wenn auch das eigentliche Vorwerk des Amtes außerhalb der Burg lag (unterhalb der Bartholomäuskirche), so müssen doch hinlängliche Stallungen für den täglichen Viehbedarf, vor allem aber für kriegerische Zeiten in solch gewaltiger Burg mit entsprechender Besatzung vorhanden gewesen sein.

Das Amt Giebichenstein.

Die Entwicklung des Amtes. Der Stellvertreter des Königs auf der Burg war ursprünglich ein königlicher Burgwart (Burggraf, Burggrave). Seine Pflichten waren: Kommandant der Burg zu sein, die Aushebung zum Kriegsdienst und die Gerichtspflege. Der Burggraf stand erst unter königlicher, später unter erzbischöflicher Oberhoheit. Er wohnte auf der Oberburg, der Zitadelle, wie auch die Besatzung. Hier befanden sich ursprünglich auch die umfangreichen Vorräte an Nahrung wie Waffen usw., ebenso die festen und tiefen Gefängnisse. Das hochedle Geschlecht der Burggrafen von Giebichenstein ist von 1145 bis 1229 nachweisbar, es entstammte den Edelherren von Spurne (Spören). — Nach ihrem Aussterben übten Vögte (advocati) der Erzbischöfe Pflichten und Rechte des Burggrafentums aus. Sie sind Vorsitzende des Land- und Burggrafengedinges und halten das Gericht zumeist an zwei Stellen ab, in Giebichenstein wie in Glaucha. Ihre Nachfolger sind die „Hauptleute" der Burg oder „Amtshauptleute". Sie haben die Funktionen der alten Burggrafen (Kriegs-, Militärsachen, Gericht, Verwaltung des Amtes). Als Stellvertreter des Amtshauptmanns steht ein „Amtsvogt" oder „Oberlandrichter" dem Gerichte vor. Die Stätte der Gerichtsverhandlung ist an der Unterburg an der noch vorhandenen Brücke unter freiem Himmel. Altes Herkommen war es, waren hallische Bürger angeklagt, diese nicht mündlich durch den Landknecht, sondern durch des Amtes Gerichtsbriefe vor das Giebichensteiner Gericht zu entbieten. Die Gefängnisse des Gerichts werden um diese Zeit auch in die Unterburg (so gleich im Turm rechter Hand an der Brücke verlegt, darüber die Wohnung des Büttels und die spätere Gerichtsstube). Die Hinrichtungen vollzog der Henker, der bis 1607 auch der des Rates der Stadt Halle war, 1607 nahm das Amt einen eigenen Henker an. Die Hinrichtungsstätten waren der große Galgenberg, der den Galgen des Amtes auf mittlerer

Höhe der Westseite trug, dann der Räder- oder Röderberg, eine mäßige, etwa 20 Fuß hohe Porphyrhöhe auf dem Gelände der heutigen Grundstücke Friedenstraße 13a und 14. Das Urteil fanden 7 Schöffen gewisser Dörfer des Amtes.[24]) So wurde das Gericht bis 1806, bis zum Einbruch der Franzosen, gehandhabt.

Der Brückeneingang zur Burg.

Als Residenz der Erzbischöfe mußte die Burg ganz natürlich auch der Sitz der Verwaltung des Saaleterritoriums werden, das sogenannte „Amt". Bis 1288 umfaßte das Amt das gesamte damalige erzbischöfliche Saalegebiet. 1288 wurde Wettin, das an das Erzbistum fiel, der zweite Amtsbezirk.[25]) Bis 1806 zählte das Giebichensteiner Amtsgebiet 58 Dörfer in 5 Pflegschaften, dazu 4 Städte: Glaucha, Neumarkt, Könnern und Löbejün,[26]) es waren die Hälfte aller Dörfer des Saalkreises, die im Laufe der Zeit zum Amte geschlagen waren.[27]) Die Dörfer hatten dem Amte gewisse Frondienste, Geldabgaben, Erbzinsen, auch die Strafgelder usw. zu erstatten. Ferner gehörten dem Amte die Zoll- und Geleitseinnahmen.

Das Amtsgut, das Dominium Giebichenstein. Das Amtsgut entwickelte sich aus den Burglehen und dem nahen Gutsbesitz der Burg. Später wurden auch fernere Güter diesem Amtsgute zugeschlagen: Langenbogen (schon um 1200), Granau (seit 1452), dazu werden im Inventarium 1464 noch 3 Schäfereien zu Lieskau, Cröllwitz und Trotha erwähnt. Zur Zeit der Reformation werden die Güter Neuwerks bzw. des Neuen Stiftes, dann 1570 Güter des alten Georgenklosters zu Glaucha (Wiesen, Weinberge, Gehölze und eine große Schäferei) einverleibt. 1608 wird das Rittergut Lettin als neues Vorwerk zum Amte geschlagen, hundert Jahre später Nietleben, dann (um 1730) Seeben.[27a]) — 1750 umfaßt das Amt 6 Vorwerke: Giebichenstein, Langenbogen, Granau, Lettin, Nietleben, Seeben; 4 große Schäfereien: Giebichenstein, Trotha, Cröllwitz, Granau; 4 Wassermühlen: Böllberg, Trotha, die Steinmühle und die Mühle bei Langenbogen; 3 große Brauereien: Giebichenstein, Neuwerk und Seeben (Broihanbrauerei); 1 Ziegelei und Kalkbrennerei bei der Steinmühle; 1 Fähre bei Giebichenstein; 1 Zoll- und Geleitsstätte und Einnahme fast über den ganzen Saalkreis; verschiedene schöne Teiche; die Ober- und Untergerichte und die Leistungen von 4 Städten: Neumarkt, Glaucha, Löbejün, Cönnern und von 58 Dörfern und 4 Marken, auch der hallischen Stadtfuhren und einiger Freihäuser in der Stadt Halle. Das Amtsgut stand auf der Höhe seiner Ausdehnung und seines Reichtums, es umfaßte etwa 9000 Morgen Acker, Wiesen, Weiden und Waldungen. — Verminderungen traten ein: Langenbogen wurde dem nähergelegenen Amt Brachwitz zugeteilt, Nietleben wurde 1775 in Bauerngüter aufgeteilt, schon früher war die Schäferei Lieskau eingegangen. Dazu kamen die unerschwinglichen Brandsteuern, Plünderungen und Verwüstungen der Feinde im 7jährigen Kriege und die nachfolgenden Seuchen unter Vieh und Menschen — 1785 war das Amtsgut auf etwa 5000 Morgen, einiges Unland mit einbegriffen, zurückgegangen. Man zählte: 3870 Morgen Acker, 810 Morgen Wiesen, 60 Morgen Garten und verschiedene Holzungen; ferner an Vieh: 7000 Schafe, 355 Rinder, 400 Schweine; zu Giebichenstein allein (1791): 57 Pferde, 12 Fohlen, 253 Rinder, 427 Schweine, 1885 Schafe. — 1803 schenkte Fr. Wilhelm III. den alten erzbischöflichen Weinberg, den Weideberg der Schafe (daher auch Schafberg genannt) dem Oberbergrat Reil. — 1807 wurde Giebichenstein als preußisches Amt von Napoleon kassiert, es hörte als Amt auf, wurde Domäne, doch seine Einkünfte wurden dem Marschall Berthier zugewiesen. — 1813 (1814) wurde die Domäne mit den Vorwerken (nicht mehr ein Amt!) wieder preußisch, sie besaß 4 Vorwerke: Granau, Lettin, Cröllwitz und Seeben. – 1865: 3226 Morgen, darunter 2493 Morgen Acker, 40 Morgen Garten, 202$^3/_4$ Morgen Wiesen, 380$^1/_2$ Morgen Weiden und

$33^1/_2$ Morgen Holzung mit einem Reinertrag von 10883 Talern. — 1900: 2677 Morgen Acker und 18 Morgen Wald mit einem Reinertrag von 28478 Mark, dazu nur noch 1 Wassermühle, die Steinmühle.

Ueber ein Jahrhundert hindurch ist das Amt bzw. die Domäne Giebichenstein von der Familie Bartels gepachtet gewesen. Johann Franz Remigius (* 1723), der Enkel eines Remigius, der Catharina Ochs von Ochsenstein, die Tochter des bekannten Amtmanns, geheiratet hatte, pachtete zuerst Giebichenstein, nach ihm sein Sohn Heinrich Remigius (1747—1805), dann dessen Sohn August Ludwig Remigius, dieser brachte nach den schweren Franzosenzeiten das Gut wieder zur Blüte, auch die Parkanlagen in Giebichenstein, Gimritz und Seeben. Nach seinem Tode (1845) übernahm sein Sohn Heinrich Remigius (* 1816) die Domäne und, als er sie 1869 aufgab, dessen Bruder Karl, der das Gut Gimritz (s. unten) wieder an die Stadt Halle verkaufte. Der letzte Pächter war der Amtsrat Nagel.

Weitere Geschichte und Topographie.

Seit dem Residieren der Erzbischöfe bezw. der Administratoren auf der Moritzburg fiel die Unterburg und noch mehr die Oberburg Giebichenstein immer mehr materiellen Zwecken anheim. Diese diente der Besatzung und den Gefangenen zur Unterkunft, jene entwickelte sich lediglich zu einem großen Oekonomiehofe. — 1547 nach der Schlacht bei Mühlberg wurde der Giebichenstein von den Spaniern Karls V. besetzt. — Unter Sigismund (1552—1566) wurden einige Bauten ökonomischer Natur in der Unterburg aufgeführt[28]). — Am 1. 9. 1572 schlug der Blitz in eine Scheune des Unterschlosses ein und es entstand ein gefährlicher Brand, mehrere Wirtschaftsgebäude wurden eingeäschert, ja selbst die Residenzgebäude nahmen Schaden. Der Schaden wurde wenig oder gar nicht ausgebessert, so vernachlässigte man jetzt das alte Schloß. — Am 25. 6. 1603 traf wieder ein Blitz das Schloß, jedoch ohne größere Gefahr.[29]) — Im November 1625 besetzen die Wallensteiner die Burg (der Herzog von Lauenburg). Erpressungen an Geld und Naturalien setzen in schlimmster Art ein. Dies und die unaufhörlichen Kriegswirren bringen das einst so blühende und große Amt ins Verderben. — 1631 besetzen die Schweden (unter Gustav Adolf) Amt und Burg, dann Kaiserliche, 1635 Kursachsen, am 22. 1. 1636 die Schweden Banérs (Georg Derfflinger). Am Abend vor dem erzwungenen Abzug der Schweden, am 27. 1. 1636, brach ein furchtbares Schadenfeuer in der Unterburg aus, wohl von dem erbitterten Feinde angelegt. Es begann im Malzhause, brannte die ganze Westseite (Residenz) aus, loderte von hier aus auf die Oberburg hinauf und diese brannte, fast bis kein Sparren mehr blieb, nieder. Freilich blieben die Außenwände mehrere Stock hoch stehen, noch 1750 standen viele Mauern des ersten Stockwerks (vgl. alte Kupferstiche), sie sind später von den Giebichensteiner Bauern zum Bau ihrer Häuser abgerissen worden. Auch der Brunnenturm stürzte zusammen und sank in die Tiefe. Die Oberburg ist seitdem Ruine geblieben, sie hieß „die Wüstenei". — Auch die Unterburg überließ man vorläufig ihrem Schicksal. Süd- und Ostseite standen noch unversehrt, sie wurden am 30. 8. 1642 von vorüberziehenden Kaiserlichen ausgeplündert. — Erst nach 1648 begann man die Unterburg wieder notdürftig auszubessern. Die Westseite (Residenz) bekam Aussehen und Höhe, wie wir sie heute erblicken, man überdachte die Mauern mit einförmigen, hohen, doppelbödigen Ziegeldächern und richtete sie zu Ställen usw. ein. Der alte Brunnen dicht an der Südseite der Oberburg wurde ausgefüllt, vom quelligen Galgenberggrund legte man eine Röhrenwasserleitung zum Amte hinüber. — Am 4. 6. 1680 starb der letzte Administrator, das Herzogtum Magdeburg, also auch unsere Burg nebst Amt, fiel an Kurbrandenburg.

In dem ersten Vierteljahrhundert Hohenzollernscher Herrschaft ward der traurige Zustand des Amtes kaum besser. — 1684 besserte man die Dächer der ehemaligen Kapelle, der Brauerei, aus. — Endlich unter dem zweiten preußischen Oberamtmann Lohse (1705—1708) wurden zunächst die alten Bauten des Unterschlosses wieder hergestellt, die 2 großen Scheunen und die dritte kleine auf der Südseite, ferner das Brauhaus und das Brennhaus,[29a]) dann 1706 wurden neue hinzugefügt, so 1706 das jetzige 2stöckige lange Herrenhaus auf der Ostseite, links der Brücke[30]), ferner die Amts- und Einnahmestube gleich neben dem Tor; der Amtsgarten wurde auf dem wüsten Gelände östlich der Ober- und Unterburg angelegt. Unter dem Oberamtmann von Ochsenstein (1740—1748) entstand rechts der Brücke die Wohnung für den Landknecht nebst neuen Gefängnissen, auch einige Wirtschaftsgebäude, auch wurde das Hofmeisterhaus umgebaut (östlich vom Brunnenhaus), vor allem wurde der Amtsgarten, schon von Lohse angelegt, unter den Nachfolgern vergrößert und verschönert. Ferner entstanden im Laufe der Zeit an der Nordseite zwischen Residenz und Hofmeistergebäude, dicht unter dem Felsen der Oberburg, zwei Arbeiterwohnhäuser, eine Brennerei, eine Stellmacherwerkstatt, ein Krankenstall und ihnen gegenüber ein langer Kuhstall, der sich von den Stallungen der Residenz bis zu dem alten Kornhaus Erzbischofs Johanns, das Pferdeställe und darüber Kornschüttböden in sich barg, erstreckte.

So gewährte die ehemalige Residenz der Erzbischöfe bis zum Jahre 1906 den Anblick eines gewaltigen Oekonomiehofes. Trat man von der Brücke ein, lag rechts das Pförtnerhaus, dahinter nördlich die Wagenremisen, links das Herrenhaus von zahllosen kleinen Anbauten entstellt, ging man gradaus (westwärts), standen nördlich an der Felsseite das Hofmeistergebäude mit dem ehemaligen Brunnenhaus, südlich das alte Kornhaus als Magazingebäude, weiterhin nördlich die ehemalige Brennerei und Arbeiterwohnhäuser, südlich der gewaltige Kuhstall, hinter diesem südlich und parallel der noch größere Viehring mit dem Taubenturm auf seiner Ostseite. Das alte Residenzgebäude waren Schweineställe, die alte Brauerei (ehemals Kapelle) Vorratsräume; die Gebäude am Südgraben große Scheunen, am Südeingang in den Oekonomiehof, an der Straße befand sich die Reitbahnscheune. — Das Wohn- oder Herrenhaus ist 146 Fuß lang, 37½ Fuß tief, ist auf der Hofseite 1stöckig, im Mittelbau 2stöckig, auf der Grabenseite 2stöckig bezw. 3stöckig und 39½ (24½) Fuß hoch bezw. nur 28 (13) Fuß. Die Anbauten bargen Waschhaus, Rollkammer, Abtritt und Treppenhaus zum Holzturm, der am Südende des Wohnhauses steht. Im Wohnhaus befanden sich die Wohnräume der Herrschaft, der Mägde, die Milchstube, die Speisegewölbe und die Kochstube und die ausgedehnten Keller. Im Holzturm: die Gefäßkammer und die Düngergrube. Der Turm diente im 15. und 16. Jahrhundert als Aufbewahrungsort für das Pulver, ist architektonisch wertvoll, unter dem hochragenden spitzen Ziegeldach umgibt ihn ein Kragen vorspringender Konsolen, die mit Bogen untereinander verbunden sind. — Das große Scheunengebäude, das die Südseite bildete, war 293 Fuß lang, 41 Fuß tief, hofwärts 15 Fuß hoch, gartenwärts 29. Es bedeckte ein grades Satteldach mit 82 Paar Sparren. Es barg 4 große Tennen, ein Hühnerhaus war angebaut, ferner das Wagehaus mit Centesimalwage. — An dem Westende dieser Scheune lag das Spritzenhaus mit dem Torfstall, 15 Paar Sparren (1912 mit Nischengiebel erneuert) lang. — Die Reitbahnscheune südlich vor dem Spritzenhaus an der Straße gelegen war 98 Fuß lang, 42½ Fuß breit mit 30 Paar Sparren. — Das Brauereigebäude, 120 Fuß lang, 44½ Fuß tief, im Osten 10½ Fuß hoch, im Westen 27 Fuß mit 35 Paar Sparren, umfaßte Vorraum, Feuerraum der Braupfannen, den Brauraum, die Malztenne, die Brauerstube, die Malzdarre, 2 Malzkeller, 2 Bierkeller und Anbau mit Vorkeller. — Das ehemalige Residenzgebäude war 61 Fuß lang, 44 Fuß tief, hofeinwärts 15 Fuß, westlich 27 Fuß hoch, mit Satteldach in gleicher Höhe des Brauhausdaches, umfaßte in seinem Südteil Wohnungsräume, Böttcherei und Keller darunter, Schweineställe im Nordteil und Heuböden darüber. — Das ehemalige Brennereigebäude 55½ Fuß lang, 27⅔ Fuß tief und 21 Fuß hoch mit einem Anbau von 18 Fuß Länge, 9 Fuß Tiefe und 14 Fuß Höhe, barg den Brenn-, den Feuerungsraum, die Brennstube, die Niederlage, den Schüttboden und den Dachboden. Das Stellmacherwohnhaus auf der Nordseite des Gehöftes war 69 Fuß lang, 30 Fuß tief, 2 Geschosse hoch, 20 Fuß in der Höhe, umfaßte Werkstätte, Wohnung des Stellmachers, Wagenschuppen und Schweineställe und Schweinehöfe am Felsen. — Das Hofmeistergebäude hatte westwärts das alte ehemalige Gefängnis (Brunnenhaus), die Nordfront lehnte an den Felsen, es war 85 Fuß lang, 25 Fuß tief, 23½ Fuß hoch; der Turmanbau (Brunnenhaus) dagegen 19½ Fuß, 20 Fuß, 25½ Fuß. Das Gefängnis (über dem ehemaligen Brunnen) war mit flachem Kappengewölbe überdeckt und mit doppelten eichenen Bohlentüren verwahrt, die Fensteröffnung war vernagelt. Im Hofmeistergebäude befanden sich Knechte- und Mägdekammern, das Backhaus, die 2 Mehlkammern, die Rauchkammer, die Verwalterstuben, Keller und Böden. — Die Wagenremisen und Ochsenställe waren 86 Fuß lang, 29 Fuß tief, 13 Fuß hoch, mit Satteldach gedeckt und mit 27 Paar Sparren. — Das Pförtnerwohnhaus war 49 Fuß lang, 29½ Fuß tief, hofwärts nur 12 Fuß hoch. Nach dem Garten und Graben zu steht der ehemalige runde Festungsturm (Gefängnisturm), aus Bruchsteinen, mit 35 Fuß Durchmesser, auf seinem spitzen Dache eine Wetterfahne mit der Justitia. Der Verließ im Turm ist mit flachem Kugelgewölbe gedeckt, ehemals 4 Meter tiefer als die unterste Treppenstufe; über dem Verließ existieren noch 2 Geschosse, dann der Boden. Die halb lebensgroße Statue des heiligen Moritz (um 1450) auf einer Konsole steht an der Ostseite des Turms, an der Brücke, gewissermaßen als Wächter des Eingangs. In dem Pförtnerhaus selbst befinden sich die Wohnräume des Pförtners, mit 2 Eingangstüren im Westen wie im südlichen Giebel. Das Kornbodengebäude, 3 Stockwerke hoch in Bruchsteinen mit Satteldach und Doppelboden, mit 5 Kragsteinen am Nordgiebel, 106¾ Fuß lang, 42½ Fuß tief, 27 Fuß hoch, enthielt den Ackerpferdestall mit 14 Pferdekrippen, den Kutsch- und Reitpferdestall im südlichen Teile mit 9 Krippen, darüber bis zum Dache 4 Schütteböden übereinander. — Das Kuhstallgebäude, 190 Fuß lang, 45½ Fuß tief, 14½ Fuß hoch mit Satteldach und halbem Walm an jedem Giebel, in Bruchstein und 56 Paar Sparren (1874 innen massiv gewölbt), besaß 88 Ringe zum Anlegen der Kühe und 7 Türen im Süden, 2 Türen im Norden, dort mit 11, hier mit 15 Fenstern in den Fronten, darüber der Boden. In dem Kuhstall befanden sich schon 1874 nicht mehr die Abteile des Entenstalls, die beiden des Hühnerstalls und die beiden der 2 Schafställe. — Der Torfstall am westlichen Giebel des Kuhstalls war 30 Fuß lang, 11 Fuß tief, 10 Fuß hoch und mit einem Pultdach versehen. — Das Taubenhaus auf 4 mit Mauersteinen aufgeführten abgeputzten Pfeilern ist 16 Fuß lang, 16 Fuß tief und 14 Fuß hoch bis zum ersten Hauptgesims, die

Etage ist 8 Fuß hoch, ist mit 4seitigen Pfälzer Doppeldach (Zeltdach) gedeckt, mit einer Windfahne versehen. — Der Viehring (1848 erneuert) lag auf dem Hof zwischen Kuhstall und großer

Im Hofe der Unterburg Giebichenstein.

Scheune, hatte 41 Stück $5^1/_2$ Fuß hohe Säulen und 5 Tore, maß im Ganzen 491 Fuß Länge. — Der Hof war zum größten Teil mit Bruch- und Kieselsteinen gepflastert. — Außerhalb des Hofes, dem Herrenhaus gegenüber, ostwärts, jenseits der Straße, lag das Gärtnerhaus, 2stöckig, in Bruchsteinen, 42 Fuß lang, 27¾ Fuß tief, 19½ Fuß hoch, mit Satteldach und 2 halben Walmen. Es enthielt die Wohnung des Gärtners, ein früheres Gewächshaus, daneben Stallgebäude und Waschhaus.

Verkauf der Domäne. 1905 löste der Staat die Domäne auf, der Besitz wurde geteilt. Die Ruinen der Oberburg und den Amtsgarten erhielt die Stadt, etwa 18 Morgen groß (4,77 ha), für 170 000 Mark. Der Generalleutnant von Bagenski erstand die Unterburg und das Domänengut von etwa 2500 Morgen (darunter 1300 Morgen in Trothaer und 500 Morgen in der Frantziger Dorfflur). Er bildete die neue Herrschaft Seeben und baute daselbst ein neues imposantes Herrenhaus im Seebener Park. Bagenski reinigte die Unterburg von den häßlichen Domänenbauten: 1906 wurden die Reitbahnscheune und der große Kuhstall niedergelegt, ebenso der Kuhring, 1907 die Brennereigebäude und die Arbeiterwohnungen, das alte Residenzgebäude wurde zu einer weiten schönen Halle umgebildet. Die kleine Scheune wurde mit nischengeschmückten Giebel verziert, in der Mitte des gewaltigen freien, gesäuberten Hofes wurde ein Garten mit Rosengängen angelegt, auch der alte Burgbrunnen wurde wieder aufgegraben, er ist 15 Meter tief, davon 2½ Meter Wasserstand, sein Durchmesser beträgt 3 zu 5 Meter. Der hochverdienstvolle Besitzer der Burg starb leider Ende 1915 im Weltkriege, ein Opfer treuer Pflichterfüllung.[30a]) Ein Jahr später (1917) erwarb die Stadt für 4 445 000 Mark (4 900 000) den gesamten Bagenskischen Besitz (Unterburg und die Herrschaft Seeben mit 2564 Morgen).[31]) Damit begann eine neue Periode für die Unterburg. Die hallische Kunstgewerbeschule (ehemals in der Handwerkerschule Band I S. 24) wurde in sie verlegt. Das Herrenhaus, der große Seitenflügel und der westwärts gerichtete, das Kornhaus wurden dem neuen Zwecke entsprechend eingerichtet. In der Innenseite des Hofes wurden weite Fenster angebracht, denn Licht mußte die erste Bedingung der vielen Arbeitsstätten sein. Der alte Eckturm (Holzturm) wurde gewissermaßen der Mittelpunkt der ganzen imposanten Anlage, von ihm gelangt man nordwärts in das alte Herrenhaus, zu der Buchbinderwerkstatt im Untergeschoß, zu den Webstühlen (für Kissen, Decken, Teppiche) im Obergeschoß, auch zu den Emaillearbeiten (mit 3 Oefen zum Brennen der Farben). In dem großen langen Seitenflügel, dessen Räume bisher verwahrlost, leer oder mit Gerümpel angefüllt dalagen, befinden sich die Werkstätten der Tischlerei (mit 9 Tischlerbänken und Transmissionen), der Metallarbeit (mit Blasebalg und Esse), der Edelschmiede, ferner die Säle der Schnitzerei, Drechslerei und Plastik, auch der Keramik (mit Drehscheiben und Brennöfen). In dem westwärts gerichteten Flüg sind die Stätten der Graphik und der Malerei untergebracht, ein Ausstellungssaal und Versammlungsraum sind geplant. Im Kornhaus befinden sich die Buchdruckerei und der Zeichensaal, in dem obersten Stock die Bibliothek. Der Hof der Unterburg, jetzt noch Gemüsegarten, soll in einen anziehenden farbenprächtigen, malerischen Garten umgestaltet werden.[31a]) 1922: 110 Schüler.

Der Amtsgarten und die Ruine Giebichenstein.

Der Amtsgarten, im Osten der Oberburg gelegen, im Norden von dem Saaletalweg, im Süden von den Gehöften der Seebener Straße begrenzt, besteht aus einem oberen Teil (Alte Burg) und unterem, beide fast gleich groß. Seine Entwicklung umfaßt 200 Jahre. Auf dem Bilde Merians ist das obere Terrain öde steinige Rasenhügel, das untere nur Wiesen und eine Reihe von Bäumen. — 1718 schafft Amtmann Lohse die ersten Anlagen und zwar zunächst am Schlosse, also im Schloßgraben und zu Füßen der Oberburg. — Einige Jahre darauf dehnt sie der Nachfolger Hartwig Schmidt im Ostteil unter dem Burgberge weiter aus. — Der eigentliche Schöpfer des Parkes ist der Amtmann Joh. Christoph Ochs von Ochsenstein (1740—1748).[32]) Schon der gesamte Schloßgraben wird ausgeräumt, in Anlagen und mit einem Springbrunnen versehen, unter den Jochen der Brücke entsteht eine Orangerie. Dann entwickelt er den unteren Park, ein gradliniges Rechteck, von großen Alleen umfaßt, im Stil des französischen Barock, Rasenbeete von Taxushecken eingefaßt. Auf dem kahlen Römerberg erhebt sich ein achteckiges massives Lusthaus mit schieferbedecktem Barockdach, auch auf dem oberen Teil entstehen Rasen und Alleen, nach dem Dorfe zu, durch Mauern eingeschlossen, Obst- und Küchengärten. Ein zweiter Pavillon steht unterhalb vom ersten, etwas nordwärts gelegen, viereckig, mit einem Zeltdach in Gebüschen und Bosketts. — In den schweren Zeiten des 7jährigen Krieges wird wenig für den Park getan. Erst Remigius Bartels (Amtmann von 1773—1805) und sein Sohn Ludwig Bartels interessieren sich wieder lebhafter für den Amtsgarten. Der steife Barock verschwindet, der freiere englische Stil, von der Empfindsamkeit Rousseaus begünstigt, bricht sich Bahn. Man legt Teiche, Freundschaftsurnen, Grotten in Bosketts und verschwiegenen Plätzchen an. So entsteht der kleine Schwanenteich am Nordostende des Unterparks. Der Giebichensteiner Naturpark wird überall gerühmt: am 4. 7. 1799 besucht ihn das junge Königspaar Fr. Wilhelm III. und Luise, und sieht hier dem Fischerstechen der Halloren zu. Aber auch die jungen Romantiker Novalis, Tieck, Brentano, Fouqué, Eichendorff werden durch ihn angeregt und poetisch befruchtet: Wilhelm Grimm schreibt 1809 in einem Brief an Arnim:[32a]) „Bartels hat mit vielem Sinn oben auf der wüsten Burg eine Anlage gemacht, von wo man auch jetzt, wo noch kein Grün erfreut, eine herrliche Aussicht hat. Ich stell es höher als Napoleonshöhe (Wilhelmshöhe bei Kassel), das kein solch schöner Fluß belebt." Das realistische 19. Jahrhundert legt den oberen Teil (wo jetzt das Rosarium und der Blumengarten liegen) ganz wirtschaftlich an: schöne Warmbeete erstehen hier zwischen den Bruchsteinmauern, Gurken, Kürbisse, Frühgemüse werden hier gezogen, an den Spalieren ganz dem Süden zugewendet, gegen Norden geschützt, ziehen sich Pfirsiche, Aprikosen hin, prächtige Pflaumen- und Birnenbäume entwickeln sich im freien Lande, weiter südlich große Erdbeerbeete. Jedoch der Hügel, gleich nördlich am Gärtnerhause bleibt noch Rasen und dient den Bewohnern des Orts zum Bleichen. Auch der Römerberg, die höchste Erhebung des Plateaus, liegt wüst und unberührt, von Rasen bewachsen, von wilden Rosen und Hollunder umwuchert. — Ebenfalls wurde der untere Teil des Parkes modern englisiert und mit Hecken umgeben. 1905 wird der Park wie die Oberburg Besitz der Stadt, eine neue Periode des Gartens bricht an, weniger davon wird der untere Park berührt, ganz bedeutend aber der obere Teil. In jenem füllt man den kleinen Graben an der Bruchsteinmauer am Saaletalwege aus, neue Eingänge schafft man von diesem Wege aus, einen am Fuße der Oberburg, den andern am Nordende des Unterparks, später einen dritten an der Wasserwegecke (1913). Weiße Holzstakete schirmen die ungeschützten Strecken Die breiten schnurgraden Promenadenwege richtet man von neuem her, weißgestrichene Holzbänke schimmern an ihren Seiten, andere Rundbänke schmiegen sich um alte Stämme; leider fällt auch der alte Teich 1913 übertriebenen Gesundheitsideen zum Opfer. Man füllt ihn aus und setzt einen Nadelhölzerkomplex hierher, statt ihn zu reinigen und in seinem klaren Spiegel Wolken und Baumkronen widerspiegeln zu lassen. Ebenfalls 1913 wird der Hauptsammelkanal auf der westlichen Seite parallel des Promenadenweges durch den Park geführt, die leichte Anschwellung des Rasens zeigt seinen Lauf an.[32b]) — Der obere Teil des Amtsgartens wird aber von Grund aus umgeändert. 1907/8 wird die bisher wüste Römerbergkuppe in Anlage und Wege gelegt. Der Felsen wird gesprengt, Pfade an seinem steilen Hange entstehen, Treppen führen empor, die Kuppe wird mit Rasen und Buschwerk bepflanzt.[33]) 1909 legte man den Teil südlich der Kuppe in Park: eine Wasserleitung führt man heran, die alten Küchengärten gestaltet man als regelmäßige kleine Einzelgärten aus, die terrassenförmig durch Stützmauern gehalten übereinanderliegen. Auf der untersten Terrasse entsteht von neuem der Rosengarten, die mittlere schmückt ein Staudengarten (Bauerngarten), die oberste ein Blumengarten, die übrigen Teile werden in Rasen und Boskett ausgetaltet, auch ein Rhododendronbeet wird geschaffen. Die Gesamtkosten betragen 25000 Mark. 1911 wandelt man den bis dahin wüsten Teil zwischen Rosengarten und Gärtnerhaus in einen Alpenrosengarten um, er wird 1912 fertig gestellt (Gesamtkosten 7477 Mark). Mit diesem letzten Stück hat der Oberpark den Abschluß in der Ausgestaltung erhalten.

Die Ruine Giebichenstein. Der alte Weg zur Oberburg führte von der Unterburg durch das sogenannte Prinzentor empor. Der jetzige Weg vom unteren Amtsgarten durch die kleine Pforte des alten Gemäuers ist erst 1905 geschaffen: in diesem Jahre entdeckte man diese mittelalterliche Ausfallspforte, die später mit Mauersteinen zugesetzt und von innen durch Erde und Geröll des Berges zugeschlemmt worden, so daß der alte innere Steingang ganz ausgefüllt war. Die gewaltig starke Mauer, welche den Fuß des Berges auf der Ostseite umzieht, entstammt der Zeit der Verwendung von Pulver und Kanonen. – An dieser Untermauer, etwa 15 Meter nach der Brücke der Unterburg zu, ist ein kleines Gewölbe vermauert worden, das noch oben an der Mauer sichtbar ist. Es sind also hier innerhalb des Burgbezirkes noch Anbauten gewesen. Die Mauer selbst ist wohl durch Erzbischof Günther (1442) verstärkt und erneuert worden. — Mauerreste oberhalb des Prinzentors bezeugen, daß hier eine zweite starke Mauer den einzigen Aufgang zur Burg abschloß bzw. befestigte. — Man steigt die Stufen des schmalen Aufgangsweges empor; über diesen Aufgang liefen bis 1905 Fundamente hin, die Reste eines Gebäudes, das sich vom Berchfriet aus ostwärts bis hierher (etwa wo von der Unterburg der Brunnenturm aufragt) erstreckte. Auch dies Gebäude entstammte erst dem späteren Mittelalter. Merians Kupferstich gibt es zweistöckig, im oberen Teil mit Fachwerk durchsetzt, mit drei kleinen Türmen am Dache verziert wieder.

Man gelangt jetzt zum Berchfriet, dem ältesten Teil der Burganlage, dessen unterste Schichten noch der Zeit König Heinrichs entstammen. Er steht an dem Eintritt auf die Kuppe des Berges, welche die ursprüngliche Burg (etwa zu $^2/_3$) einnahm. Der Turm ist viereckig, gequadert, aus Bruchsteinen erbaut, mit einem Zeltdach von Schiefer gedeckt. In seinen vier Dachflächen befindet sich je ein Dachfenster, auf der Dachspitze ein Metallknopf,[38a]) mit Oelfarbe gestrichen. Der Berchfriet ist $19^1/_2$ Fuß im Quadrat, ist 74 Fuß hoch und hat 6 Geschosse. Er war ehemals nur in der Mitte der Höhe zugänglich (siehe oben), später brach man die kleine Türe auf der Ostseite in das Gewölbe ein. Er hat keine Keller, erhebt sich vielmehr auf nacktem Porphyr. Seine unteren Stockwerke sind 2 Gewölbe übereinander. Das unterste Gewölbe ist etwa 10 Fuß hoch, seine Lichte etwa 3 m im Quadrat, seine Mauern sind fast 3 m stark, die Wölbung ist $^3/_4$ m dick. Eine gerade Treppe mit

7 Trittstufen führt in das obere Gewölbe, dessen Mauern sind noch 2 m stark. Ueber diesem Gewölbe erheben sich die Stockwerke, durch Treppen zugänglich. In das erste mündete der alte Eingang (jetzt ein Fenster) auf der Nordseite, etwa auf halber Höhe des Turmes. Er ist von außen mit Sandsteinen umsetzt. Dieser obere Teil des Berchfriets ist 1360 oder 1442 erneuert worden. Man steigt die verschiedenen Böden bis zum Uhrboden (Boden IV) empor, von hier führen noch 9 Stufen auf Boden V zur Dachbalkenlage. Hier befindet sich auf der Ostseite die große Schlagglocke, die durch eine Zugstange mit einem Hammer angeschlagen wird, in der Oeffnung des östlichen Dachfensters. Die Glocke ist 1764 gegossen,[34]) die Uhr ist 1873 erneuert worden, ihr Zeigerwerk bestand aus 2 Zifferblättern (jetzt aus einem) mit schmiedeeisernem Rahmen und Kupferblech, die Bleizahlen sind vergoldet, die kupfernen Stunden- und Minutenzeiger ebenfalls. Die Stunden- und Minutenwage ist aus Eisen, das Gewicht des Stundenschlagwerks beträgt 150 Pfund, das des Gehwerks $87^1/_2$ Pfund. Die Uhr schlug ehemals alle Viertelstunden an, jetzt nur noch Voll und Halb (ein Schlag). — 1907 ist das Schieferdach des Turmes neu gedeckt worden. 1914 und 1915 wurden die am meisten verwitterten Eckquadern erneuert, der Turm mußte mit einem Gerüst umgeben werden (Unkosten 5000 Mark).[35])

Ein Stück Gemäuer streckt sich vom Turm nach Norden. Es schloß die engere Oberburg gegen die unteren Teile ab, hier mag die innerste Eingangspforte, das ursprüngliche Torhaus usw., gestanden haben. Die Mauerreste an der Südseite erheben sich steil auf dem senkrechten Felsen über den Hof der Unterburg, sie sind fest und stark hochgemauert und sind als Kellermauern zu betrachten. Eine größere Anzahl unterirdischer und tiefer Gänge, die zugemauert worden sind, liegen hier unter dem Rasen und den Bosketts. — Auch die Mauerreste im Westen bergen nur Keller und sind noch keine Mauern von Wohnungen gewesen. Sie sind sehr hoch aufgeführt, da der Burgkegel hier stark abfiel, auch sehr stark, bis 5 m stark! Dieser Komplex entstand erst nach Erfindung des Pulvers. Fr. Wilhelm IV. hat ihn stark erneuern lassen, was die frischere Farbe des Porphyrs verrät. Durch ihn ist auch die Pergola, der Laubengang auf steinernen Pfeilern hergestellt worden (s. oben). Jetzt sind Bänke hier aufgestellt: der Blick kann über das Saaltal, über die Brücke, die Peißnitz, über das Gestüt zum blauen Rande der Heide und weiter schweifen. — Die Mauerreste nach Norden sind in vorspringenden Ecken und zurückweichenden Mauern aufgeführt worden, die sich dem steilen Gelände anpassen mußten. Mehrere Wohngebäude haben hier gestanden. Merians Bild (1653) zeigt sie noch deutlich, allerdings in Verfall, mehrere Stock hoch, ohne Dach, mit Erker versehen. — Man gelangt in einen schmalen Durchgang, von dem man rechts zu dem tiefen gewaltigen Keller, geradeaus aber zu dem sogenannten Fenster Ludwigs des Springers kommt. Einige Stufen[35 a]) führen zu dem Keller hinab, zu dem ersten, er ist 10 Schritte lang, hat ein starkes Tonnengewölbe, der Boden ist in Porphyr ausgehauen, nach Süden zu zeigt sich eine Lichtöffnung, seine Mauer ist $3^1/_2$ m stark. Von diesem Keller gelangt man zu einem zweiten, man steigt 6 Stufen nieder, der Keller ist 12 Schritte lang, 8 Schritte breit, etwa 12 Fuß hoch, hat auch ein Tonnengewölbe, der Boden ist 1–2 m weiter in der Tiefe ausgehauen, das vergitterte Fenster zeigt eine $3^1/_4$ m starke Wand, nach der abfallenden Westseite hin muß die Mauer 5 m Stärke betragen. — Das „Fenster Ludwigs des Springers“, ein Rest obiger Wohngebäude, ist erst später wieder überwölbt worden.[36]) Man gelangt von hier zu einer kleinen Bastei, die den Blick über die Saale und über Cröllwitz freigibt. Vielleicht hat dieser Komplex ein turmhaftes Eckgebäude gebildet.

Der sagenumwobene Giebichenstein, seine stolze Lage auf jähem Felsen, der wunderbare Ausblick in das liebliche Saaletal und weiter darüber hinaus auf Cröllwitz, auf die jenseitigen grünen Höhen, auf die weiten Felder bis zum blauen Rand der Heide, wurden in der Zeit der Romantik hochgefeiert. Fouqué empfing hier als Zehnjähriger einen unvergänglichen Eindruck, „von ganz unermeßlicher Tiefe erscheint ihm der Blick hinunter“. Eichendorff gewinnt hier als Siebzehnjähriger sein romantisches Landschaftsbild: ein weithin gewundenes Tal, durch das sich der breite blaue Strom ergoß, aus dessen Wellen die Segel der Schiffe emportauchten oder die Ruderschläge heraufstönten, an dessen Ufern Wälder und Wiesengrün schimmerten, von Höhen umsäumt, an deren Hintergrund die blauen Waldketten aufstiegen; um den Fuß des Berges selbst schmiegten sich die alten Häuser der Menschen, durch deren Gassen und Plätze das Sonnenlicht zog und der erfrischende Hauch des Waldes und des Wassers. Achim von Arnim, sein Freund Brentano und dessen Schwester, die spätere Gattin Arnims, Steffens, der Däne, der Prinz Louis Ferdinand: sie alle schwärmten hier oben, und nicht zuletzt der junge Kronprinz Friedrich Wilhelm, der als König die Ruine vor dem gänzlichen Verfall rettete.

Anhang.

1. Funde und Plan im Provinzial-Museum. — 2. Vgl. meine Geschichte des Saalkreises S 14. — 3. Ebendaselbst S. 16. — 4. Im Juni 1911 entdeckte man dies Grab auf dem Konzertplatz am Westende des Badehauses in einer Tiefe von 2 Metern, das gut erhaltene Skelett lag mit dem Kopf nach Südosten in gestreckter Haltung. Der Boden unter dem Skelett war mit einer Steinpflasterung aus großen und kleinen Steinen belegt. Viele, fast schmucklose Topfscherben lagen in der umgebenden Erde. Alle Werkzeuge fehlten, vielleicht

waren zahlreiche, roh behauene Steine und einige kleine Ki   bustücke als solche anzusehen. — 5. Man fand zahlreiche Knochenreste, Urnenscherben, auch ganze Urnen. — 6. Die keltischen Bewohner waren wohl die Turonen, über welche wohl das gewaltige Bojerreich die Herrschaft ausübte, vgl. Geschichte des Saalkreises S. 31 u. f. — 7. Geschichte des Saalkreises S. 33 u. f. — 7 a. Die Sage von der gemeinsamen Abstammung der Herminonen kann erst um 400 v. Chr. wegen der Alliteration der drei Namen (Ingväonen, Irmionen, Istväonen) entstanden sein. Die einzelnen Stämme innerhalb des Verbandes verschoben sich im Laufe der Jahre. Sicher schon im ersten nachchristlichen Jahrhundert war die politische Bedeutung der Gruppe verschwunden, denn Hermunduren und Chatten, beide Herminonen, befehden sich auf das erbittertste. — 8. Man vergleiche die alte Abbildung des Geländes dieser ältesten Burganlage in Merians Topographia Saxoniae inferioris 1653. Der unbebaute, wüste Berg läßt noch deutlich die verschiedenen übereinandergelagerten Wallerhöhungen erkennen. — 8a. Diese Befestigungsart ist uralt. Caesar beschreibt sie schon bei den Nerviern (bell. gall. II. 17). Sie ist in Deutschland als Gebück (= Hainbuche), Genick, Verhau, Hagen, Hege, Hain usw. bis ins Ende des 17. Jahrhunderts in Gebrauch. Vgl. die kriegerische Sperre des Thüringer Waldes im Jahre 1512 und die Umwallungen der Dörfer, die Landwehren (Gräben, Wälle und Geheck) bis ins 18. Jahrhundert hinein. — 9. Hendel (Gesch. Giebichensteins S 23) erwähnt wie Dreyhaupt I 651, II. 848 die römischen Silber- und Kupfermünzen und sagt weiter: „In den nachfolgenden Jahren (also nach 1740), als der Freiherr Ochs von Ochsenstein auf dem Gipfel des Berges ein Lusthaus bauen ließ, entdeckte man ebenfalls nicht nur viele Spuren alter Bauart, sondern auch römische Münzen, metallene Zierrate als: Hals- und Armringe, Pferdegebisse, verrostete Klingen von Messern und Spießen; auch irdene und steinerne Gefäße als: Urnen, Vasen, Lampen, Streitkeile und Aexte. — 10. Vgl. meine „Unterburg Giebichenstein“, Halle 1913, S. 7, Gesch. des Saalkreises S. 48. Die Hermunduren werden um 300 v. Chr. zuletzt genannt, in Sitzen nördlich der Donau. Wie weit sie, ja ob sie den Hauptstamm der späteren Thüringer bilden, ist eine Streitfrage. Manche wollen in den Angeln und Warnen den Hauptkern der Thüringer sehen. — 10a. Die thüringischen Angeln kamen wohl nicht aus Schleswig-Holstein herauf (zwischen Schlei und Flensburger Föhrde), sondern sind wohl die von Ptolemäus erwähnten suebischen Angeln an der mittleren Elbe. — 11. Vgl. mein „Giebichenstein (Alte Burg, Oberburg und Unterburg)“, Halle 1914, S. 28 u. f. — 12. Diese meine Entwicklungen gab ich zuerst in „Giebichenstein“; sie werden kaum anfechtbar sein, und sie erhellten zum ersten Male deutlich den engen Zusammenhang unserer Gegend mit dem damals mächtigen Zentrum Merseburg, der noch in den alten Chronisten nachspukt. — 13. Daß die Alte Burg zerstört worden ist, davon zeugen noch jene kleinen rohen „Hunnenhufeisen“, die man metertief, fast auf nacktem Felsgrunde aufgefunden. Ich selber besitze ein solches. — 14. Vgl. Näheres und Ausführlicheres darüber „Die Unterburg Giebichenstein“ S. 8 u. f., Gesch. des Saalkreises S. 64 u. f. und besonders Susanne Galléra: Zur Geschichte des Saalkreises 1918 S. 3—13. Hier ist alles auf Giebich, seinen Namen, seinen Kult in unseren Gegenden zusammengetragen worden. — 15. Auch bei den Burgundern, Goten und Angelsachsen tritt uns der Name Giebich als König bzw. mythischer Heros (der zum Helden herabgesunkene Gott Wodan wie Herakles!) entgegen. Giebich, Gibica ist eine Verkleinerungsform, eine Kosename etwa „Geberchen“, der den Begriff der Liebe und Güte hervorhebt, wie etwa „Väterchen“! — 16. Die Personennamen, die damals in Zusammensetzungen mit „Stein“ gebraucht werden, sind vorwiegend Götternamen: Donarstein, Wodanstein, Teufelsstein, Frau Hollenstein, Wittchenstein u. a., also Götter, Herren, übermenschliche Wesen hausen in den als Naturgebilde merkwürdigen Steinen. — 17. Siehe auch Susanne Galléra S. 10—12. Diese, meine Ansicht über den Edelhof, schöpfte ich aus zahlreichen Analogien. — 18. Diese meine Ausführungen und zum ersten Male neu aufgestellten Ideen über das Verhältnis der neuen Heinrichsburg zur Alten Burg u. a. sind näher ausgeführt in „Giebichenstein" S. 30 u. f. — 19. Die Saale, wenig gestaut, floß damals nicht höher als heute, wohl tiefer, vgl. den Strohhof! Dagegen war die Nordseite, der untere Amtsgarten, noch nicht so hoch wie heute, war noch sumpfiges Schwemmland. — 20. Die steinerne Mulde ist wieder aufgefunden worden, vgl. Unterburg S. 26. — 21. Unsere Lokalhistoriker sahen die Trümmer der Alten Burg noch in großer Ausdehnung. Viel Gestein von ihr verwendete man im Laufe der Jahrhunderte für die Wohnhäuser des Dorfes, wie zum Bau des Herrenhauses in der Unterburg 1706. Noch 1718 entdeckte man bei Anlage des Burggartens Ruinen und Gemäuer alter Bauarten. Dreyhaupt berichtet, daß man zu seiner Zeit (1750) noch die rudera in etwas hätte sehen können. Bei Anlage des Lusthauses des Barons Ochsenstein entdeckte man wiederum eine Menge Spuren alter Bauarten. Ebenfalls sah Hendel noch einen Teil der Reste (1817). Und um 1910 bei Anlage neuer Pflanzungen auf der höchsten Kuppe wurden viele Wagenladungen alten Mauergerölls in die Tiefe gestürzt. Der östliche Teil des heutigen Hügels ist lediglich von Bruchsteingeröll der alten Befestigungen gebildet. Man sieht noch jetzt die letzten Spuren von Gemäuer zutage treten. — 22. Ernst bestimmt in seinem Testament 1503: „alle goldnen und silbernen Kleinodien, sie seien Monstranzen, Bilder, Plenarien, Kelche, Ornate, Chorkappen, Stolen usw., die jetzunder in unser capellen zu Giebichenstein sein, sollen in die Magdalenenkapelle überführt werden." Da er aber einen andern Teil (Kleinode, Kelche, das Gestühl, die Orgel usw.) in Giebichenstein in der Kapelle zu bleiben bestimmt, muß also ein Teil der Margarethenkapelle weiter in Benutzung geblieben sein. — 23. Nur in seltenen Fällen tritt in späterer Zeit das Gericht am Giebichenstein unter dem Vorsitz des Hauptmanns zusammen, so 1535 in dem Prozeß gegen Hans von Schönitz. — 24. Diese „Aeltesten" stammten aus den Dörfern Hohen, Spickendorf, Hondorf, Beesen, Dieskau, Wörmlitz, Bennewitz; später waren es: Hohen, Spickendorf, Wörmlitz, Bennewitz, Mötzlich, Teicha und Lieskau. — 25. Giebichenstein war weitaus das bedeutendste Amt des Saalkreises, die späteren Aemter blieben in Ausdehnung und Bedeutung weit zurück, sie sind: Wettin, Rothenburg, Alsleben, Brachwitz, Beesen (Beesenlaublingen, Neubeesen), Petersberg. — 26. Das Nähere siehe die Unterburg Giebichenstein S. 76 u. f. Glaucha und Neumarkt entwickelten sich speziell auf Giebichensteiner Gebiet. Die Stadt Löbejün schlug 1416 Erzbischof Friedrich III. nach Auflösung des districtus Crossig (Krosigk) zum Amte Giebichenstein, die Stadt Könnern gab Erzbischof Ernst dem Amte, nachdem er Schloß und Amt Alsleben verkauft hatte, siehe Wanderungen durch den Saalkreis, Band IV: Löbejün. — 27. So vermehrte Friedrich III. das Amt um die Dörfer (und Wüstungen): Dernitz, Sidewitz, Golbitz, Nieder-, Mittel-, Ober-Edlau, Lösewitz und Zaß. — 27a. Das Gut Nietleben besaß 503 Morgen Acker, 12 Morgen Wiesen und 13 Morgen Garten. Das Gut Seeben 600 bis 700 Morgen Acker und 40 Morgen Wald (den sogenannten „Seebener Busch"). — 28. Wenigstens zeugen zwei gleichlautende Tafeln davon, siehe Unterburg S. 56. — 29. Olearius S. 346: „ist ein dreifaches Ungewitter mit großem Krachen und Brausen entstanden, welches an zehn Orten in und bei der Stadt eingeschlagen und zum Giebichenstein das Schloß angezündet". — 29a. Friedrich I. suchte die Amtsbrauerei Giebichenstein zu heben; er untersagte den Adligen, ihr gebrautes Bier in die Amtsdörfer zu versenden bei 1000 Taler Strafe! — 30. Hier hatten sich vordem nur die Keller der Gefangenen, einige Schuppen, die Torwärter- und Gerichtsstube befunden. — 30a. Des Generals Plan, ein Fideikommis seiner Familie zu gründen, — denn die Bodenständigkeit verleiht zumeist der Familie Festigkeit und Kraft in den Stürmen der Zeit, Heimatgefühl und Achtung vor den Vorfahren und den Stätten ihres Wirkens, — wurde sehr bald von den Vollstreckern seines Testaments wohl durch Druck von anderer Seite her vereitelt, trotz seiner testamentarischen Bestimmung, Unterburg und Gut Seeben 30 Jahre lang nicht zu verkaufen, wurde schon ein Jahr später beides an die Stadt veräußert. — 31. Der Mangel an Grundeigentum im Norden ihres Weichbildes zwang die Stadt zum Erwerb. Die Hafenverhältnisse Halles, die Mittellandkanalpläne werden dereinst einen neuen Hafen benötigen, der zum großen Teil wie auch das Industriegelände auf altem Domänengelände aufgeführt werden muß. Dazu kamen noch andere Gründe: die spätere Erweiterung des Gertraudenfriedhofs, der Abbau der städtischen Grube „Vereinigter Karl Ernst“ usw. Auch wurde die Kreditfähigkeit der Stadt durch diesen Neuerwerb von kostbarem Grund und Boden stark gestützt. — 31a. Die Kosten für den Umbau der Unterburg wurden auf 3 Millionen Mark veranschlagt, allein der Ausbau der schadhaften Dächer taxierte man auf 300000 Mark. Durch die Verlegung der Kunstgewerbeschule in die Unterburg wurde aber vorläufig etwas Platz in der Handwerkerschule für die Fortbildungsschule frei. — 32. Vgl. über den hochbedeutenden und markvollen Mann die Unterburg S. 85. Er entstammte einer altadligen elsässischen Familie. Sprossen der Familie, die sich nur Ochse nannten, lebten in Radewell; der Sohn des Anspänners Michael Ochse ist unser Kriegs- und Domänenrat, der vor der Hochzeit mit der höchst schönen Gräfin Henriette Wilhelmine Julie von Solms-Laubach-Pouch (aus dem nahen Pouch bei Bitterfeld) in den Freiherrnstand erhoben wurde (1751). Doch der stolze Mann, dessen mannigfache Verschönerungen der sparsame Friedrich der Große nicht zurückvergüten wollte, sagte dem Könige auf und zog mit seiner Gattin auf deren Güter bei Bitterfeld. Doch 1764 hat er sich von seiner Gemahlin wieder scheiden lassen. Der großangelegte, ritterliche und tatkräftige Mann starb in ziemlich bedrängten Verhältnissen. Vgl. auch Wanderungen durch den Saalkreis I, S. 2. und 3. — 32a. Steig und H. Grimm: „Achim von Arnim und die ihm nahe standen“, 1904, Bd. III, S. 28. — 32b. Die Gesamtkosten, die durch die unnütze Teichausfüllung und Bepflanzung, dann aber durch die Zerstörungen, die durch den Sammelkanal entstanden, betrugen etwa 13000 Mark. — 33. Leider wurden auch uralte Mauerreste abgetragen, viele Wagenladungen des alten Mauergerölls fuhr man ab. Noch 1906 konnte man gewisse Füllmunde deutlich hier oben unterscheiden. — 33a. In dem Knopf, der 1907 abgenommen und ausgebessert wurde (er war durch eine Kugel ehemals durchlöchert worden), befand sich eine Urkunde vom Jahre 1717 bzw. 1718, vom zweiten Jubiläum der evangelischen Kirche. Es wurde eine zweite des Jahres 1907 hineingetan, daß Burg und Amtsgarten in den Besitz der Stadt übergegangen seien. — 34. Die Glocke ist 1764 unter der Regierung Friedrichs des Großen gegossen worden, der Amtmann war Philipp Ernst Lüder, vgl. Inschrift. — 35. Die Steine wurden den Brüchen von Ziebicherode entnommen. — 35a. Ehemals stieg man 24 alte Sandsteinstufen zu diesem Keller hinab (laut Inventarium von 1873), der Bergkegel in Geröll und Schutt erhob sich viel höher. — 36. Die Studenten sprangen von einem Pfeiler zum andern, um ihre Furchtlosigkeit an dem gähnenden Abgrund zu beweisen.

Das Dorf Giebichenstein. Allgemeines.

Das Dorf Giebichenstein entwickelte sich zu Füßen und im Schutze der Alten Burg und der neuen Heinrichsburg. Man kann als das älteste Dorfgelände das Terrain der alten Schäferei (unterhalb der späteren Bartholomäuskirche) und das ihr nordwärts gelegene Land bis zum Beginn der heutigen Wittekindstraße (also in der Seebenerstraße), vielleicht einige Siedelungen im Wittekinder Tal an der Saline annehmen. Teils Berge, wie die Klausberge und der Reilsberg im Norden, teils unfruchtbares, wüstes Land (der Hang zur Friedenstraße empor), teils auch dichter Wald, der sich westlich der Burgstraße zur Saale hinabzog (Raabesche Spinnerei bis zur Rainstraße und weiter noch)) grenzten die Siedelung ein. Abseits von der Heerstraße (etwa heutigen Reilstraße) muß doch von dieser ein Weg zu der Burg und also auch zu ihr, der Dorfsiedlung, abgezweigt haben, es war dies der erste Ansatz zur heutigen Seebener Straße. Dieser Weg muß sich auch, allerdings uneben und unbequem, in der Richtung der heutigen Burgstraße zum (späteren) Neuen Markt und zum Ulrichstore der Stadt (nach 1100) fortgesetzt haben. Die ursprüngliche Anlage des Dorfes zeigt, daß diese beiden Straßenzüge (eigentlich ein einziger!) die ältesten gewesen sein müssen.

Der kleine Ort wurde zunächst von einigen Hörigen, ferner von den Salzarbeitern der Saline, die im Wittekinder Tal lag, vielleicht auch von Arbeitern in den Steinbrüchen (der Klausberge), bewohnt. Die Ministerialen dagegen saßen auf der Oberburg bezw. auf der Unterburg. — Die erste Erwähnung des Ortes geschieht am 20. 5. 987, da Otto III. den Zoll und den Königsbann in dem Ort Giebichenstein (in loco Geblchenstein) dem Erzbischof Giseler schenkt.[1]) Der Solbrunnen im Wittekinder Tal (salsugo) war in der Urkunde vom 29. Juli 961 von Otto dem Großen dem Moritzkloster zu Magdeburg bezw. dem Erzstift geschenkt worden. Wie lange er bei diesem geblieben, wissen wir nicht. Das Erzstift muß ihn später dem Kloster Neuwerk, das um 1116 gegründet worden, übergeben haben.[2]) Denn dieses Kloster siedet im 12. Jahrhundert die Sole dieser Salzquelle in einem eigenen Salzkote, Dreyhaupt (I, 702) sagt: beim Kloster selbst. Es wird dies aber ein Mißverständnis sein: „bei dem Kloster“ mag wohl ein Ausdruck für „bei dem Klostergebäude“ sein,[3]) welches die Mönche in Giebichenstein selbst besaßen, dies war wohl der „Unterschmelzer“ gewesen, an dem noch lange die Ueberlieferung des Volkes, daß er ein „Kloster“ gewesen sei, gehaftet hat. Die Mönche hatten das Privilegium, das gesottene Salz auf der Saale fort- und auf demselben Schiffe Holz anzufahren, ohne Zoll dafür zu entrichten. Wie lange das Kloster die Sole des Wittekindbrunnens versiedete, ist ungewiß. Sie ist offenbar wegen der Konkurrenz Halles in späterer Zeit eingegangen. Die Unkosten kamen nicht ein. Der vierseitige ausgezimmerte Salzbrunnen von etwa 40 Fuß Tiefe wurde zugespundet, erst 1702 hat man ihn wieder entdeckt. Ob der Streit des Erzbischofs Ruprecht mit der Stadt Halle und der Vertrag am 30. Juli 1263, daß ein neuer Salzbrunnen außer den vier in Halle nicht mehr

sind die von Dammuz (auf Burg Wettin) mit 2 Hufen, die von Neytz besitzen ein Burglehn mit 24 Schock und 1 Schock kleiner Groschen Einnahme, die Frau des Johannes von Lettin hat $^1/_2$ Mark Silber Einkünfte, die von Schilling 3 Hufen.

Um 1400 zählt das Dorf die stattliche Zahl von 22 Höfen, davon besitzt Frundhelm Schile 4 Höfe, ferner 5 Freihufen, 2 Allodien mit 3 Mark Einkünften und den Wald am Schlosse (siehe oben); Frenzel vom Ende 8 Höfe und 1 schmales Schock Groschen Einnahmen; Johann von Lettin 3 Höfe und $1^1/_2$ Hufen und Tilo Kure 7 Höfe und ein Vorwerk in dem Dorfe. Dazu haben andere noch weitere Hufen in der stattlichen Marke: Busso von Giebichenstein z. B. hat 2 Hufen und 1 Allodium, die von Kotze 4 Hufen, die von Trotha allein $13^1/_2$ Hufe, die Ketzendorf $4^1/_2$ Hufe, die Graf oder Grefe 4 Hufen, die Stazius $5^1/_2$ Acker.

Eine starke Schädigung erlitt jedoch der Wohlstand des Ortes und seine Bevölkerung durch die vielfachen Fehden des jungen kriegerischen Erzbischofs Günther (1403—1445) mit der Stadt Halle. Schon 1408 plünderten hallische Bürger den trefflichen Weinberg des Erzbischofs, den Reilsberg. Sie stiegen, wie der Erzbischof in seiner Klageschrift sagte, mit Gewehr und gewappneter Hand ihm zum Schimpf in den Weinberg und fraßen ihm die Beeren ab. 1422 begann der Zwist in verstärktem Maße. Der Burghauptmann Ulrich Kotze machte aus dem Giebichenstein allerlei Ausfälle, plünderte die Bürger und das Gebiet der Stadt, worauf sich die Hallischen durch gleiche Gewalttätigkeiten rächten. Erst 1435 kam der Frieden zwischen der Stadt und dem Erzbischof zustande.

Einige friedliche Jahrzehnte folgten unter dem frommen milden Erzbischof Friedrich III. (1445—1464), unter dem gelehrten und tugendhaften Johann aus der Pfalz (1464—1475) und unter dem jungen und klugen Ernst von Sachsen (1475—1513). Doch unter diesem tritt eine andere Schädigung des Ortes ein: Ernst verlegt seine Residenz aus der Burg Giebichenstein in die Stadt Halle, in die neuerbaute Moritzburg. Giebichenstein hörte auf, Residenz zu sein. Möglich, daß ein starker Rückgang der Bewohnerzahl hierauf zurückzuführen ist, denn in dem Verzeichnis von 1562 werden nur 14 Häuser des Dorfs genannt.

Eine neue Prüfung kam durch die sächsischen Wirren über den Ort: Herzog Moritz zog am 22. November plötzlich und überraschend in die Stadt Halle ein. Sein Kriegsvolk wurde in der Stadt und in der Umgebung einquartiert: Giebichenstein nebst Neumarkt und Trotha erhielt die gefürchteten Husaren („Hussern“), leichte Reiter, mit Spieß und Tartsche ausgerüstet, „ein raub- und mordlustiges Gesindel mit greulich viehischen Gelüsten“, 1500 Pferde stark.[7])

In den folgenden ruhigen Jahrzehnten hob sich der Ort, um 1600 zählte er 28 Häuser. Ein altes Privilegium der Hausbesitzer (nicht der Einlieger) war es, daß sie Mittwochs und Freitags, an den damaligen Markttagen Halles, je 6 Brote auf dem Markte verkaufen konnten; das Privilegium wurde ihnen 1562 wiederum bestätigt. Es war dies ein Lebensunterhalt, da die Dörfler arm waren und nur $1^1/_2$ Hufe Landbesitz hatten, denn das Amt besaß alles Land und die Giebichensteiner Mark (432 Morgen) gehörte meist den hallischen Bürgern. —

1563 wurde der Turm der Bartholomäuskirche, der nach einem heftigen Sturme baufällig geworden, auf Kosten des damaligen Administrators Sigismund, wieder hergestellt. Die Kirche war 1541 bei Einführung der Reformation landesherrliches Patronat geworden.

Der 30jährige Krieg lastete auch wegen der Burg, die ein Anziehungspunkt feindlicher Kriegsheere war, schwer auf dem Ort. Im November 1625 fielen die Wallensteiner in den Saalkreis ein, die Burg bezog der Herzog von Lauenburg, die Truppen wurden im Orte und rings in den Dörfern einquartiert; sie erpreßten, plünderten und stahlen Geld und Lebensmittel, wie es anging. Die schlimmsten Bedrückungen und ärgsten Demütigungen mußten ertragen werden. Die Schweden im Herbst 1631 stellten die Ordnung wieder her, doch bald (Oktober 1632) warfen sich die Kaiserlichen, der Oberst Hatzfeld, mit 6 Kompagnien in die Burg und forderten auf 2 Tage Proviant für 2000 Mann. Durch den Abfall der Kursachsen erbittert zog sich der Schwedengeneral Baner im Januar 1636 nach Halle und Giebichenstein, erpreßte und drangsalierte, bis er nach Ansteckung der Burg, am 27. Januar, wieder abziehen mußte. 1642 entstand obendrein ein großes Schadenfeuer im Dorfe: 14 Häuser brannten nieder, also das halbe Dorf und zwar durch die Verwahrlosung der dort liegierenden Kaiserlichen Kriegsvölker. Im nächsten Jahr 1643 wurde das unglückliche Dorf wiederum durch die Schweden geplündert. Endlich am Ausgang des Krieges lag der Ort zur Hälfte verbrannt, zur andern Hälfte ausgeplündert, die stolze und feste Burg in Trümmern, die Aecker standen verwahrlost und die Einwohner vegetierten siech oder als Bettler.

Herzog Augustus suchte die Wunden des Krieges zu lindern. Er wollte die Schiffahrt der Saale beleben und in Giebichenstein Stapel und Niederlagen anlegen, doch des Administrators Bruder, der Kurfürst Johann Georg II., erhob erfolgreichen Einspruch dagegen,[8]) so blieb diese viel versprechende Hülfe aus.

Das Dorf hatte um diese Zeit folgende Ausdehnung: in seinem Südwesten lag die Burg und das Amt, ihnen gegenüber (an der heutigen Fährstraße) zog sich eine Häuserreihe bis zur Burgstraße empor, kleine Oekonomieen und Häuslergehöfte. Eine kurze enge Gasse bog westwärts aufs Feld, etwa wo heute die Rabesche Villa steht. Die Burgstraße stand bis zur heutigen Pestalozzistraße, dann setzte sie sich als Feldweg nach dem Neumarkt fort, hügelig und unbequem. Der Burgstraße gegenüber an der Außenmauer der Unterburg an der rechten Seite der Fährstraße lag bereits die Burgschmiede und ein Nachbarhäuschen. Am Beginn der heutigen Seebenerstraße standen eine Reihe kleiner Dorfgehöfte, dann die große Schäferei und Wirtschaftsgehöfte des Amtes, darauf einzelne Oekonomieen (Kossatengüter). Die heutige Klausbergstraße war mit kleinen Häuslergehöften besetzt, auch der Wasserweg hatte einige solche. Das Wittekindtal lag wüst, die über sie sich erhebende Anhöhe, zur jetzigen Friedenstraße empor, ebenfalls, auf ihrem östlichen Ende erhob sich der einsame Röderberg. Ein Bachgraben zog sich vom Fuße des Galgenberges (vom Fuhrmannsbrunnen) durch das Tal, den Wasserweg hinab zur Saale. Der südliche Hang des Reilsberges waren noch Weingärten. Westlich von diesem alten Weinberg ging über den Ausläufer des Klausberges die Feldstraße nach Trotha (Seebener Straße), östlich von ihr zog sich die alte Heerstraße nach Trotha, jenseits lag der Große Galgenberg, mit dem Hochgericht, das auf der Mitte des Berges stand. Uebrigens fanden von 1654–1750, also in fast hundert Jahren, 42 Executionen des Amtes statt: 22 wurden enthauptet, davon 4 aufs Rad gelegt, 6 gerädert, 10 gehenkt, 3 verbrannt und 1 gesäckt.

Am 4. (14.) Juni 1680 starb der Administrator Herzog Augustus: das Erzstift Magdeburg, mithin auch unser Dorf, fiel an Brandenburg-Preußen. Am 4. (14.) August 1681 fand die feierliche Eidesleistung der Giebichensteiner wie der anderen Amtsdörfer auf dem Schloßhofe der Unterburg statt. Zunächst trat keine Linderung der mißlichen Verhältnisse ein. Die Pest hauste 1682 furchtbar, 143 Personen starben, wohl die Hälfte des Dorfes. Ein Bauernhof im Dorfe, der „Brotsack“, wurde am 10. 4. 1698 von A. H. Francke gekauft: er hatte einen Steinbruch, dessen Steine Francke zum Bau seines großen Waisenhauses verwendete (s. Band II A S. 93 und 106). — Um diese Zeit suchte man den Wohlstand des Ortes durch Wiedereröffnung des alten Solbrunnens und durch Erschließung der Steinkohlen zu heben. 1705 fand man die alte Saline des Klosters Neuwerk wieder auf. Das Brauhaus der Unterburg Giebichenstein richtete man zum Versieden der Sole ein und errichtete im Wittekindtal ein Gradierhaus von 210 Fuß Länge, 20 Fuß Breite und 18 Fuß Höhe. Jedoch entsprach der Erfolg nicht den Erwartungen. Schon 1711 brach man das Gradierhaus wieder ab, verspundete den Brunnen und verschüttete ihn. — In Wettin, Löbejün, Brachwitz, Dölau wurde bereits mit dem Abbau von Steinkohle begonnen.[9]) Auch Giebichenstein erhoffte davon sein Heil. Man hatte ein allerdings schwaches und sehr mit Tonschiefer durchsetztes Steinkohlenflöz teilweise entdeckt. So schlug man 1722 südlich vom Kleinen Galgenberg am Landrain auf Steinkohlen ein. Doch die Kohle war so minderwertig, daß man das Werk nicht fortsetzte. 1738 bis 1748 war der tatkräftige unternehmende Ochs von Ochsenstein Oberamtmann in Giebichenstein. Er verschönerte nicht bloß die Unterburg und den Amtsgarten, er tat auch für das Dorf mancherlei. Er legte die heutige grade breite Burgstraße von der Burg bis zu Neumarkt, zum Kirchtor an; vielfach mußte er Porphyr sprengen, mit Kirschbäumen und Linden bepflanzte er den Weg und schuf so eine bequeme stattliche Allee. Auch die Dorfkirche baute Ochs außer dem Turm von Grund aus um. — Das Dorf zählte 1750: 1 Schmiede, 1 Gasthof, 2 Schenken und 48 Feuerstätten, meist von Häuslern bewohnt, die nur 1½ Hufen Acker besitzen, da die Giebichensteiner Mark immer noch meist hallische Bürger inne hatten; der große Gasthof zum Mohren und die (heutige) Gosenschenke existieren bereits.

Der 7jährige Krieg lastete wie über dem nahen Halle auch über Giebichenstein. Von neuem suchte man die Steinkohlenschätze zu heben. Man schlug 1764 hinter dem Kästnerschen Gute (Bürgergarten) an der einsamen Höhe am Berghang, der sich zum Wittekinder Tal hinabsenkt, etwa am Grundstück Friedenstraße 3, einen Schacht ein. Man fand aber wiederum die Kohle nicht tüchtig und obendrein stieß man auf Wasser, so verschob man den weiteren Bau, bis die Kohle mehr Reife (!) haben würde. Ein alter Grubengrundriß existiert noch, der den alten höchst schwachen Flözbau anzeigt.[10]) Auch einen „Marmorbruch“ hatte man in dem Kramerschen Gut (Bürgergarten) entdeckt, nämlich dort, wo heute am kleinen Abhang der Wärter- und Geräteraum steht.

Erst nach dem 7jährigen Krieg in den zwei Friedensjahrzehnten des Großen Friedrich blüht das Dorf auf. Der Ort entwickelte sich freilich nur nach zwei Seiten hin, nach dem Norden und Süden, an der heutigen Seebener- und Burgstraße. Die ehemalige Allee des Barons Ochse wurde auf beiden Seiten bis zum Eberhardschen Hause (Lehmanns Garten) mit mehr oder minder kleinen Gehöften besetzt und um 1780 legte man im Norden am Ende des Dorfes nach Trotha zu am Fuße des jetzigen Reilschen Berges das sogenannte „Neue Dorf“ für neue Anbaue in zwei Reihen kleiner Häuser an und nannte diese die Teichgasse (wohl der jetzige Angerweg). — Allein 37 Kolonistenhäuser entstehen, sodaß man 1790 schon 97 Feuerstätten mit 666 Einwohnern zählte, darunter 4 große, 7 kleine Kossaten, 61 Häusler, 69 Einlieger. Auch ein Witwenhaus besitzt das Dorf, ferner wohnen in ihm 3 Leineweber, 1 Schmied, 4 Schneider, 3 Schuster, 4 Zimmerleute. Sie zahlen 93 Taler 19 Gr. Furagegeld nebst 208 Talern 9½ Gr. Kontribution. Die Bevölkerung besitzt nur 14¾ Morgen Acker, aber 26½ Morgen Gärten, 2 Morgen Weidenpflanzung, 20 Morgen Anger und an Vieh: 6 Pferde, 25 Rinder und 52 Schweine. Im Dorfe befindet sich ein Gasthof (der Mohr), zwei Krüge (darunter die Gosenschenke) und der Königliche Hauptzoll. Neben Ackerbau und Viehzucht nähren sich die Bewohner von ihren Handwerken, auch von dem Brote, das nach Halle zum Verkauf gebracht wird (s. oben). Dagegen ist die Giebichensteiner Mark (eine steuerbare Flur), zwischen Halle und dem Dorfe gelegen, 432½ Morgen groß, meist im Besitz von hallischen Bürgern, welche davon 74 Taler Furagegeld und 142½ Taler Kontribution zahlen.

Jetzt beginnt auch die landschaftliche Ausgestaltung Giebichensteins von neuem, die unter dem weitsichtigen Oberamtmann Ochs bereits eingesetzt hatte, aber nicht vom großen König, der sein Geld noch für andere Dinge nötig hatte, unterstützt worden war. Der Salineninspektor Reichardt, unser bedeutender Komponist, kauft 1796 das Kromersche bezw. Kästnersche Kossatengut und legt seinen weithin berühmten Naturpark an (Bürgerpark). 1803 schenkt der König Friedrich Wilhelm III. den immer mehr verfallenen Weinberg (zuletzt nur ein Weide- und Schafberg) dem Mediziner und Oberbergrat Reil, der den ganzen kahlen Berg unter großen Geldopfern in prächtige Anlagen legt. Südlich unter den Klausbergen schafft der Professor Düffer seinen Park mit künstlichen Tempelruinen und einer Rousseau-Insel (die heutige Saalschloßbrauerei).

Wiederum unterbrach der verhängnisvolle Krieg die glückliche Entwicklung. Die Niederlagen der preußischen Armee bei Jena und Auerstedt äußerten sich nach einigen Tagen. Am 17. Oktober 1806 nahmen die Franzosen Halle ein. Gegenüber von Giebichenstein bei der Papierfabrik von Cröllwitz fand das Treskowsche Regiment seinen Untergang. Zur Deckung der Saalfähre an der Giebichensteiner Burg war ein Teil der zweiten Knorrschen Füsilierkompagnie abgesendet worden. Der Leutnant Radke (Rathke) ging mit 40 oder 50 Mann über die Saale, konnte aber wegen der rasch vordringenden Franzosen, die das Treskowsche Regiment aufrieben, nicht wieder zurück.[12])

Giebichenstein kam wie der gesamte Saalkreis unter das Regiment Jerômes, des Königs von Westfalen. Es gehörte zum Saale-Departement, zu dessen Distrikt Halle, zu dessen 13. Kanton Neumarkt mit 8 Kommunen. Als sechste Kommune wird Giebichenstein mit Steinmühle und dem Hause die Schwarze Schinze (!) aufgeführt.[13]) Es wurde mit der riesigen Summe von 2674 Reichstalern 1 Gr. 5 7/9 Pfennige Kriegskontribution belegt. — Auch die Kämpfe der Freiheitskriege gingen nicht unbemerkt an Giebichenstein vorüber. Bereits am 2. Mai 1813 unternahm Bülow seinen kühnen Vorstoß auf Halle. Er drang auf 3 Punkten in die Stadt ein über das Galgtor, das Steintor und durch Giebichenstein über den Neumarkt, das Kirchtor und Ulrichstor. Für die Vorbereitungen zur Völkerschlacht bei Leipzig wurden im Oktober 1813 zwei Schiffsbrücken oberhalb der Giebichensteiner Fähre bis zur Peißnitzspitze geschlagen.[14]) Schon am 3. Oktober hatten, meist Studenten und ältere Akademiker vor dem Auszuge am Fuße des Giebichensteins zu Ehren Yorks ein Fest gefeiert. Reil freilich starb, ein Opfer treuer Pflichterfüllung, am 22. 11. 1813 und wurde auf seinem Berge, auf der Höhe, bestattet.

Nach dem Friedensschluß und der Bildung der neuen Provinz Sachsen (1815) wurde Giebichenstein zunächst dem neugebildeten Stadtkreis Halle zugeschlagen.[15]) 1827 wurde dieser „Stadtkreis Halle" wieder aufgelöst. Vom 1. Juli 1828 an wurde die Gesamtstadt Halle (mit Neumarkt und Glaucha) direkt unter die Regierung von Merseburg gestellt, das Landgebiet mit den Dörfern wurde zum Saalkreise bezw. zum Kreise Merseburg geschlagen: so gehörte Dorf Giebichenstein mit der Schwarzen Schürze zum Saalkreise, dem es bis 1900 verblieben ist.

1821 zählte der Ort 91 Häuser und 705 Einwohner, also ohne sonderliche Zunahme gegen 1790, innerhalb 30 Jahren. — Schon 1817 hatte man nochmals, zum dritten Male versucht, die Steinkohlenschätze des Dorfes zu heben. Man schlug 20 Meter östlich von der Ecke des Bürgerparkes in der heutigen Wittekindstraße einen Stollen in südwestlicher Richtung etwa 300 Meter lang ein, der auf das alte Schachtloch und seinen Flözabbau traf. Jedoch auch diesmal ohne befriedigenden Erfolg, man stieß nur auf einzelne Nester von Steinkohlen. Den Stollen vermauerte man, der vordere Teil dient noch heute als Keller. Und ebenfalls stieß man beim Bau des Bades Wittekind wiederholt auf allerdings auch sehr wenig brauchbare Kohle. — In den folgenden Jahrzehnten begann ein rapides Aufblühen des Dorfes, teils durch die Nähe des immer mehr industriellen Halle, teils durch eigene Fabriken und gewerbliche Anlagen, teils durch die Erschaffung eines Solbades, des Bades Wittekind, dem neue landschaftliche Verschönerung des Ortes und Erbauung von Villen und stattlicheren Privathäusern folgten. 1818 kaufte der Dichter Eberhard das große Grundstück über dem Steinbruch (heute Lehmanns Garten) und schuf den großartigen Park in ihm. Der Professor Schmelzer erstand den früheren Reichardtschen Garten und erbaute den stilvollen „Oberschmelzer", der eine weite Aussicht nach allen Himmelsgegenden, auch über die weiten Kornfelder zur südlich gelegenen

Stadt hatte. Krukenberg erwarb den Reilschen Berg und verschönerte ihn durch neue Anlagen; auch die alte einfache „Schwarze Schürze“ erhielt ein neues Gesellschaftshaus dicht an der Allee von Neumarkt nach Giebichenstein, welches „die Weintraube“ benannt wurde. Vor allem aber erstand 1846 das Bad Wittekind auf dem ehemaligen einfachen Schmohlschen Garten. Die Gäste fanden Unterkunft im Düfferschen, im Deichmannschen, im Schmelzerschen Hause und im Bade selbst. Allmählich entstanden besondere Villen für die immer mehr sich ansammelnden Badegäste an dem Rasenabhang, der nur mit wenigen Bäumen besetzt war, der das Tal gegen Süden abschließt, die heutige Wittekindstraße. Sie wurden nach Baurat Stülers Angaben anmutig im Schweizerstil erbaut.

Das Dorf hatte sich um 1850 folgendermaßen ausgedehnt: im Norden an der Seebener Straße standen nördlich hinter dem Düfferschen Garten (Saalschloßbrauerei) nur zwei oder drei Gehöfte, ihnen gegenüber auch eine Gruppe von 2 alten Häusern in einer Einbuchtung am Reilsberge, dort wo jetzt das untere Haus des Zoologischen Gartens steht. Die Wittekindstraße in ihrem westlichen Anfang war beiderseits mit kleinen Gehöften bis zum Bade besetzt. Am Beginn der Brunnenstraße standen einzelne Häuserchen und auf der Kuppe des sogenannten Königsbergs etwa 3 Gehöfte. Vor allem aber hatte sich, wie wir sahen, die Burgstraße entwickelt: bis zu dem ehemals Eberhardschen Hause (Lehmanns Garten) standen hüben und drüben Häuser. Ganz einsam am Ostabhange des Reilsberges lag das Reilsche bezw. Krukenbergsche Haus. Doch die neue Zeit der Fabriken kündigte sich bereits auch im Dorfe an: eine Eisengießerei- und Maschinenbau-Anstalt war gegenüber der Weintraube entstanden, später eine Goldleistenfabrik von Kircher mit stattlichen Wohngebäuden und parkähnlichen Anlagen (s. Saalschloßbrauerei), dann um 1860 die große Baumwollspinnerei mit einer Dampfmaschine von etwa 140 P.S. und auf 32000 Spindeln eingerichtet. Die Bevölkerung stieg, der alte Gottesacker der Kirche mußte nach der jetzigen Brunnenstraße erweitert werden, auch wurde ein stattliches Schulhaus in der damaligen Schulgasse errichtet. Die Streitigkeiten des Dorfes mit der Stadt Halle über die Südgrenze gegen Neumarkt wurden freilich zu Gunsten der Stadt entschieden (s. Bd. II B, Neumarkt). 1865 zählt der Ort bereits 513 Privat-Häuser, 16 öffentliche und 2682 Einwohner, allerdings meistens Häusler. Bedeutendere Vergnügungslokale waren aufgekommen: der Faldixsche Bierkeller (Volkspark) und der Felsenkeller an der Saale (1863). Eine schöne Fahrstraße, mit Kastanien bepflanzt, zog sich längs der Saale hin. — Der Gemeinde-Vorstand setzte sich aus dem Gemeindevertreter und 4 Schöffen zusammen und die Gemeindevertretung aus einer Anzahl Mitglieder (1900: 18).

1870 zählt das Dorf 22 Straßen: die Burg=, die Trothaer Straße (Seebener), die Ufer= (Giebichensteiner), die Rain=, die Fährstraße, die Wiesen=, Garten=, Gosen=, Hohe Straße (Gosenstr.), der Schleifweg, die Breitenstraße (Gabelsberger), der Advokatenweg, die Trift=, die Brunnenstraße, die Schulgasse (Pestalozzistraße), am Gottesacker, die Wittekindstraße und Angerstraße, die Ränzelgasse (Klausbergstraße), die Reil=, die Böckstraße. Seine Hauptentwicklung hatte sich bisher östlich der Burgstraße, zwischen dieser, der Brunnen=, Triftstraße und dem Advokatenweg, vollzogen. Hier waren die Breitenstraße (Gabelsbergerstraße), der Schleifweg, der Königsberg, die Gosenstraße, die Hohe Straße entstanden; an dem Beginn der Reilstraße, ganz isoliert im Südosten des Dorfes, 10 Minuten entfernt die Böckstraße und einige Häuser der langen Reilstraße, die mit vereinzelten Gehöften auch weiterhin besetzt wird. Die Wittekindstraße zog sich jetzt im ganzen Tal entlang, zu Anfang kleinere Gehöfte, dann dem Kurgarten gegenüber Villen. Nördlich des Reilsberges hatte sich das „neue Dorf" etwas weiter entwickelt. — 1870 führte man zunächst in zwei Hauptstraßen die Beleuchtung ein, zunächst als Privatunternehmen. — Am 30. 5. 1878 verband sogar eine Omnibuslinie die Stadt mit Giebichenstein und Trotha. Die Einwohnerzahl betrug jetzt 5712. — In dem neuen Jahrzehnt (1870—1880) werden die Hauptstraßen, die Reil= (auch die Adolfstraße entsteht), die Trothaer=, die Triftstraße weiter entwickelt, die Stein(Felsen)straße entsteht, ebenso die obere Wittekind(Röderberg)str., die August(Körner)str. und die östliche Brunnenstraße. Doch erst in den 80er Jahren wird das große Gelände der Körner=, Eichendorff= und Brunnenstraße bebaut. Die Erweiterung springt auf die Ostseite der Reilstraße über, die mehrstöckigen aneinandergebauten Mietshäuser der Ziethen=, Seydlitz= und der Leopoldstraße entstehen.

Das letzte Jahrzehnt des Jahrhunderts bringt die Verschönerung des Dorfes durch eine Anzahl Villenstraßen, das Ostgelände wird als Villenterrain bestimmt: der villenbesetzte Teil der Seydlitz= und Ziethenstraße wird erbaut, im Westgelände vor allem die Friedenstraße über Bad Wittekind und die Kurallee im Tale, auch die geschmackvolle Schmelzer= (Richard Wagner)straße. Man erbaut eine eigene Wasserleitung an der Magdeburger Chaussee (1893) nebst einem Hochbehälter auf dem Galgenberg.

Am 1. 4. 1900 wird Giebichenstein der Stadt Halle einverleibt: es bringt an Flächeninhalt: 229.47 ha, an Einwohnern: 16134 und an Vermögen: 1026790 Mark[15a]) mit. Giebichenstein hatte bereits eine eigene Wasser=, Gas= und Kanalleitung, auch genügende Pflasterung. Seine Straßenzüge gingen ohne Unterbrechung in die hallischen über, so die Burg=, Reil=, Trift= und Advokatenstraße. Durch seine massenhaften Mietshäuser und Villen hatte der Ort bereits den Charakter einer Stadt bezw Vorstadt, er hatte längst das ländliche Aussehen verloren. Es besaß 3 stark besuchte Schulen, eine Volksschule mit 1192 Knaben und 1274 Mädchen, eine Bürgerschule mit 320 Knaben und eine Mädchenbürgerschule mit 266 Mädchen.[16]) — Allerlei Neugestaltungen treten ein: die Stadt erwirbt den „Schmelzer", der Garten wird als Bürgerpark erschlossen, die Seebener Straße wird durch die Niederlegung des Unter-Schmelzer stattlich erweitert und mit großen modernen Miethäusern besetzt. Eine neue imposante Mittelschule wird gebaut und am 4. 8. 1903 eröffnet. Die Burgruine und den Amtsgarten erwirbt die Stadt, dieser wird nach allerlei Verschönerungen dem Publikum erschlossen. — Eine starke Bautätigkeit greift im neuen Jahrzehnt um sich: die Reilstraße über Wittekind hinaus, die Seebener (frühere Trothaer) Straße, die Angerstraße werden mit neuen großen Gebäuden besetzt, neue Villenstraßen am Zoologischen Garten werden erschlossen. Das zweite Jahrzehnt fuhr in allem darin fort, die Tiergartenstraße wurde beendet, die Fasanenstraße erschlossen, auch die große Saalepromenade, die den gewaltigen Sammelkanal deckt, wurde hergestellt und das neue Provinzial-Museum war erstanden. Weitere Bauplätze wurden zugerichtet: die Gneisenaustraße und die Fortsetzung des Angerweges sollten als Villenstraßen erschlossen werden, — da brach der Weltkrieg aus, mehr als der Krieg hat der fluchwürdige Frieden uns jede tüchtige Fortsetzung des Geplanten genommen.

Anhang.

1. Dagegen hieß die befestigte Siedelung in der Urkunde Ottos I. (961) urbs, civitas Giviconsten. Hier wohnten die Krieger der Burg, die Ministerialen. 2. Das Kloster hatte auch den Salzbrunnen zu Schadeleben. — 3. Ich vermute, daß das reiche Kloster sich ein Anwesen im oder am Wittekinder Tale, das Salz zu sieden, erworben hat; es ist durchaus nicht zu glauben, daß es die Sole etwa in großen Fässern oder Butten erst nach dem Kloster auf dem Neumarkt geschafft hat und hier den Salzgehalt ausgesotten hat. Welche Umstände hätte das verursacht! — 4. Vgl. darüber meine Wanderungen durch den Saalkreis, Band I, S. 8—10. — 5. Diese meine Ansicht über die Entstehung des berühmten erzbischöflichen Weinbergs wird wohl das Richtige treffen. — 6. Meine Forschungen über den Brunnenstein, seine Lage, die Gründe wegen des strittigen Besitzes habe ich teilweise bereits in meinem Buche Giebichenstein S. 65 niedergelegt. — 7. Sie waren in Gewand und Halbstiefeln den Magyaren ähnlich, aber in Wahrheit meistens kroatische, wallachische und polnische Grenzer. — 8. Leipzig trieb den Kurfürsten zu diesem Schritte an, seine Privilegien, sein Handel seien durch die hallische Nebenbuhlerschaft gefährdet. — 9. Erst als der Freiherr von Knyphausen das Privilegium der Bergwerke im Herzogtum Magdeburg vom Kurfürst Friedrich III. erhalten, kam der Bergbau in Schwung, s. Wanderungen Bd. I, 93. — 10. Vgl. den alten Grubenriß des Oberbergamts aus dem Jahre 1817. Den Hinweis verdanke ich Herrn cand. phil. Neuz. — 11. Die schön geschliffene Platte an der Bismarck-Eiche bei dem Hauptwege in den Wittekind-Anlagen ist aus

„Giebichensteiner Marmor“ hergestellt worden. — 12. Er verbarg sich auf dem linken Ufer der Saale und führte dann seine kleine Schar nach Rothenburg und von da nach Magdeburg, das er am 19. 10. glücklich erreichte. — 13. Die übliche Geographie und Oberflächlichkeit der Franzosen, ebenso im französischen Text: avec steinmühle et la maison de Schwarze Schinze (statt Schwarze Schürze!). — 14. Die Schiffsbrücken blieben bis zum 21. Oktober 1813 liegen, nachdem die Völkerschlacht siegreich beendet und ein weiteres Verfolgen des Feindes nach Westen sichergestellt war. — 15. Der Stadtkreis Halle umfaßte ein ziemliches Landgebiet: die Amtsstädte Neumarkt und Glaucha, die Dörfer Giebichenstein, Diemitz, Böllberg, Gimritz, Passendorf und Angersdorf, seit 1819 auch noch Freiimfelde (Diemitz) und Wörmlitz. — 15a. Zum Vermögen des Ortes gehörten: 1 Weidenheger an der Saalschloßbrauerei (11 880 M.), 4½ ha Galgenberganteil (25 000 M.), das Amtshaus, Große Brunnenstraße Nr. 3 (25 137 M.), das Amtsgefängnis Kleine Brunnenstraße Nr 4 (6881 M.), die Schulgebäude in der Großen Brunnenstraße Nr. 4, 5, 6 (22 581, 49 670, 54 406 M.) und Friedenstraße Nr. 34 (49 113 M.), das Armenhaus in der Kl. Brunnenstraße Nr. 2 u. 3 (11 800 M.) und der Friedhof in der Friedenstraße Nr. 32 (14 840 M.). — 16. Dazu trat eine katholische Privatschule mit 125 Kindern.

Die Burgstraße.

Die Burgstraße empfing ihren Namen von der Burg Giebichenstein; sie führt in gerader Linie von der Burg (Unterburg) auf den Neumarkt (altes Kirchtor) und zwar von Norden nach Süden. Die Straße als solche ist nicht alt, wohl aber der Straßenzug, ein Weg, der schon im Mittelalter nachweisbar ist: jener Hazilo, der von Burg Giebichenstein nach Halle abends zurückritt und die glühende Egge vom Himmel herniederschweben sah, ritt auf ihm entlang (s. Kloster Neuwerk); ferner stellte der Weg die Verbindung zwischen der Burg Giebichenstein und dem neuerbauten Schloß Moritzburg des Erzbischof Ernsts dar (1484), auch die der Steinmühle mit dem Amte seit der Aufhebung des Klosters Neuwerk und die der Amtsziegelei ebenfalls mit dem Amte Giebichenstein (1693). Der Weg zog sich uneben über Hügel und Porphyrrücken dahin, wie diese am Volkspark wie an der Mündung in den Mühlweg heute noch sichtbar sind. Erst um 1742 legte der Oberamtmann von Giebichenstein Ochs von Ochsenstein (1738–1748) den Weg gerade und eben, sprengte die Felsen, bepflanzte den erweiterten Weg mit Linden und Kirschbäumen und schuf so eine schöne Allee durch die Felder. Am nördlichen Anfang an der Burg war der Weg bereits bebaut: der Gasthof zum Mohr, die Gosenschenke und meist einstöckige Häuslergehöfte standen hier; noch in der letzten Zeit des Großen Friedrich siedelten sich solche Häuserchen mit ihren kleinen Dorfgärten (wie noch heute Nr. 7) bis zum heutigen Volkspark an. Auch ein einfaches Vergnügungslokal „Die Schwarze Schürze“ entstand. 1818 schuf der Dichter Eberhard nördlich daneben sein Heim und den schönen Park (Lehmanns Garten), wo vorher Felder sich erstreckten. Auf dem Gelände der Schwarzen Schürze entstand die vornehmere „Weintraube“. Um die Mitte des Jahrhunderts entwickelten sich industrielle Anlagen: die Faldix-Brauerei und die Eisengießerei und Maschinenfabrik. Mehr und mehr machten die Häuslergehöfte zweistöckigen Wohnhäusern Platz, nach 1870 wuchsen die dreistöckigen barocküberladenen Mietshäuser empor und am Ende des Jahrhunderts und im neuen jene großstädtischen vielstöckigen Wohnhäuser, die einige Meter aus der alten Front zurückspringen, aber auch die Villen (Nr. 39 – 44) entstanden. — 1882 wurde die Hallische Straßenbahn (Pferdebahn) durch die Straße gelegt, 1898 wurde sie elektrischer Betrieb. — Der Eindruck der Straße ist in ihrem älteren nördlichen Teil ein nüchterner, Häuser verschiedener Jahrzehnte erheben sich dicht aneinander rechts wie links; dem jüngeren südlichen Teil geben Gärten und Villen ein freieres, vornehmeres Aussehen. Die Straße wird auf der östlichen oberen Seite an der Burg Giebichenstein zu zählen begonnen, die Numerierung ist wiederholt geändert worden: 1875: 53 Häuser, 1900: 72.

Nr. 3. Kronenapotheke, ein zweistöckiges Haus in gelben Klinkern, 1885 erbaut. [1])

Nr. 25. In dem Hofe befindet sich in einer Mauernische eine schwarze Holztafel, auf der in weißer Schrift steht: „Oestlich, wenige Schritt von hier, Ruht ein russischer Kanonier, Weit entfernt von den Seinen, Die oft trostlos um ihn weinen. Doch wer für's Vaterland giebt sein Blut, Ruht auch in fremder Erde gut. — Er starb durch eine feindliche Kanonenkugel im Freiheitskampfe am 28. April 1813.“ [2])

Nr. 27. Der Volkspark, ein großes Etablissement mit Konzertgarten und Veranden, im Hintergrunde der stattliche Bau. Um 1860 hatte Faldix hier den „Bierkeller“ als Wirtschaftsgarten neben seiner Bierbrauerei eingerichtet. Später, zwischen 1885 und 1890, kaufte die Geraer Aktienbierbrauerei Tinz bei Gera das Grundstück, das nun „Tinzers Garten“ hieß. — Um 1905 erwarb es im Namen seiner Partei der Zimmermeister Genosse Kretschmann, der es als „Volkspark“ umgestaltete, als Vereinslokal der hallischen Sozialdemokraten für 135000 Mark nebst den Gebäuden und Inventar; 1907 wurde der Volkspark eröffnet. — Später, um 1912, ging es in den Besitz der Volkspark-Gesellschaft m. b. H. über. — Das Grundstück ist 7800 qm groß, und zwar enthält der vordere Garten 3550 qm, der Saalbau 1650 qm und der Hof nebst hinterem Garten 2600 qm. Der vordere Garten, von alten Bäumen beschattet, steigt in 3 Terrassen bergan, zu seinen beiden Seiten stehen Veranden, Kolonnaden und der große Musikpavillon. 6 große Bogenlampen und viele kleine Glühbirnen erleuchten ihn, 3800 Stühle mit Tischen finden Platz in ihm. Der

Hauptsaal im ersten Obergeschoß ist 560 qm groß, daneben liegt der kleine Saal mit 210 qm, mit den Galerien zusammen können die 1120 qm etwa 3000 Personen fassen. Werttaxe des Grundstücks und der Baulichkeiten 1907: 650000 Mark.

Nr. 35. Leutert und Lindemann, Maschinenfabrik. Schon 1852 befand sich hier die „Eisengießerei". Ernst Leutert und Ernst Möwes errichteten alsdann 1856 eine Maschinenwerkstätte für den Bergbau, stellten Förderwagen her, dann auch Kohlen- und Ziegelpressen. 1856: 3 Arbeiter! Die Firma wurde die erste in Deutschland, die Braunkohlenbrikettpressen baute. Die Firma E. Leutert übte alsdann den Bau von Dampfmaschinen und Dampfpumpen als Spezialität aus. 1862: 40 Arbeiter, 1875: 130, 1890: 130; mit einem Umsatz von 1/2 Million Mark. Sondererzeugnisse sind: Pumpen, Kompressoren, außer Briketpressen und Dampfmaschinen. Die großen Maschinenanlagen dehnen sich von der Burgstraße bis zum Advokatenwege aus; ein Bild der ältesten Anlage zeigt uns ein einstöckiges Wohnhaus, 2 kleine Fabrikgehöfte rechts und links des hohen Schornsteins, alles in freiem Felde.

Nr. 37. Jugendhof und Kleinkinderlehrerinnen-Seminar, ein zweistöckiges, geschmackvoll modern erbautes Villenhaus auf dem Gelände des Diakonissenhauses, um 1912 entstanden.

Südlich von diesem Grundstück hebt sich das Gelände allmählich, so daß es 3 bis 4 m zur Straße abfällt; ein Fußweg zieht sich oberhalb der Fahrstraße entlang. An der Ecke zum Mühlweg liegt die ehemalige Seckendorfsche Villa (vgl. Mühlweg, Band II B).

Nr. 38. Konditorei Dietze, ein großes dreistöckiges Mietshaus, auf der westlichen Seite der Straße, am Eingang, als Eckhaus der Burgstraße und des verlängerten Mühlweges nach der Saale zu gelegen. Das Haus erstand 1887/88. Es befand sich im Erdgeschoß in den Jahren 1900 bis 1908 das Standesamt Halle-Nord, bis dieses in die Große Brunnenstraße verlegt wurde (s. d.).

Nr. 39—44. zweistöckige, aneinandergebaute Villen mit Vorgärten über der westlich tiefer gelegenen Steinmühle (s. Band II B). Nr. 42—44 in gelben Klinkern entstanden um 1895, dagegen Nr. 39—41 nach 1900.

Nr. 40. Westfalen-Haus, um 1910 erbaut. Die ersten Anfänge des Corps Guestphalia sind das Kränzchen oder die Landsmannschaft der Westfälinger, die, wie die übrigen Landsmannschaften (Schlesier, Märker, Sachsen), gegen die Studentenorden (Unitisten, Konstantisten usw.) auftraten. Ursprünglich mußten die Mitglieder nur aus Westfalen stammen.[3]) 1806 wurde die Universität aufgelöst, 1808 wieder eröffnet, und schon 1810 existierte die Landsmannschaft der Westfalen wiederum, sie kneipte im „Kühlen Brunnen". 1820 wurde die Allgemeine Konstitution der Hallischen

Landsmannschaften, jetzt Corps genannt, begründet. 1837 löste sich das Corps Guestphalia wegen Mangels an Aktiven auf, am 18. Juli 1840 (als Stiftungstag festgesetzt) wurde es wieder hergestellt. Nach dem Kriege 1870/71 mußte es wegen Mangel an Aktiven wieder suspendiert werden; am 24. April 1874 erstand es neu. — Das Corps kneipte bis 1847 in der „Stadt Berlin" (Gr. Steinstraße 82, s. Band I, 109), dann in der „Goldenen Egge" auf den Pulverweiden (s. Band II A) bis Juli 1870,[4]) von 1874—1887 in der „Maille" und im „Fürstentale", 1887 im „Marktschloß" und von 1888 bis um 1910 Ecke Harz und Georgstraße im eigenen Heim. Das Wappen des Corps zeigt in der oberen Hälfte 7 Sterne (die Zahl der Stifter) und das springende weiße Roß in rotem Felde, in der unteren die Farben grün-weiß-schwarz und den Stiftungstag, in der Mitte den Zirkel (vivat, crescat, floreat Guestphalia).

Nr. 41, Preußen-Haus, 1905/06 erbaut. Das Corps ging aus einem Waffenklub im Sommer 1836 hervor, der am 6. November 1836 sich als Corps mit Namen und Farben der Preußen auftat. 1836/48 kneipte es im „Blauen Hecht" in der Bärgasse (s. Band I, S. 223). Durch die Revolution gezwungen, mußten die Mitglieder ihre schwarze Mütze und ihr schwarz-weiß-schwarzes Band ablegen und nach dem „Rosental" am Weidenplan (s. d.) flüchten, hier kneipten sie, indem vor jeder Tür ein Fuchs als Wache stehen mußte. Im Sommer 1849 trugen sie offen wieder die Farbe. Am 6. November 1852 wurde das Corps wegen Mangel an Aktiven suspendiert, 1855 am 5. Juli tat es sich wieder auf.[5]) Vom 9. November 1875 bis 16. März 1876 ruhte es wiederum aus Mangel an Aktiven. Von da ab blühte es kräftiger denn zuvor. 1882 wurde Jägerplatz Nr. 6 als eigenes Corpshaus angekauft. Man kneipte hier bis 1906. Am 3. August 1906 wurde das neue Corpshaus in der Burgstraße eingeweiht. — Der Wahlspruch ist: Virtus fidesque bonorum corona; die Farben: Schwarz-weiß-schwarz, Perkussion: Silber, weiße Stürmer.

Nr. 45, Bethke-Lehmann-Stiftung, das ehemalige Besitztum des Geh. Kommerzienrates Ludwig Bethke und seiner Gattin Emilie Lehmann, ein schöner großer Garten, der sich zum Weg an der Mühlgrabensaale hinabsenkt, an der Burgstraße steht das Wohnhaus, ein komplizierter, aus verschiedenen Teilen entstandener Bau: ein einstöckiger 3fensteriger, dann zweistöckiger 7fensteriger Teil, zuletzt 5 große Bogenfenster (der Saal). — Auf dem Gelände stand schon Anfang des 19. Jahrhunderts die Wirtschaft die „Schwarze Schürze", sie lag nach der Saale zu, ein höchst bescheidenes und anspruchloses Kaffeehaus, umgeben von einem ziemlich verwilderten Garten, wo man in Holunderlauben auf rohen und ursprünglichen Bänken saß und das teure und schwere Getränk genoß, das die gebildete Bevölkerung viel herbeilockte. Nicht bloß die Landsmannschaft Saxonia hatte hier ihr regelmäßiges Kneiplokal, oben im Hause versammelte sich allnachmittags die „Humanität“ aus der obersten hallischen Intelligenz: der Enzyklopädist Gruber, der mild lächelnde Buchhändler Schwetschke, der ehrwürdige Konsistorialrat Knapp usw. Literarische und Tagesneuigkeiten wurden besprochen und bereits um 4 Uhr ging man wieder nach Hause. — Einige Zeit später baute man das neue Gesellschaftshaus die „Weintraube“ an der oberen Seite, an der Burgstraße (Bethkesches Haus), ein zweistöckiges, 7fensteriges Haus mit Doppeldach und 7 kleinen Erkerfenstern: 5 Steinstufen führten in den säulengeschmückten Eingang in der Mitte. Auch der Garten wurde trefflich wieder hergestellt. Die Wirtschaft wurde sehr besucht, besonders zu den Konzerten an den Wochen- und Sonntagen. Liedertafeln und andere geschlossene Gesellschaften wählten die Traube zu ihrem Gesellschaftslokal, dazu kamen öffentliche Bälle, Festessen usw. im geräumigen Saale dieses Gasthauses. Namentlich zog das Tivolitheater die Gäste herbei. Dann erwarb Ludwig Bethke das alte Besitztum. Er († 1911) und seine Gattin schenkten der Stadt testamentarisch ein Kapital von 1½ Millionen Mark und das schuldenfreie Grundstück im Werte von 250000 Mark zur Errichtung einer Stiftung, welche der Erziehung der heranwachsenden Jugend gewidmet sein sollte. Es wurde ein Kindergarten, sowie ein Knaben- und Mädchenhort eingerichtet, während das Hauptgebäude gegen Zahlung von Miete der neugegründeten städtischen Frauenschule überlassen wurde.[6]) Allerlei Um- und Neubauten wurden nötig. Für den Ausbau zur Frauenschule wurden 1911 schon 22800 Mark bewilligt, ferner 43250 Mark für Einrichtungsgegenstände. Der Garten wurde dem „Wohle der Jugend“ gemäß angepaßt mit 4906 Mark Unkosten; auch wurde das Grundstück an dem Saaleweg durch eine neue Mauer eingefriedigt, eine durchsichtige Pergola wurde zwischen 2 Tempeln eingebaut, damit der Vorübergehende in den Garten blicken kann (15200 Mark). 1914 entstand im Garten ein Brunnendenkmal zu Ehren des Stifters und der Stifterin Bethke, ein kreisrundes Becken von 5 m Durchmesser, mit Kinderfiguren und Blumengewinden an seinem Rande, auch mit Widmungstafeln an 3 Stellen (10105 Mark Unkosten). Auf dem umfangreichen Gelände stehen die Baulichkeiten des Kinderhortes usw., sowie auch das Emilienheim (Säuglingsheim) an der Nordwestecke an der Giebichensteinerstraße.

Nr. 46. das große Lehmannsche Grundstück zwischen Giebichensteiner- und Felsenstraße; die große schloßhafte Villa mit 4eckigem Turm an der Giebichensteinerstraße (Uferstraße) gelegen, ist erst um 1886 entstanden, das alte ehemalige einfache zweistöckige Wohnhaus an der Burgstraße ist dagegen das Haus des Dichters Eberhard gewesen, der es sich 1818 erbaute, wie er auch den großen Park, den heutigen Lehmannschen Garten, schuf auf der Höhe des sogenannten Giebichensteiner Steinbruchs, wo ehemals sich nur Felder ausdehnten, ein zerrissenes, gefahrvolles Gelände. Eberhards reizende klassische Idylle „Hannchen und die Küchlein", übrigens mit starkem Lokalkolorit versehen, ist hier 1822 entstanden.[7]) Der Dichter wurde in den 20er Jahren sehr gelesen und fast überschätzt, ähnlich wie Lafontaine beherrschte er die Tagesliteratur und produzierte er höchst fruchtbar: Erzählungen, Romane, Märchen, Gedichte usw. Auch gab er 1812/16 die Zeitschrift „Salina" mit Lafontaine heraus.[8]) Sein Freund Tiedge, der Dichter der Urania, weilte öfter zum Besuche in seinem Hause hier in Giebichenstein. Von Eberhard kaufte der Bankier Lehmann 1835 das Grundstück, dem die Steinbrüche an der Saale gehörten, erst durch Wegsprengung wurde der jetzige breite Fahrweg angelegt.[9])

Nr. 67. Baustelle, ehemals „Bauers Felsenkeller", Burgstraßen- und Rainstraßenecke. Der Garten wie das ehemalige Wirtschaftsgebäude wurden um 1861 angelegt, als Karl Bauer die Brauerei in der Rathausstraße erworben hatte (s. Band I, S. 88 und 89). Hinter dem geräumigen Garten erstreckten sich westwärts größere Niederlagen, etwa 1905 wurde die Brauerei in einen imposanten hier errichteten Neubau aus der Stadt verlegt. Doch schon einige Jahre später wurde die Bauersche Brauerei von der Hallischen Aktienbrauerei aufgekauft. Das große Fabrikgebäude wurde etwa 1911 vom Fabrikbesitzer Th. Franz zur Fabrikation von Preßhefe, Backpulver, Essenzen, Oelen usw. eingerichtet, auch wurde eine Champignon-Züchterei darinnen betrieben.

Nr. 71. die Gosenschenke, ein altes, glattgeputztes, zweistöckiges, tiefer unter dem später erhöhten Straßenniveau gelegenes Haus. Seine alten Räume wurden viel von Studenten besucht. Die Gosenschenke verabreichte allein das in der Döllnitzer Rittergutsbrauerei gebraute Getränk in bauchigen Flaschen mit langen Hälsen. Die Gosenschenke soll über 200 Jahre alt sein, zur Zeit Friedrichs des Großen ist sie eine Werberkneipe gewesen: die Werber zechten mit den Studenten und steckten den Berauschten das Werbegeld zu.[10])

Nr. 72. der „Gasthof zum Mohr", ein zweistöckiges, mit Pfälzer-Doppeldach versehenes Haus; der große Tanzsaal zieht sich die Fährstraße hinab. Der Gasthof ist alt, vor etwa 200 Jahren erbaut, er erhielt seinen Namen von dem Schutzheiligen des Erzstifts und der Burg (Unterburg) Giebichenstein, die gegenüber liegt, von dem Heiligen Mauritius oder Moritz, dem Mohren. Als Gasthof des Dorfes führt ihn später Dreyhaupt (1750) auf. Der Gasthof nahm die Fremden an dem Burgwege wie die, welche von Westen her, von der Fähre kamen, auf. Auf dem uralten Grundstück lag ein Zins, der sogenannte Kotzenpfennig, der von Leonhard von Kotze († 1560) he hren soll. Dieser erkältete sich bei einem Turnier auf der Moritzburg; sterbend vermachte er sein Pferd der Kirche von Giebichenstein. Sie verkaufte es und lieh das Geld gegen Zins aus, das ist der sogenannte Kotzenpfennig, der auf einigen Häusern als Abgabe an die Kirche lastete. Um 1820 war die Wirtin „Mutter Rose" in Studentenkreisen sehr beliebt.

Die Giebichensteiner Straße.

Die Giebichensteiner Straße führt ihren Namen erst seit 1900, vorher hieß sie besser und charakteristischer „Uferstraße", vordem nannte man sie auch den „Saalweg".[11]) Unsere Straße ist der anmutige Talweg, der von der neuen Lehmannschen Villa an der Burgstraße (Nr. 46) als Fahrweg und Allee zur Saale hinabzieht, dann an der Saale entlang abwärts unterhalb der Ruine Giebichenstein, am Amtsgarten vorüber bis zur Saalschloßbrauerei führt. Dieser schöne breite schattige Alleeweg ist noch nicht 100 Jahre alt.

Im Mittelalter zog sich von der Burg aufwärts bis zum heutigen „Felsenkeller" ein stattlicher Eichenwald, dann streckten sich die Porphyrberge bis hart an die Saale vor (ähnlich wie die Klausberge), ihre südliche Seite (an der neuen Lehmannschen Villa), dem Mühlgraben gegenüber, war uralter Steinbruch, den schon Erzbischof Wichmann 1182 dem Kloster Neuwerk schenkte.[12]) Erst später setzte man die Steinbruchsarbeiten weiter nach Norden fort und schuf hier ein zerklüftetes, zerrissenes, gefährliches Gelände, ein schmaler Fußpfad führte im Tale entlang, ihn bespülte auf der einen Seite die Saale, auf der anderen erhoben sich hohe Porphyrfelsen, in welchem sich die Steinbrüche befanden. Der Pfad war durch die noch nicht abgesprengten Felsen bis zur Breite des notwendigsten Leinpfades eingeengt. – Oben über die Felsen führte, ehe der Dichter Eberhard das Gelände kaufte (1818) und so abschloß, auch ein Fußweg entlang, von dem man eine weite Aussicht hatte: hart unter dem Wanderer floß die Saale, etwas südlich lag die uralte Steinmühle ganz einsam, von Bäumen beschattet, noch weiterhin stieg die Stadt mit ihren vielen Türmen empor und mit ihren schwarzrauchenden Koten; in der Ferne schimmerten kleine Meiereien und Weinberge, ganz zerstreut lagen einzelne Gehöfte, wie die „Maille" und „Ludewig rc.". — 1835 kaufte der Bankier Lehmann den Eberhardschen Garten (s. Burgstraße Nr. 46); bald darauf ließ er die Steinbrüche an der Saale, die ihm gehörten, abtragen, er schuf eine schöne breite Fahrstraße im Tale, die er mit Kastanien bepflanzte. Auch eine freundliche Gartenwirtschaft, den „Felsenburgkeller" (die Felsenburg), ließ er 1863 an diesem Talwege erbauen. Freilich verunstalteten den schönen Weg die nüchternen Fabrikgebäude der Rabeschen Spinnerei, ihr häßlich hoher Schornstein, ebenso einige rohe, in Mauersteinen erbaute zweistöckige Fischerhäuser zwischen „Felsenburgkeller“ und „Saalschlößchen“. Diese wurden zwar Ende der 80er Jahre wieder abgerissen, ihr nun ödes Gelände wurde an der Straße durch eine Holzplanke eingezäunt. — 1913 wurde der schöne idyllische Alleeweg gänzlich verwüstet. Der große Sammelkanal der Stadt mußte in 2 m Lichte durch die Straße (weiterhin durch den Amtsgarten, dann durch die Klausberge in einem Stollen) gelegt werden. Die schattigen Kastanien wurden abgehauen, die natürlichen malerischen gras- und weidenbestandenen Ufer wurden durch eine steinerne Futtermauer von 670 m Länge und 2,40 m Höhe ersetzt, Eisengeländer begrenzten den Weg, schwere massive Gondelhäuser nehmen den Platz der früheren Bretterhäuschen ein, Platten decken den Kanal und bilden den Fußsteig, als ob man auf einem Trottoir mitten in der Stadt geht. Freilich die Kastanien ersetzte man durch kräftige schöne junge Linden.[12]) — Die Giebichensteiner Straße beginnt am Fuße der Ruine Giebichenstein, zieht sich saalaufwärts und mündet an der neuen Lehmannschen Villa in die Burgstraße.

Nr. 1, die Spinnerei von Rabe, ein 3stöckiges und 12fenstriges Arbeitsgebäude in gelben Mauersteinen, zwar im Hintergrunde gelegen, davor erheben sich kleinere Bauten, das Kesselhaus mit dem gewaltigen Schornstein, nach der Straße zu schließt eine Mauer den Fabrikkomplex ab; gleich südlich schließt sich auf sanft ansteigendem Gelände der Park des Fabrikbesitzers an, in ihm liegt an der Straße die 6fenstrige Villa in Spitzbogen und gelben Backsteinen, mit einem Türmchen versehen. Die Baumwoll-Spinnerei wurde 1861 gegründet mit einer Dampfmaschine von 140 Pferdekraft und auf 32000 Spindeln eingerichtet. Sie beschäftigte schon 1875 durchschnittlich 400 Arbeiter und 1 Maschine, auf 500 Pferdekraft verstärkt. Am 1. 1. 1920 wurde der Betrieb (der seit 1915 durch den Weltkrieg eingegangen war) von den Textilwerken A.-G. Meyer Kauffmann in Schlesien wieder aufgenommen. Heute werden 340 bis 370 Personen und 25000 Spindeln beschäftigt. Die in Ballen ankommende Baumwolle wird zu webfertigen Garnen bereitet, die in den eigenen Webereien der Textilwerke weiter verarbeitet wird. Die Baumwollenballen (250 kg schwer) kommen zumeist aus Orleans-Texas, zuweilen aus Indien. Die Baumwolle wird zunächst aufgelockert, von allen Unreinigkeiten und Fasern gesäubert, dann zum ersten Faden zusammengefaßt, darauf werden mehrere Bänder zusammengelegt, gleichmäßig gemacht und gestreckt. Die Vorspinn- und Feinspinnmaschinen verarbeiten die Bänder zu 12er, 16er, 24er, 30er und 36er Garn.

Nr. 2, das Saaleschlößchen, eine freundliche Wirtschaft mit der Aussicht auf die breite Saale und auf den Wald der Peißnitz gegenüber; 2stöckig, etwa 12fenstrig mit einem kleinen Mittelbau und einem viereckigen Eckturm; nach der Rainstraße zu setzt sich ein Giebelbau an, vor ihm liegt der kleine terrassenförmige Garten. Ehedem war an der Saaleseite eine breitere Veranda vorgebaut, die der Straßenerweiterung von 1913 zum Opfer fiel. Das Etablissement entstand einige Zeit nach 1866.

Es folgt südwärts das hügelige ansteigende Gelände der ehemaligen Fischerhäuser, jetzt als Winterlagerplatz der Gondeln benutzt; ihm schließt sich das Berggelände des Felsenburgkellers an.

Nr. 3. der Felsenburgkeller, anfangs „die Felsenburg" genannt, in der Ausbuchtung des zurückspringenden ehemaligen Steinbruchgeländes erbaut, und zwar im Jahre 1863. Das 2stöckige Gebäude, jetzt hart an der Straße gelegen,[14]) ist von zwei runden Türmen flankiert, im Erdgeschoß die drei großen Fenster der Restauration, im oberen Geschoß eine Reihe kleinerer Fenster. Noch zu unseren Zeiten wurden studentische Mensuren hier „ausgepaukt". Der anmutige Garten mit schattigen Bäumen liegt südwärts vom Hause, ebenfalls der Straße entlang, mit dem Ausblick auf die Saale und die waldige Peißnitz gegenüber. An schönen Sommerabenden sieht man die illuminierten Gondeln der Studenten, akademischen Verbindungen und Philistervereine auf den Fluten dahingleiten und lauscht ihren frohen Gesängen oder an verschwiegenen Mondscheinnächten dem Gesang der gefiederten Nachtigallen, auch mancher ungefiederten. Der Garten setzt sich ostwärts fort als Park mit verschlungenen Wegen zur Höhe empor auf jenen prächtigen einsamen Höhenweg, der hart am Rande der jäh abfallenden Felsen zum Lehmannschen Parke hinüberführt, und die weite Aussicht über das Tal, die Peißnitz, über die Wiesen, bis an den blauen Rand der Heide und seitwärts noch viel weiter gewährt.

Nr. 3b. An den Felsenburgkeller setzen sich südwärts eingegitterte Gartenanlagen an, hinter denen sich die steil abfallenden Porphyrwände erheben, ein einzelner abgesprengter Felsen ragt wie ein massiver runder Turm aus der Tiefe isoliert empor. Endlich ist auf dem schmalen Gelände ziemlich hart an der Felswand eine 2stöckige Villa, geputzt und schieferbedacht mit spitzen Türmchen um 1887 entstanden, freilich der Ueberflutung bei hohen Wasserständen ausgesetzt. — Weg, Saale und Felsengelände wenden sich südostwärts; der mit Eisenstaket eingegatterte Park bildete ehemals einen kleinen Wildpark, in welchem Rehe gehalten wurden; er zieht sich zur neuen stattlichen Lehmannschen Villa, zur Burgstraße empor. An diesem Endstück unserer Giebichensteinerstraße liegt auf der südlichen Seite jetzt.

Nr. 6 das Emilienheim, ein stattlicher moderner 2stöckiger Bau, 1916/17 errichtet, aus den Mitteln der Bethke-Lehmannschen Stiftung (s. Burgstraße Nr. 45),[15]) der Eckbau am nordwestlichen

Zipfel des Bethkeschen Grundstückes paßt sich geschickt stufenförmig dem ansteigenden Gelände an.[18]) Er enthält das Säuglingsheim der Stiftung, die ja zur Pflege der Jugend errichtet worden war, ebenfalls eine Kinderlesehalle.[17]) — Ehedem (1884) standen auf diesem Endstück der Giebichensteiner Straße (Uferstraße) ein paar kleine Häuser in rotem Backsteinbau, dann wurde eine Loofahwarenfabrik hier errichtet (um 1890), die aber schon nach einigen Jahren wieder einging.

Die Fährstraße, die Rainstraße und die Felsenstraße.

Die Fährstraße verbindet den Anfang der Burgstraße mit dem Anfang der Giebichensteinerstraße (an der Saale). Sie führt ungefähr ostwestlich. Sie erhielt ihren Namen von der Fähre, die ehemals Jahrhunderte hindurch an ihrem Ausgang nach Cröllwitz übersetzte (s. Cröllwitz). — Die Straße war im Mittelalter ein sich zur Saale senkender ungefestigter Fahrweg, der von dem alten Giebichensteiner Burgwege hinabbog, auf seiner rechten Seite den Burggraben, auf seiner linken waldiges Gelände hatte. In den letzten Jahrhunderten wurde der Graben zugeschüttet und die Straße dadurch erweitert; auf der linken Seite hatten sich kleine Oekonomien angesiedelt, der breite Weg zog sich von einigen Bäumen, auch Pyramidenpappeln beschattet, zur Fähre hinab.[18]) Dann entstanden in den 80er Jahren in der Mitte der Straße, ebenso unschön wie töricht, gegenüber der Unterburg einige Mietshäuser (3 und 2stöckig), so daß diese häßliche Häuserinsel die Straße spaltete. Durch die enge Passage zwischen der Burg und den Gehöften mußte man 1897 die hallische Straßenbahn nach Cröllwitz hinüberführen. Bereits 1891/2 war die große, allerdings geschmacklose, eiserne Saalebrücke entstanden, ihre Höhe verlangte eine weitausholende Aufdämmung der Fährstraße: etwa schon vom Eingang in die Unterburg ab führte man den aufgemauerten Straßendamm zwischen Burg und jener Häuserinsel auf gleicher Höhe zur Brücke, während links davon (südlich der Häuserinsel) die parallele Abzweigung der Straße in alter Senkung zur Saale hinabführte. Der einheitliche Charakter der dörflichen Fährstraße war dahin, die alten Bäume gefällt, der imposante Anblick des steilen Giebichensteins war durch die hochgelegene Brücke für immer zerstört. Endlich 1909/10 fiel die Häuserinsel, nach ihrer Niederlegung schuf man Rasen und Boskettes auf der Böschung ihres Platzes,[19]) zugleich verbreiterte man den Fahrweg zur Brücke. — Eine zweite Verbreiterung fand oben am Beginn der Straße, dem Mohren gegenüber, statt: die alte ehemalige Amtsschmiede, ein malerisches einstöckiges Häuschen mit kleinem Giebelaufbau in der

Mitte, samt der daneben häßlich in rotem Backstein aufgeführten Schmiedewerkstatt, an die Mauer des Grabens der Unterburg angedrückt, wurde abgerissen, ebenso das alte Nachbarhäuschen (Nr. 11a)[20]); die Mauer der Unterburg wurde freigelegt, die Kurve der Straßenbahn, die sich so eng um den Gasthof zum Mohren herumzog, konnte verschoben werden.

Die Straße ist 1910 mit einigen Pyramidenpappeln bepflanzt worden, sie teilt sich, wie erwähnt, in einen höheren und tieferen Straßenzug, jener wird rechts durch die Mauern der Unterburg,[21]) dieser wird links anfangs durch den langen 9fenstrigen Seitenflügel des Mohren, dann durch das 2stöckige Bauersche Haus, das sich mit dem Komplex der ehemaligen Bauerschen Brauerei vereint, sodann bis zur Giebichensteiner Straße abwärts durch das Rabesche Spinnereigrundstück begrenzt; ein paar kleinere Wohnhäuser aus alter Zeit stehen noch hier.

Bemerkt sei, daß am Ausgang der Fährstraße, an der Saale, ehemals auch einige hochnotpeinliche Exekutionen des Giebichensteiner Gerichtes stattfanden: Kindesmörderinnen wurden mit der schrecklichen Strafe des „Säckens" belegt: sie wurden in einen Sack gebunden und dann ins Wasser geworfen, so geschah es am 30. 8. 1653 mit jener unglücklichen Blandina von Steuden, die ihre beiden eigenen Kinder umgebracht hatte; ihr Körper wurde der Anatomie übergeben und zum Skelett präpariert. Später wurde die furchtbare Strafe durch die mildere, Hinrichtung durch das Schwert, ersetzt.[22])

Die Rainstraße zieht sich von der Burgstraße gewissermaßen als Fortsetzung der Großen Brunnenstraße ostwestlich, parallel und südlich der Fährstraße, zur Saale hinab. Die Straße ist neu, ist erst in der zweiten Hälfte des vorigen Jahrhunderts entstanden; sie war ursprünglich ein Rainweg, der zur Saale hinabführte, an den sich am Ausgang das Saaleschlößchen wie die paar Fischerhäuser nebenan (Nr. 8—10a) ansiedelten. Gegenüber, auf der Nordseite der Straße, entwickelten sich seit den 60er Jahren der große Rabesche Park (s. Spinnerei, Giebichensteinerstraße) Nr. 11 bis 16, und die neue Rabesche Villa (1890/5 erbaut), dann entstanden daneben in den 70er Jahren die beiden gleichgebauten 2stöckigen Wohnhäuser (Nr. 17 und Nr. 18), das weitere Gelände gehörte zur ehemaligen Bauerschen Brauerei (s. Burgstraße). — Dagegen wurde die Südseite, abgesehen von jenen Fischerhäusern am Ausgang, in der Mitte durch die große Heckersche Gärtnerei (Nr. 7) in den 70er Jahren angebaut, in den 80er Jahren entstanden die Ein- und Zweifamilienhäuser (Nr. 3, 4, 5) und erst um 1905 jene modernen Nr. 3a, 3b, 3c.

Die Felsenstraße biegt ziemlich am Beginn der Rainstraße von dieser ab und läuft parallel und westlich der Burgstraße, in nordsüdlicher Richtung, bis sie wieder in die Burgstraße einmündet. Sie hieß ehedem Steinstraße, nach dem felsigen Gelände, und wurde nach der Eingemeindung (1900), da Halle bereits eine Große und Kleine Steinstraße besaß, Felsenstraße umgenannt. Die Straße ist nur auf der Ostseite bebaut, die Westseite bildet freies Ackergelände, das sich ein paar hundert Schritt westlich bis zu den jäh ins Saaletal abfallenden ehemaligen Steinbruchwänden (Lehmanns Felsen) hinzieht, siehe Giebichensteiner Straße. Auf diesem Gelände fanden sich viele bronzezeitliche und auch slavische Scherben mit und ohne Verzierungen, Tonstützen, Reibsteine, Spinnwirtel usw.[22a]) — Die Straße zählte um 1880 erst ein Haus, 1885: 6 Häuser. Der idyllische Charakter, die zwar ärmlichen Gärten und Höfe verschwanden immer mehr, moderne Mietshäuser wurden eingebaut, so Nr. 6b, 6c, ebenso Nr. 1b und 1a. . . — Um 1905 entstanden auch auf der Westseite an der Rainstraßenecke zwei Villenhäuser Nr. 22 und 23.

Anhang.

1. Man fand beim Ausschachten des Hauses das Bruchstück eines bearbeiteten Hirschgeweihes aus vorgeschichtlicher Zeit. — 2. General Kleist verteidigte die Stadt gegen die von Westen, von Bahrdts Weinberg (Irrenanstalt) aus vorrückenden Franzosen; auf den nach der Saale abfallenden Höhen waren Kanonen aufgefahren, so auf Neuwerk (Lafontaines Villa); über dem Giebichensteiner Steinbruch (Lehmanns Garten, damals Acker) stand russische Artillerie. — 3. Man kam alle 14 Tage zusammen; die maßvolleren Kränzchen wurden wie die roheren und despotischen Studentenorden 1803 durch das Berliner Kuratorium aufgehoben. — 4. In den Jahren 1858 und 1859 jedoch in der Stadt Köln (Mansfelder Straße 46), siehe Topographie Band IIA. — 5. Es begründeten die Verbindung drei Hallenser Westfalen, ein Berliner Normanne und mehrere Mitglieder der Landsmannschaft Neo-Borussia, unter ihnen der spätere Hofprediger Stöcker. — 6. Die Schule zählte im Sommer 1912: 21 Vollschülerinnen und 55 Hospitantinnen, 1912/13: 24 und 106. Man unterrichtet in Deutsch, Bürgerkunde, Gesundheitslehre, Haushaltungslehre, Französisch, Englisch, Literatur, Geschichte, Kunstgeschichte. — 7. „Hannchen und die Küchlein" steht in mancher Beziehung über Vossens Luise, ich möchte es dicht neben Goethes Hermann und Dorothea setzen, so innig schildert der Dichter das echte deutsche Familienleben und die treffliche Pfarrerstochter Hannchen nebst ihrer Freundin. Das Gedicht erlebte über 30 Auflagen. — 8. Eberhard war 1769 in Belzig in der Mark Brandenburg geboren, kam schon 1771 nach Halle, früh verwaist ließ ihn Madai erziehen. Er studierte Theologie, später Aesthetik und Kunst. Von 1807 bis 1835 war er Inhaber der Rengerschen Buchhandlung, in deren Verlage auch 1830 seine gesammelten Schriften erschienen. 1835 ging er nach Hamburg, 1842 ließ er sich in Dresden nieder, wo er 1845, 76 Jahre alt, starb. — 9. Uebrigens sind auf dem Gelände des Lehmannschen Gartens mannigfache vorgeschichtliche Funde gemacht worden, so aus der Latènezeit, siehe vorgeschichtliche Topographie. — 10. Ueber diese Zustände gibt des tollen Magister Laukhardts Lebensbeschreibung ein anschauliches Bild. — 11. Die hallische Polizei ist nicht sehr glücklich im Straßenbezeichnen, nicht bloß, daß manche Straßennamen geradezu falsch sind, so Klosterstraße, Ludwigstraße,

Nikolaistraße usw., sondern viele sind derart blaß und nichtssagend, wie z. B. im Südviertel, daß sie wie Verlegenheitsbenennungen erscheinen. Konnte man nicht diese schöne Straße „Im Saaletal“ oder „Saaleuferstraße“ oder selbst „Uferstraße“ nennen? Giebichensteiner Straße kann jede andere Straße auch heißen! — 12. Vgl. Kloster Neuwerk und die Steinmühle Band II B. — 13. Die Linden schenkte der Bankier Lehmann, das Pflanzen kostete 2825 M. Die Erde wurde vom Tafelwerder in der Nähe Lettins herbeigefahren, es wurde ein Streifen mit dieser Erde von 1 Meter Tiefe und 2 Meter Breite hergestellt. Die gärtnerischen Herstellungen der einfachen Grasböschungen kosteten an 3974 M.! — 14. An der Straßenseite des Restaurants sind die Ueberschwemmungen und Hochwasser der Saale in den letzten Jahrzehnten angezeigt. — 15. Es empfing seinen Namen von der Stifterin Emilie Bethke, geb. Lehmann, s. Burgstraße Nr. 45. — 16. An der Mühlgrabenseite setzt sich der Fußpfad zwischen Mühlgraben und dem Bethkeschen Grundstück fort. — 17. Das Säuglingsheim wurde im September 1918 als Prüfungsstelle der staatlich geprüften Säuglingspflegerinnen anerkannt. — 18. Eine malerische alte deutsche Pappel stand z. B. bei der Einfahrt in die Unterburg, sie mußte 1891 bei der Aufdämmung zur neuen Brücke entfernt werden. — 19. Die Stadt kaufte Nr. 10 und Nr. 11, zusammen 579 qm, für 36300 M. an. Die Anlagen auf dem ehemaligen Häuserfleck kosteten 2005 M. (1910). — 20. Die 2 kleinen Häuser hatten keinen Hof hinter sich, ihre Rückwand bildete die Mauer, ihre Keller waren in den Unterburg-Garten eingehöhlt. — 21. Diese haben teilweise durch die hohe Aufschüttung des Straßendammes gelitten, der obere Schalenturm zeigte Risse, durch den Druck des Erdreichs. — 22. Im August 1683 wurde Maria Faßkenfeldin aus Löbejün wegen Kindesmord zu Sack und Ertränkung verurteilt, wurde aber zur Strafe des Schwertes verurteilt, aber nur ausnahmsweise (!): „Seine churfürstliche Gnaden haben aber gar nicht gemeint, dies bei dergleichen Fällen in einige Konsequenz kommen zu lassen.“ Es ist nach jener Blandina nur noch eine Frau im Giebichensteiner Gericht wegen Kindesmordes gesackt worden. — 22a. Nach freundlicher Mitteilung des Herrn Neuß.

Zwischen Burgstraße und Triftstraße.

In diesem Gelände liegen die Gabelsbergerstraße, der Königsberg, der Schleifweg, die Große und Kleine Gosenstraße und die Gartenstraße. Es ist bis in die 50er Jahre des 19. Jahrhunderts abgesehen von drei zerstreut liegenden Häuschen auf der Höhe des jetzigen Schleifweges durchaus unbebaut und Ackerflur gewesen.

Die Gabelsbergerstraße empfing ihren nichtssagenden Namen von dem Erfinder der Stenographie Franz Xaver Gabelsberg (1789—1849). Sie hieß vor der Eingemeindung Giebichensteins (1900) Große und Kleine Breitenstraße (nicht Breitestraße!)[1]; da Halle bereits eine Breitestraße (im Neumarkt) besaß, die zur Verwechslung Anlaß bot, wurde die Straße umgenannt. — Die Große Breitenstraße zog sich von der Burgstraße im rechten Winkel nordwärts zur Großen Brunnenstraße; die Kleine Breitenstraße zog vom Schleifweg nordwärts auf die Große Breitenstraße: so entstand das merkwürdige Zwitterbild einer Straße mit 3 Eingängen bezw. Ausgängen. — Die Straße hat ihren älteren

Charakter der Jahre von 1850—1870 bewahrt: ihre Häuser sind klein, meist 2stöckig, mit glattem Putz und hellen Leimfarben versehen, ganz modernen Mietshäuserstil zeigt nur Nr. 2b. Sie ist an der Burgstraße kaum 10 Schritte breit, wirkt aber durch ihre niederen Häuser frei und breiter, sie steigt langsam zum Schleifweg empor: die gesamte Steigung der immerhin längeren Straße beträgt etwa 25 Fuß. — 1915: 30 Nummern (31 Häuser).

Der Königsberg führt von der Burgstraße im südwärts gebogenen rechten Winkel zum Schleifweg empor, etwa parallel der nördlich gelegenen Gabelsbergerstraße. Sein älterer Charakter hat sich nur noch teilweise im oberen Abschnitt bewahrt, dessen Westseite auch schon mit neuen großen Mietshäusern besetzt ist. Noch vor 15 Jahren zeigte die von der Burgstraße hochsteigende höchstens 6 Schritte breite Gasse kleine Häuser mit ländlichen Gärten; jetzt ist der untere Teil durch die 4stöckigen Mietshäuser, die um 1910 entstanden sind, gänzlich verdunkelt. 1915: 6 Nummern (9 Häuser).

Nr. 3, die Kinderbewahranstalt des Kinderbewahranstalt-Vereins zu Giebichenstein.

Der Schleifweg zieht sich vom Advokatenweg (der parallel und östlich der Burgstraße verläuft) in südwestlicher Richtung zur Burgstraße hinab. Er hat seinen Namen von den Schleifen, die er ehemals bildete; jetzt ist er ziemlich gerade gelegt, an älteren Häusern (so Nr. 6—Nr. 10) sieht man noch deutlich die stufenhaft zurückspringende alte Front. Auch der etwa 7 Schritte breite Schleifweg hat manches von seinem früheren idyllischen Charakter der ländlichen Häuser und Gärten eingebüßt durch einige hohe Mietshäuser des letzten Jahrzehnts (Nr. 1, 1a, 5c, 5d). Er steigt vom Advokatenweg bergan und fällt (zuletzt als Teil der Großen Gosenstraße) an 20 Fuß herab zur Burgstraße. Zu seiner Anhöhe, ehemals ein kahles Ackerhügelplateau, führen auch der Königsberg und die Gabelsbergerstraße empor. — 1915: 10 Nummern (17 Häuser).

Die Große Gosenstraße führt von der Burgstraße bezw. dem Schleifweg ostwärts bis zum Advokatenweg und seit 1900 bis zur Triftstraße. Dies letzte Stück hieß vordem „Hohe Straße“: da Halle bereits eine ähnlich benannte Straße, die „Hochstraße“ besaß, wurde die Hohe Straße nach der Eingemeindung zur Großen Gosenstraße geschlagen. Die Gosenstraße (eigentlich Gosestraße!) empfing ihren Namen von dem ehemaligen Gemeindevertreter Giebichensteins Johann Christian Gose (1799—1868), auf dessen Grundstück die Straße angelegt wurde und zwar noch in den 60er Jahren. Die Straße begann ursprünglich am Schleifweg (hier noch Nr. 1), die rechte Seite jedoch nimmt noch ein Stück Schleifweg und mündet so in die Burgstraße (Gosenstraße 40,

41). – Die Straße ist etwa 13 Schritte breit, hat meist 2stöckige, glattgeputzte einfache Mietshäuser. 1900: 21 Häuser. Der neuere Teil (Hohe Straße) ist breiter, etwa 16 Schritte; von der Höhe des Advokatenweges ab senkt sich die hochgelegene Straße, die einen weiten Blick über die Triftstraße, Reilstraße bis auf die ansteigenden grünen Felder im Osten gewährt. — 1915: 41 Häuser.

Die Kleine Gosenstraße ist eine kleine rechtwinkelige, etwa 10—12 Schritte breite Straße, die an der Großen Gosenstraße ansetzt und in den Advokatenweg endet. Sie ist von 4 teils älteren, teils neueren Mietshäusern besetzt. – Der Garten des Volksparks, von grauzementierter Mauer eingeschlossen, bildet die südliche Seite der Straße, das stattliche Wirtschaftshaus selbst wird durch das vorstehende Gosenstraße Nr. 4 halb verdeckt.

Die Gartenstraße führt ostwärts von der Burgstraße zum Advokatenweg. Sie ist um 1865 noch eine Feldstraße, die auf den Advokatenweg (ebenfalls Feldstraße) mündete. Bald nach dieser Zeit entstanden die 5 Häuser auf der Nordseite, von denen eins oder zwei (wie Nr. 2) bereits durch neue ersetzt sind. Die Südseite wird zum großen Teil von dem tiefgelegenen verwilderten Lochowschen Parke gebildet, der unter alten Birken, Rüstern, Tannen, unter Rasen, Baumstämmen Spuren alter Wege und Grotten noch zeigt. Am Ausgang zum Advokatenweg stehen Nr. 7 und 8, moderne Zweifamilienvillen, um 1905 entstanden.

Zwischen Triftstraße und Reilstraße.

Das Gelände bildet ein südwärts gerichtetes gleichseitiges Dreieck, dessen obere Linie und Grenze die Große Brunnenstraße bildet. Abgesehen von der bereits in den 60er Jahren entstandenen Böck- und Triftstraße ist das Terrain zum großen Teil erst im neuen Jahrhundert bebaut worden mit dem Mittelpunkt der Oberrealschule.

Die Triftstraße empfing ihren Namen von dem bereits mittelalterlichen Triftweg des Amtes Giebichenstein, der in südöstlicher grader Richtung quer über die Felder auf die Magdeburger Straße (Reilstraße) führte und sie traf dort, wo sie sich teilte, in den Heerweg außerhalb um die Stadt (Wuchererstraße, Magdeburger Straße) und in den Weg durch die Stadt (Bernburger Straße, Geiststraße usw.). Das Amt hatte das Recht, sein Vieh über diese nicht ihm gehörige Ackerflur (die Giebichensteiner Marke gehörte meist hallischen Bürgern) auf diesem Wege zu treiben, um es auf dem ihm gehörigen Gelände der faulen Wischke und des Roßplatzes weiden zu lassen. — Erst in den 60 und 70er Jahren begann man den Weg von der Großen Brunnenstraße aus zu bebauen mit 2 und 3stöckigen einfachen Mietshäusern.

Die Länge der Straße ist sehr gekürzt worden, ursprünglich reichte die Triftstraße bezw. der Triftweg bis in die Burgstraße, dies Stück ist jetzt Große Brunnenstraße; dann hat man nach 1900 ihre südliche Hälfte vom Wettiner Platz ab zur Richard Wagnerstraße (ehemals Schmelzerstraße) geschlagen und so den uralten historischen Weg unkenntlich gemacht. Jetzt führt sie nur von der Großen Brunnenstraße bis zur Richard Wagnerstraße. Bis 1913 fuhr die elektrische Straßenbahn durch die Triftstraße, seitdem wurde die Linie durch die Richard Wagnerstraße bis zur Großen Brunnenstraße weitergeführt und durch diese zur Burgstraße hinabgelegt.[2])

Die Böckstraße liegt in der Südspitze des oben beschriebenen Dreiecks; sie läuft von Westen nach Osten und verbindet die Richard Wagnerstraße mit der Reilstraße. Die Straße ist 15 Schritte breit, nüchtern, ohne jeden Baum, mit 2 und 3stöckigen älteren Häusern besetzt. Sie empfing ihren Namen von einem gewissen Böck, auf dessen Gelände wohl die Straße aufgeführt worden war.[3])

Die Adolfstraße verbindet nördlich und parallel der Böckstraße die Reilstraße mit der Richard Wagnerstraße. 1885 zählte sie erst ein Haus (Nr. 2), von 1885 bis 1890 entstanden die übrigen 3 und 4stöckigen einfach gebauten, fassadelosen Mietshäuser, im Ganzen 10 Nummern (11 Häuser). — Die Straße ist 20 Schritte breit; ist nur auf der Südseite bebaut, da der große Giebichensteiner Pfarracker ihr gegenüberlag. Als man 1905/8 das große neue Oberrealschulgebäude auf diesem Gelände errichtete, behielt die Straße durch dessen Hof und durch die Rasenanlagen daneben die Nordseite frei.

Die Staudestraße zieht nördlich der Adolfstraße von der Richard Wagnerstraße im rechten Winkel um das große Oberrealschulgebäude herum, sodaß sie in die Adolfstraße einmündet. Ihren Namen empfing sie von dem hochverdienten Oberbürgermeister und Ehrenbürger der Stadt Halle, Gustav Staude (1843 bis 1909)[4]). Die Straße soll villenhaften Charakter erhalten: Vorgärten mit modernen Holzstaketen, auch Bäume schmücken sie. Sie zählt bis jetzt 5 villenhafte Wohnhäuser mit Erkern, Giebeln und rauhem Putz aufgeführt (Nr. 5—8 und Nr. 11), Nr. 1 ist die Oberrealschule.

Die städtische Oberrealschule wurde 1883 als lateinlose Realschule gegründet, dem Stadtgymnasium (Direktor Nasemann) angegliedert (nach Einziehung der Parallelklassen des Realgymnasiums in den Franckeschen Stiftungen) und in das Gebäude des Stadtgymnasiums, in dessen nördlichen Teil, verlegt. Die Schule baute sich allmählich auf, 1886 bis Tertia: 221 Schüler; 1888: 290; 1889: 363. — 1887 erhielt sie einen eigenen Direktor.

1891: 473 Schüler. Ostern 1894 war der Ausbau der Schule vollendet. Am 9. 2. 1895 fand die erste Reifeprüfung statt. 1900: 404 Schüler. Am 25. 4. 1908 erhielt die Schule ihr eigenes Gebäude in der Staudestraße. Das neue Schulgebäude wurde am 22. 6. 1905 auf dem sogenannten Giebichensteiner Pfarracker zu bauen begonnen. Die Kosten wurden auf 569680 Mk. veranschlagt, dann auf 497000 Mk. vermindert. Es wurden 59,93 ar, also über 2 Morgen Land zur Verfügung gestellt. Der Bau wurde in roten Backsteinen und schwarzem Dach hergestellt, keine besonders freundliche Farbenzusammenstellung. Die Front ist nach Osten, der Reilstraße, der gegenüberliegenden großen Kaserne zugekehrt, sie ist ohne Vorgarten, der Schulhof erstreckt sich südlich zur Adolfstraße (s. d.) und hinter dem Bau westwärts. Die Front ist 3 bezw. 4stöckig, mit gewölbten großen Fenstern besetzt, an ihrem nördlichen Ende erhebt sich ein viereckiger Turm mit schwarzer Kuppel. Ein Flügel setzt sich hier westwärts an (Turnhalle usw.). Das Gebäude enthält 21 Klassen für 780 Schüler, dazu kommen Turnhalle, Aula, Chemiesaal, Physiksaal, Chemische wie Physikalische Sammlung, Laboratorium, Gesangsaal, Bibliothek, 2 Zeichensäle, Direktor- und Lehrerzimmer usw.). 1910 Wert: 700848 Mk., ohne Inventar: 627617 Mk.[5])

Die westlich vom Gebäude gelegene 2900 qm große Fläche zwischen Wettinerplatz und Oberrealschule wurde 1911 als Rasenplatz angelegt und mit 27 Rüstern bepflanzt (997 Mk.).

Die Kohlschütterstraße bildet den breiten Zugang von der Reilstraße auf die Oberrealschule, sie ist mit villenhaften 2stöckigen, geschmackvoll erbauten, mit Giebeln, Doppeldächern, Erkern, Balkonen versehenen Wohnhäusern besetzt, auch mit Vorgärten geschmückt, 1907 wurden 24 Platanen auf beiden Seiten angepflanzt. 1915: 5 Häuser (9 Nummern), erst 1910/15 erbaut (Nr. 2, 5, 6, 9). Die Straße wurde 1905 polizeilich benannt und zwar nach dem Professor und Stadtverordneten Dr. Ernst Kohlschütter (1837—1905)[6])

Noch bis 1905 war das gesamte Gelände vor der Kaserne von der Adolf- bis Mozartstraße weites Ackerland, das sich bis zur Triststraße hinüber ausdehnte. Die Stadt kaufte diesen sogenannten Giebichensteiner Pfarracker zwischen Reil- und Triststraße. 1907 beträgt er 3,7164 ha, 10 Mk. pro qm.

Die Mozartstraße empfing ihren Namen von dem Komponisten Wolfgang Amadeus Mozart (1756—1791). Sie führt von Osten nach Westen und verbindet die Reilstraße mit der Triststraße. Sie wurde 1908 polizeilich ausgebaut und seit 1910 zu bebauen begonnen, erst 1914 baute man den westlichen Teil von der Richard Wagnerstraße bis zur Triststraße, der nördlich am Provinzialmuseum entlang führt, aus. Die Straße ist 16 Schritt breit, sie erscheint freier, da sich auf beiden Seiten kleine Vorgärten befinden, von meterhohen weißgestrichenen Holzstaketen eingefaßt. Die Häuser sind aneinandergebaut, 3stöckig, mit Balkonen, Erkern, Giebeln usw. versehen, sind rauh und dunkel zementiert, wirken malerisch, aber auch schwer. 1915: 8 Häuser (doch mehr als 24 Grundstücke). — 1909 pflanzte man 14 Krimlinden (Tilia euchlora) in der Mozartstraße an (432 Mk.).

Die Rosenstraße zieht sich nördlich und parallel der Mozartstraße von Westen nach Osten und soll die Triftstraße mit der Reilstraße verbinden (bis jetzt erst Triftstraße mit der Richard Wagnerstraße). Die Straße empfing den Namen von den großen Gärtnereien, die ehedem ihr Gelände einnahmen und östlich noch einnehmen. Sie hat aber nichts Rosenhaftes an sich, der jetzt bebaute westliche Teil ist mit dicht aneinander gebauten vierstöckigen einfacheren Mietshäusern besetzt, ohne Vorgärten, ohne Baumreihen. Die Straße wurde um 1901 begonnen. 1902: Nr. 1—8 gebaut, um 1905 noch Nr. 9, 10 und 11.

Zwischen Rosen- und Mozartstraße senkt sich ein wenig das Gelände, es ist dies die letzte Spur eines ehemaligen Bachlaufes, der östlich weiter oberhalb in dem feuchten Gelände der Zeppelinstraße entsprang, dann zwischen York- und Kurfürstenstraße und weiter zwischen Rosen- und Mozartstraße in einer seichten Mulde westwärts zur Triftstraße floß, dieser und der Brunnenstraße folgte. In der Rulofffschen Gärtnerei (an der Rosenstraße) konnte man den letzten Rest des kleinen Rinnsals sehen, durch die Aufschüttung der Falkstraße ist an dieser Stelle der Graben verschüttet worden.

Die Große und Kleine Brunnenstraße.

Die Große Brunnenstraße führt von Westen nach Osten und verbindet die beiden Hauptverkehrsstraßen, die Burgstraße und die Reilstraße. Sie ist in ihrem ältesten westlichen Teile (bis zur Burgstraße) ursprünglich der alte Triftweg und empfing im 19. Jahrhundert den Namen Brunnenstraße von einem Brunnen, der auf dem Vorplatz des Grundstücks Nr. 62 (Nr. 52), also dem Kirchhof gegenüber, sich befand. Die Bebauung der Straße begann von der Burgstraße aus, wo noch einige alte Gebäude stehen und zwar schon aus den 50er Jahren. 1870 etwa 15 Häuser. Bald darauf heißt sie Große Brunnenstraße im Gegensatz zu der zwischen Nr. 1a und Nr. 2 abzweigenden Kleinen Brunnenstraße. Das zweite Drittel der Straße (Triftstraße bis Richard Wagnerstraße) ist das jüngste; Nr. 49—54 hohe Mietshäuser, um 1900 entstanden. Das dritte Drittel (Richard Wagnerstraße bis Röderberg) entstand in den 70er und 80er Jahren. — 1877: 26 Häuser

(61 Grundstücke), 1890: 68 Häuser (71), 1915: 76 Häuser (72). – Bereits 1877 war das Schulhaus Nr. 4 entstanden, 1885 ein zweites (Nr. 5), in den nächsten Jahren ein drittes (Nr. 6). — 1883 pflanzte man auf dem Platz, der sich durch die Einmündung der Triftstraße, des Advokatenweges und der (neueren) Friedenstraße in die Brunnenstraße bildete, zur Erinnerung an Luthers 400jährigen Geburtstag „1883 zum 10. November" eine Lutherlinde, mit kleinem eisernen Gitter umfaßt. Ehemals lag hier in der Gabelung zwischen Brunnen- und Triftstraße ein freundlicher Garten, etwa 1905 führte man ein großes dreistöckiges Gebäude auf, das die freie und malerische Wirkung durchaus aufhob. — 1884 entstand das ehemalige Gemeindehaus (Nr. 3). — 1908: Die Sparkasse Halle-Nord und das Standesamt Halle-Nord (Nr. 3a). — 1913 wurde die elektrische Straßenbahnlinie aus der Triftstraße entfernt und von der Richard Wagnerstraße aus durch die Große Brunnenstraße gelegt.

Nr. 3 ehemaliges Amtshaus der Gemeinde Giebichenstein, ein schmuckloser, dreistöckiger Bau in gelben Klinkern, 1884 erbaut. Nach der Eingemeindung wurde es 1900 Polizeirevier VII (jetzt VIII) „Giebichenstein" und Anmeldeamt. — Das alte Schulzenamt lag vordem in der Burgstraße, grade der Einmündung der Fährstraße gegenüber.

Nr. 3a Standesamt Halle-Nord und Zweigsparkasse Halle-Nord; das dreistöckige graugeputzte modern aufgeführte Haus entstand 1907/8 auf ehemaligem Gartengrundstück. Am 1. 9. 1908 wurde das Standesamt Nord aus der Burgstraße Nr. 38 hierher verlegt (in das erste Obergeschoß). In dem Erdgeschoß befindet sich die Sparkasse.[7]) Die Kosten des Baues betrugen etwa 23000 Mk.

Nr. 4 Mädchen-Volksschule in rotem Backsteinbau, einige Meter von der Straße höher gelegen, schon in den 70er Jahren entstanden.

Alter Friedhof s. Bartholomäuskirche.

Nr. 5 Knaben-Volksschule, ein mehrstöckiger roter Backsteinbau, schon 1883 vorhanden. Mit Vorgarten und höher als die Straße gelegen.

Nr. 6 Knaben-Volksschule, zwischen 1885/90 entstanden.

Neuer Friedhof s. Friedenstraße Nr. 32.

Nr. 18, dreistöckiges, rohes Backsteinhaus. In dem obersten Stockwerke wohnte seit den 80er Jahren bis zu seinem Tode Gustav Emil Barthel, der hallische Dichter und Schriftsteller; in den armseligen Stübchen sahen wir ihn, einen Mann mit tiefem innigen Kindergemüt, über manche bittere Enttäuschung des Lebens zurückdenken und noch manche erleben. Hier ist er auch 1906 gestorben.[8]) — Uebrigens sperrt dieses Haus den weiteren Verlauf der Falkstraße (s. d.).

Die Kleine Brunnenstraße biegt gleich hinter den zwei ersten Häusern der Großen Brunnenstraße (Nr. 1 und Nr. 1a) nordöstlich auf den alten Giebichensteiner Kirchhof ab, wo sie ehemals durch einen schmalen Weg über den Kirchhof (vgl. die Baumreihe) auf die heutige Friedenstraße fortgesetzt wurde. Die Straße ist eng, kurz, ansteigend, umfaßt nur 4 alte, einfache Häuser.

Nr. 2 und 3. Altersheim der Stadt Halle, ehedem die beiden Armenhäuser Giebichensteins. Seitdem 1903 das große Asyl in den Weingärten gebaut worden ist, dienen sie zur Aufnahme alter erwerbsloser Ehepaare oder Frauen. Die Häuser sind alt, zweistöckig mit kleinem Giebelaufsatz, ihre Feuertaxe 1914: 12024 Mk.[9])

Nr. 4, ehedem das Gefängnis der Gemeinde Giebichenstein, nach der Eingemeindung u. a. zu Feuerwehr- und Polizeizwecken benutzt; 1914: 7094 Mk. Feuertaxe.

Die Bartholomäuskirche und Umgegend.

Die Bartholomäuskirche entstand um 1200 und zwar als Kirchlein der kleinen Ansiedlung in nächster Nähe der Burg auf der ganz nahen südöstlich gelegenen Anhöhe außerhalb und oberhalb des kleinen Dorfes. Sie war im romanischen Stil erbaut, ein kleines Schiff mit drei kleinen hochgelegenen romanischen Fenstern und östlichem graden Schluß und dem üblichen Haus- oder Klumpturm mit Satteldach. Schiff und Kirchturm waren gleich breit und lagen in grader Linie. Einige Veränderungen: Vorbau, Dachreiter traten in späteren Jahrhunderten ein. Dicht um die Kirche herum auf dem Plateau befand sich der kleine Gottesacker, durch eine Lehmmauer eingeschlossen. Das Gotteshaus war dem heiligen Bartholomäus geweiht, der im Johannesevangelium Nathanael (1,45 ff.) heißt.[10]) Als Apostel Christi verkündete Bartholomäus das Evangelium in Indien und Armenien, hier soll er den schrecklichen Märtyrertod erlitten haben, daß ihm die Haut bei lebendigem Leibe abgezogen wurde, daher er mit der über dem Arm hängenden Haut abgebildet wurde, angeblich am 24. August eines nicht überlieferten Jahres.[11]) — 1341 wurde unsere Kirche dem Kloster Neuwerk inkorporiert, der Erzbischof Otto bekam dafür das Patronatsrecht über die Kirche zu Werben im Halberstädtschen (Ludewig Reliqu. V. 15). Ebenfalls 1341 wurde auch die alte hochangesehene Margarethenkapelle in der Unterburg (s. d.) mit der Dorfkirche verschmolzen. Von dem ehemaligen reichen Besitztum der Kapelle gehen auf die Bartholomäuskirche nur 5 Vierdung Einnahmen und 1 Hufe Land zu Dekritz bei Sennewitz über.[12]) — 1452 wird die Schenkung nochmals durch Erzbischof Friedrich konfirmiert (Dreyhaupt I, 731). — Auch wurde das Dorf Cröllwitz in die Kirche eingepfarrt. Der Pfarrer erhält den Garbezehnten von 34 Hufen, meistenteils von halleschen Bürgern, welche Acker in der Giebichensteinschen Flur besitzen (s. oben Allgemeines). – 1541 wurde das Patronat landesherrlich durch die Einziehung

Grabstein des Hermann Kotze an der Kirche zu Giebichenstein.

des Klosters Neuwerk. Der erste evangelische Prediger ist Wolfgang Hoffmann bis 1560. — Im Jahre 1563 war der Kirchturm durch heftigen Sturm baufällig geworden, er wurde auf Kosten des Erzbischofs Sigismund wieder hergestellt. — In der Krypta der Kirche auch unter dem Turm wurden verschiedene Adlige beigesetzt, deren Grabsteine außerhalb an der heutigen Kirche noch zu sehen sind, so Hermann Kotze († 1474)[13]), der 1458 Amtshauptmann der Burg gewesen, ferner Leonhart Kotze, der 1560 bei einem Turnier auf der Moritzburg sich erkältete, sterbend sein Pferd der Kirche von Giebichenstein vermachte, dessen Erlös die Kirche gegen Zins auslieh (der sogenannte Kotzenpfennig).[14]) Ein dritter Grabstein befindet sich über der Tür am Chor, einen Gelehrten oder einen Bürger darstellend, der mit Pelz (Talar?) angetan, in der linken Hand einen Bibelsack, in dem man die Bibel zu tragen pflegte, hält.[15]) — Die Kirchturmspitze wurde im 30jährigen Kriege zerschossen und erst 1661 wieder aufgesetzt.

1740 wurde das Kirchenschiff in Barockstil gänzlich neu aufgebaut durch den Amtmann Ochs von Ochsenstein, und zwar in der Gestalt eines fast gleichschenkligen Kreuzes von komplizierter Form,[16]) aus Porphyrbruchsteinen wie der Turm: Tür- und Fenstergewände wurden mit Sandstein belegt. Man deckte mit Ziegeln und setzte auf der Kreuzung einen großen schwarzen Adler mit vergoldeter Krone (später eine große Urne mit dem Kreuz). Erst 1896 trat Schiefer an Stelle der Ziegel. — 1906 geschah eine durchgreifende Erneuerung: die Orgel wie Bänke wie Steinfließen wurden neu angeschafft.[17])

Man kann von allen vier Richtungen in die Kirche gehen, die breitesten Eingänge im Süden und Norden sind für das Publikum geöffnet. Durch die kleine Türe im Osten gelangt man in die Sakristei, die bei dem Altar und der Kanzel durch Glasfenster abgetrennt ist. Der Eingang in den Turm führt in die Turmwölbung, in der an der nördlichen Wand ein großes Epitaph des früheren Giebichensteiner Amtmanns Brandis steht,[18]) aus Stein, bunt bemalt und sehr lebendig wirkend: in der Mitte die lebensgroße Büste in großer Allongeperücke, darunter sein Wappen, rechts und links 2 Frauengestalten, die ein Tuch halten, auf dem Name, Alter und ein schwülstiger Vers zur Ehre des Gestorbenen steht. Das Denkmal ist ein prächtiges Barockstück der Kirche. — Das messingene Epitaph des Hofrates Hans von Seydlitz († 1552), 1 Zentner schwer, mit alten deutschen Reimen, soll vor etwa 50 Jahren gestohlen worden sein. Tritt man vom Turmgewölbe in die Kirche, sieht man rechts und links durch Glasfenster abgetrennte Räume (ehemals besondere Kirchenstühle) über denen die Orgel sich befindet: es öffnet sich das kreuzförmige, breite, helle, lichtgelb angestrichene, mit Glockengewölbe versehene Kirchenschiff. In seiner Mitte, rings von Bänken umgeben, steht der merkwürdige romanische Taufstein (um 1250): auf einem mühlenradartigen Sandstein erhebt sich der Riesenkelch von 6 Säulen umgeben.[19]) Der Einsatz ist ein späteres messingenes

Grabstein des Leonhart Kotze an der Kirche zu Giebichenstein.

Taufbecken: Adam und Eva am verbotenen Baum mit unleserlicher Minuskelinschrift und spätgotischem Blätterkranz. — Der Altar steht geradeaus im östlichen Kreuzteil: Tisch mit Kruzifix und Leuchtern, dahinter ein etwa $1^1/_2$ m hohes Oelbild vom auferstehenden Christus, darauf erhebt sich die holzgeschnitzte Barockkanzel, an ihrem Deckel schweben Engel und auf der Spitze ein

Taufstein in der Kirche zu Giebichenstein.

Adler mit Krone und ausgespannten Flügeln. — Hinter ihm in der Sakristei sieht man 2 Oelbilder, links das des Joh. Christ. Dolcius,[20]) ein Bild der Zopfzeit in schwarzem schmalen Rahmen, rechts das des Joh. Christ. Kühns, ein junges Gesicht in großer Allongeperücke.[21]) Weiterhin sieht man kleine Oelbilder von Luther und Melanchthon, auch das Bild des Dr. Neide, Pastors zu Giebichenstein und Cröllwitz (1756—1836), in Käppchen und Talar, eines Greises mit trefflichem Gesicht. — Erwähnt sei noch

.... älterer Seelsorger, der Pfarrer Georg Taust, der 1654—1685 hier waltete, vordem in Dieskau amtierte, der Vater der Dorothea Taust (* 1651), der Mutter unseres berühmten Händel. — Die Emporen, nördlich und südlich, sind weiß gestrichen, auf der westlichen Seite steht die allerdings erneuerte, aber doch im alten berühmten Schmucke verbliebene Orgel, die der Amtmann Ochse auf seine Kosten erbauen ließ: rings um die Orgel schweben Engel, die Pauken schlagen, Schalmeien blasen und Noten lesen, 2 Cymbelsterne klingelten ihr helles Glockenspiel ab, 2 große schwarze Adler bewegten die Flügel dazu, kurzum ein Barockkunststück ersten Ranges. Alles war von weißem, goldenem und blauem Gerанke umflochten. Die Orgel hatte 22 Register.

Die Kirche besitzt die uralte Glocke der Margarethenkapelle der Unterburg,[22]) außerdem noch verschiedene andere jüngere Glocken.

Der Kirchhof umfaßte bis ins 19. Jahrhundert nur den nördlichen um die Kirche gelegenen Teil, der vom Mittelalter her von einer Lehmmauer umgeben war. Im 19. Jahrhundert wurde er bis zur Gr. Brunnenstraße erweitert, so daß er mehrere Morgen groß war; auch schließt sich jetzt eine Porphyrmauer um ihn. 1883 wurde er bis auf einige Erbbegräbnisstellen und reservierte Reihenbegräbnisse geschlossen.[23]) 1904 wurde der Fußweg durch den Kirchhof zur Verbindung der Fichte- mit der Friedenstraße angelegt,[24]) sonst führt ein schmaler Fußweg außerhalb der Mauer um die Nordseite herum. Sein Abhang wurde 1900 mit Terrassen versehen und mit Bäumen und Buschwerk durch den Verschönerungsverein bepflanzt. — Gleich östlich von der Kirche liegt das mit Eisengitter umgebene Grab des jüngeren Anatomen Meckel, 2 einfache Eisenkreuze mit den Inschriften Joh. Friedr. Meckel von Hemsbach, Professor der Medizin * 17. 10. 1781 † 21. 10. 1833 und Friederike Meckel von Hemsbach geb. von Kleist * 2. 3. 1789 † 16. 12. 1874. Weiterhin erhebt sich der von modernem schmiedeeisernen Gitter umgebene Grabstein des bekannten Komponisten Johann Friedrich Reichardt mit der Inschrift: „Hier ruht der Komponist Johann Friedrich Reichardt, kgl. preußischer Hofkapellmeister geb. zu Königsberg in Preußen den 25. Nov. 1752 gest. zu Giebichenstein den 27. Juni 1814. Die Freundschaft widmete ihm diesen Denkstein." Der mit einem Giebel gekrönte Grabstein wurde 1902 erneuert und anläßlich des 150. Geburtstages von neuem feierlich eingeweiht.[25]) — Ebenfalls im Osten der Kirche befindet sich die Grabstätte des Pastors Neide, ein sandsteinerner Würfel mit der Inschrift: „Joh. Georg Chr. Neide, Pastor zu Giebichenstein und Cröllwitz * zu Magdeburg am 7. 1. 1756 † zu Giebichenstein am 30. 10. 1836." — Etwa 20 Schritte südlich der Kirche, westlich am heutigen Durchgange steht der oben zugespitzte Kubus der Familie Keferstein mit verschiedenen Inschriften, die den angeblichen Streit in der Familie selbst hier noch bezeugen: Ludwig Fürchtegott († 1835) schreibt sich Keferstein, Samuel Leberecht († 1840) dagegen Käferstein.[26a]) — Der mehrere Morgen große Kirchhof ist eine freundlich-ernste Idylle inmitten der städtischen Straßen und ihres Verkehrs. Er ist grüner weiter Rasen, von Eschen, Lebensbäumen, Holunderbüschen durchsetzt, auch von alten Kastanien. Die Gräber sind vielfach eingeebnet, andere sind noch erhalten, teils von Eisengittern umgeben, teils nur Hügel, allerlei Grabdenkmäler, Urnen, Würfel, Tafeln, Kreuze aus Eisen tauchen hie und dort empor.

Zu Kirche und Kirchhof, die auf der Höhe des Berges lagen, führten verschiedene Wege empor, von der Seebener Straße ein schmaler über Porphyrbuckeln ansteigender Fußweg, von der Burgstraße ostwärts die alte Schulgasse, jetzt Pestalozzistraße, dann die neuangelegte breite Fichtestraße, die geradeaus auf den Kirchhof führt.

Die Pestalozzistraße hieß ursprünglich die Schulgasse. Seit der Einverleibung 1900 wurde sie wegen der Schulstraße in Halle „Pestalozzistraße" genannt nach dem bekannten Pädagogen Joh. Hein. Pestalozzi (1746—1827). Um 1865 entstand die in Porphyrbruchsteinen erbaute Küsterei mit hohem Giebel in der Nähe des Kirchhofs als „neues Schulhaus" neben dem alten einstöckigen Gebäude am Kirchhof. Sonst zählt die schmale ansteigende kurze Straße nur wenige Häuser: Nr. 1—3 sind alte kleine Dorfhäuser. Ihnen gegenüber Nr. 5 ist ein etwa 1905 erbautes großes Eckmietshaus, an dem die Straße eben und verbreitert zur nahen Fichtestraße herumführt.

Die Fichtestraße wurde nach dem Philosophen Joh. Gottl. Fichte (1762—1814) benannt. Sie führt von der Burgstraße ostwärts zum Kirchhof empor und ist erst 1901/02 angelegt worden durch die alte Oekonomie von Heckner und deren Garten. Die Straße ist 17 Schritte breit, auf beiden Seiten mit aneinandergebauten drei- oder vierstöckigen, in Backstein oder Rauhputz ziemlich nüchtern aufgeführten Mietshäusern besetzt. Etwa 1909 war die Straße beendet: 9 Nummern (10 Häuser). Die Straße stößt auf den Kirchhof, hier führt ein etwa 3 m breiter Gang, von Holzstaketen eingefaßt, zur Friedenstraße hindurch, 1904 für 1100 Mark angelegt.

Zwischen Brunnen- und Friedenstraße.

Dieser Straßenblock wird im Westen von der Richard-Wagnerstraße, im Osten von der Straße Röderberg begrenzt und wird ostwestlich von der Körner- und Eichendorffstraße durchschnitten, dagegen in der Mitte von Norden nach Süden durch die zum Teil noch geplante Falkstraße. — Das Viertel ist zumeist erst in den 80er Jahren bebaut worden. In den 70er Jahren ist das Gelände noch weites Ackerland, das Oekonomen und bereits Bauunternehmern gehörte. Am ersten entwickelte sich die ehemalige Wittekindstraße (Röderberg), am spätesten die Richard-Wagnerstraße.

Die Richard-Wagnerstraße hieß ursprünglich „Schmelzerstraße", und zwar nach dem Oberschmelzer, jener Villa, die sich der Professor Schmelzer auf der Höhe seines Parks (heutigen Bürgerparks) 1839 hatte errichten lassen. Sie führte als Feldstraße, von der Triftstraße (Triftwege) abbiegend, geradeaus auf den Schmelzer, noch bis in die 80er Jahre ist ihr Gelände unbebaut, erst um 1888 taucht der Name Schmelzerstraße auf, zugleich beginnt die Bebauung von der Großen Brunnenstraße an nordwärts, denn bis dahin reichte nur die alte Schmelzerstraße, auf 35 Baustellen eingeteilt. So entstehen die 3 ersten Häuser, jetzt Nr. 16, 17 auf der linken (West-) Seite und Nr. 38, 1900: 9 Häuser. — Nach der Eingemeindung wurde die Straße in Richard-Wagnerstraße, nach dem Komponisten Richard Wagner (1813—1883), umgenannt und über die Brunnenstraße bis zur Reilstraße fortbenannt, so daß das südliche Drittel der Triftstraße zur Richard-Wagnerstraße geschlagen wurde. So erhielt die ziemlich lange Straße ein ungleichmäßiges Aussehen, der obere nördliche Teil bis zum Provinzial-Museum ist hauptsächlich erst im neuen Jahrhundert entstanden, es sind zumeist dreistöckige Mehrfamilienhäuser in modernem Stil in Rauhputz, auch in gelben und roten Backsteinen erbaut, mit Vorgärten versehen; auch wurden von der Friedenstraße bis zur Brunnenstraße 58 Kugelakazien 1912 angepflanzt (1249 Mark). Dann schneidet die Straße beim Provinzial-Museum das freie Gelände, westlich liegt der Wettiner Platz, östlich der große Rasen der Oberrealschule. Es folgt der südliche Teil (die ehemalige Triftstraße), der, noch der Adolf- und Böckstraße benachbart, trotz einiger Neubauten den gewöhnlichen Mietshäusercharakter zeigt. — In die Straße zweigt sich von der Bernburger Straße die elektrische Straßenbahn ab (seit 1897). Diese führte bis 1913 am Museum in die Triftstraße, alsdann wurde sie bis zur Gr. Brunnenstraße durch die Richard-Wagnerstraße fortgeführt. 1915: 50 Häuser (60 Grundstücke).

Nr. 9 und 10, das Provinzial-Museum s. Band II B.

Nr. 44, die Richard-Wagner-Apotheke, etwa um 1908 entstanden.

Der Röderberg liegt parallel und östlich der Richard-Wagnerstraße. Die Straße führt von Süden nach Norden und verbindet die Große Brunnenstraße mit der Friedenstraße. Sie war ursprünglich das obere südliche Stück der Wittekindstraße (Nr. 13—Nr. 36), bis um 1912 dieses Stück in „Röderberg" umgenannt wurde[26]): meine Forschungen in der Geschichte des

Saalkreises und schon früher mein Aufsatz über den Röderberg in Giebichenstein (Luginsland 1908) hatten wiederholt auf die hohe Bedeutung des ehemaligen Räderberges, Radhinrichtungsstätte des Amtes Giebichenstein, und auf die wichtigen vorgeschichtlichen Funde daselbst aufmerksam gemacht. Die Straße Röderberg war bis 1875 ein unregulierter Feldweg, auf dem man bis zum Giebichensteiner Gottesacker hinübersehen konnte; die Eichendorff-, Körnerstraße (außer 2 Häusern) und die Richard-Wagnerstraße bestanden noch nicht. Die Spaziergänger benutzten den Feldweg, der in eine Hohle hinabführte und so zum Bad Wittekind geleitete. — 1875 wurde der Weg gerade gelegt und befestigt, er wurde chaussiert. — 1878 standen bereits 8 Häuser an der Straße, die heute noch durch ihr Alter erkenntlich sind (Nr. 4, 15, 16, 17, 21, 22). Bis 1900 wurde die Straße fertiggebaut; 1885: 14 Häuser; 1890: 16; 1900: 20 Häuser. — 1909 wurde die Eichendorffstraße durch den Röderberg zur Reilstraße durchgeführt zwischen Nr. 19 und 20. Das zweistöckige Grundstück Nr. 19 wurde zu einem großen Mietseckhaus umgebaut. Einige Jahre später wurde bei Nr. 9 die schmale Schlippe als Fortsetzung der Friedenstraße verbreitert und zur Reilstraße hinabgeführt.

Der Röderberg war die eine der beiden Hinrichtungsstätten des Amtes Giebichenstein, auf ihm wurden die Schwert- und Radhinrichtungen vollzogen, auf dem Galgenberg dagegen die schimpflicheren Aufknüpfungen an den Galgen; jene besorgte der Scharfrichter selbst, diese seine Henkersknechte. Der Röderberg lag am Ausgang der Straße Röderberg westlich, auf dem Gartengelände der Friedenstraße Nr. 14 und 13a, er erhob sich etwa 15/20 Fuß über das jetzige Niveau, den Kern bildete eine Porphyrkuppe, auf diese war künstlich vor Jahrtausenden eine 6/10 Fuß hohe Erdschicht aufgetragen worden. Der Hügel senkte sich über die gesamte Fläche der Friedenstraßenostecke. Hier oben auf der grasbewachsenen Kuppe fanden die Schwert- und Radexekutionen der Amtsgerichtsbarkeit statt: Mordbrenner, Mörder, Hexen, Wegelagerer, Kirchenräuber fanden hier ihre letzte Bestrafung, so am 17. Juni 1586 Blasius Schöne, der sein Weib in die Saale gestoßen, 1587 ein Riemer aus Köthen, der einen Fuhrmann bei Teicha ermordet und beraubt, 1589 ein Bauernweib, das ih. Stiefkind in den Born gestoßen, 1591 wurde ein Mordbrenner, Gänsemichel, samt seinem Weibe geschmäucht, 1594 eine Frau wegen Abfalls von Gott und unmenschlicher Unzucht mit dem Satan verbrannt, 1604 ein Kirchenräuber der Neumarktkirche geradebrecht. Am 5. August 1607 wurde Heinrich Müller, des Schössers Sohn zu Rothenburg, wegen Straßenräuberei mit dem Rade gestoßen und daraufgelegt, 1608 wurde auch des Bürgermeisters Sohn zu Könnern, Zwanzig, wegen seiner Räubereien enthauptet. Am

9. November 1608 Enthauptete man einen Gotteslästerer und Totschläger, Schlaberhans genannt, am 24. März 1609 einen „versuchten" Kriegsmann, Georg Hübner, wegen Räubereien, am 16. Februar 1610 Jochim Knipping, einen von Adel, samt Andreas Blumen und Jacob Klincken wegen Straßenräubereien, am 17. Juli 1610 eine Mutter und ihre Tochter, so ihr Kind umgebracht, und am 24. Juli 1610 einen Schnitter, der zu Diemitz in der Schenke einen erstochen hatte.[27]) — Eine viel höhere Bedeutung erlangte der Röderberg als Fundort vorgeschichtlicher Altertümer: er ist eine der prächtigsten Gräberstätten der Hallstattzeit (etwa 700 v. Chr.) gewesen. Schon vor mehr denn 100 Jahren fand man hier seltsame Altertümer, die man damals leider wenig achtete. Am Fuße des Rabensteins begann das Ackergebiet, das eine löffelartige Vertiefung hatte, in diese warf man von der Höhe herab die Erde; kaum einen Spatenstich tief stieß man auf eine Menge der Länge nach liegender Totengerippe mit riesigen, gleichsam gedrehten Hals-, Arm- und Beinringen. Als man etwa 1875 wiederum ein Stück des interessanten Berges abtrug, fand man ebenfalls eine Menge Bronzesachen, welche die hier bestatteten Leichen geschmückt hatten.[28]) Und noch 1895 bei Bebauung des Geländes fand man hochinteressante Reste.[29])

Die Körnerstraße hieß bis zur Eingemeindung Giebichensteins (1900) nach dem Vornamen des Besitzers des Geländes, eines Oekonomen, „Auguststraße", alsdann wurde sie in „Körnerstraße" umgenannt nach dem Freiheitsdichter und Lützower Karl Theodor Körner (1791—1813), der ja Beziehungen zu unserer Stadt hatte.[30]) Die Straße führt von Osten nach Westen, parallel der Frieden- und der Eichendorffstraße, und verbindet wie diese den Röderberg mit der Richard-Wagnerstraße. Sie besaß vor 1880: 2 Häuser. In den 80er Jahren entwickelte sich die Straße; 1885: 18 Häuser; 1890: 29 Häuser; 1900: 31 Häuser; 1915: 38 Häuser. — Bei der Bebauung stieß man 1885 auf eine hochwichtige keltische Hallstattsiedelung, deren Grabstätte der oben erwähnte Röderberg war.[31]) Auch beim Anbau an der Norbertkirche (1913) fand man bronzezeitliche Fundgruben. Die Straße hat beiderseits etwa 4 m breite Vorgärten, dadurch erhält sie einen freundlichen und lichten Charakter, der die nüchterne Mietshäuserbauart abschwächt.

Nr. 19. katholische Kirche S. Norbert und Pfarrhaus. Das letztere wurde zuerst erbaut, zwischen 1885/1890, dreistöckig, mit einer Schule im Erdgeschoß, in hellgelben Mauersteinen; westlich von diesem, auf der Ecke an der Richard-Wagnerstraße, entstand zwischen 1890/1895 die katholische Kirche, an das Schulhaus angebaut, in gotischem Stil, mit Schieferdach und spitzem Turm, 4fensterig auf der Westseite. Die Kirche wurde dem heiligen

Norbert, dem Erzbischof von Magdeburg (1125—1..4) geweiht; er war der Stifter des neuen strengen Ordens der Prämonstratenser.[32])

Die Eichendorffstraße führt von Osten nach Westen, parallel der Körner- und Großen Brunnenstraße und als mittlere von diesen. Sie empfing ihren Namen von dem Dichter und Romantiker Joseph von Eichendorff (1788—1856), der ja zu Halle und zu Giebichenstein bedeutungsvolle Beziehungen hatte (vgl. Ruine Giebichenstein, Amtsgarten, Bürgerpark, Klausberge), doch die ihm gewidmete Straße hat wenig Anziehendes und Romantisches. Sie ist ohne Vorgärten, ohne jeden Baum, 15 Schritte breit, doch enger erscheinend durch ihre drei- bzw. vierstöckige eng aneinandergebauten, nüchternen, glatten Mietshäuser. 1885: 1 Haus (Nr. 6); 1890: 21 Häuser; 1895: 24 Häuser; 1900: 30 Häuser: 1902: 35 Häuser; 1905: 36 Häuser (beendet).

Die Falkstraße soll von Norden nach Süden, parallel und in der Mitte zwischen Richard-Wagnerstraße und Röderberg, den Straßenblock durchschneiden und bis auf die Staudestraße fortgeführt werden, sie ist jedoch nur in einigen Strecken bebaut. Zwischen Frieden und Körnerstraße ist sie noch Garten; zwischen Körner- und Eichendorffstraße stehen 3 hohe Mietshäuser (Nr. 1, 2, 3); zwischen Mozart- und Staudestraße: 2 moderne geschmackvolle Mehrfamilienhäuser (Nr. 12 und 14). Die Straße ist erst nach 1900 entstanden (Nr. 1), um 1911: Nr. 2, 3, 12, dann Nr. 14. Sie empfing 1900 ihren Namen von dem preußischen Kultusminister Adalbert Falk (1827—1900).

Die Friedenstraße.

Die Friedenstraße erhielt ihren Namen von dem neuen Giebichensteiner Friedhof, der an ihr etwa 100 m östlich vom alten Kirchhof angelegt wurde. Die Straße zieht sich von Westen nach Osten, nördlich und parallel der Großen Brunnenstraße. Sie besteht aus einem älteren westlichen und einem jüngeren östlichen Teil; der ältere Teil zieht sich von der ehemaligen Schmelzer- (Richard-Wagner)straße westwärts bis zum alten Kirchhof und biegt hier im rechten Winkel zur Großen Brunnenstraße herab. Er besteht schon seit Errichtung des neuen Friedhofs (etwa 1883), der Oberschmelzer und sein damals noch niedriges Nachbarhaus (Nr. 2) rechneten zu ihr, ferner der Friedhof, die Bürgerschule und das neu erbaute Diakonatshaus an der Umbiegung zur Brunnenstraße. — Nach 1890 wurde auch der jüngere Teil von der Richard-Wagnerstraße ostwärts bis zur ehemaligen Wittekindstraße (Röderberg) polizeilich ausgebaut und in Bebauung genommen, geschmackvolle Villen entstanden in verschiedenem Stil der fünfzehn Jahre, denn um 1905 ist die Bebauung der Straße fast abgeschlossen. Bis 1895 sind Nr. 3, 5, 14, 28 erbaut, bis 1900 kamen 13 neue dazu; bis 1906 noch 10 andere; 1911 noch Nr. 12 und 1916: Nr. 3a. Die Straße liegt hoch und frei, nördlich senkt sich ihr Plateau ins Wittekinder Tal, nach Osten schweift der Blick auf den grünen Galgenberg, nach Norden auf den Reilsberg und auf der Anhöhe am Friedhof in den Bürgerpark, auf die Seebenerstraße, auf das eingebettete Saaltal und seine Höhen, die Cröllwitzer und die Trothaer Berge. Um 1914 wurde auch die häßliche kleine Schlippe, welche die Straße zur Reilstraße fortsetzte, verbreitert, so daß die Friedenstraße seitdem als breite Straße in die Reilstraße mündet. So ist die Straße die schönste von Giebichenstein, dazu tragen die hübschen Vorgärten und auch die Baumreihen auf beiden Seiten bei. Licht, Luft, Natur allenthalben.

Nr. 1. der Oberschmelzer, 1839 als Villa des Professor Schmelzer erbaut (siehe „Bürgerpark").

Nr. 3. eine kleine alleinstehende zweistöckige Villa mit Turmanbau, 1893/1894 erbaut von Professor Alfred Kirchhoff, dem bedeutenden Geographen, 1873 wurde der Geographie ein besonderer Lehrstuhl in Halle errichtet, den Kirchhoff, vorher Lehrer an einer Realschule und an der Kriegsakademie Berlins, erhielt. Im Herbst 1904 verließ er Halle und siedelte nach Mockau bei Leipzig über, wo er am 8. Februar 1907 gestorben ist.[33])

Nr. 13a. zweistöckiger moderner Villenbau in Rauhputz, 1904 entstanden, 1907 von Professor Ludwig Busse bewohnt, der (1862 in Braunschweig geboren) erst Ostern 1907 als Professor der Philosophie nach Halle berufen, schon am 12. September desselben Jahres an einer Gallensteinoperation zu Halberstadt verstarb.[34])

Nr. 14. zweistöckige Villa mit oberem und unterem Balkon und Eckturm in Fachwerk. In ihrem Gartengelände erhob sich ehemals der oben erwähnte Röderberg. Noch zu meiner Zeit, da ich 1899 bis 1919 das Grundstück besaß, fanden sich vorgeschichtliche Ueberreste hier wie in nächster Nachbarschaft vor.

Nr. 25. zweistöckige, rauhgeputzte Villa, 1900 erbaut, hier wohnte 1907/1909 der Professor der Philosophie Ebbinghaus,[35]) er starb, 60 Jahre alt, am 26. Februar 1909, ein Vertreter der experimentellen Psychologie (1885: „Ueber das Gedächtnis", 1897: „Grundzüge der Psychologie").

Nr. 29. zweistöckige Eckvilla an der Richard-Wagnerstraße in gelben Klinkern mit rundem Eckturm am Garten, der sich ehemals bis zur Norbertkirche erstreckte, etwa 1896 von Professor Freytag erbaut, der am 27. September 1908 auch hier gestorben ist.[36])

Nr. 32. der Friedhof, Anfang der 80er Jahre entstanden, als der Giebichensteiner Friedhof 1883 geschlossen wurde. Von der Friedenstraße schließt ihn eine etwa $2^1/_2$ m hohe und 170 Schritt lange Backsteinmauer ab mit 2 Einfahrten, einer in der Mitte, welche auf die Hauptallee des Friedhofs führt und einer zweiten am westlichen Ende an dem Friedhofsverwalterhäuschen (1910 mit Oberstock versehen). Das Gelände des Friedhofs erstreckt sich südwärts bis zur Großen Brunnenstraße; es ist wegen seines Porphyruntergrundes nicht sonderlich dienlich, und daher ist der Friedhof schon vor der Errichtung des Gertraudenfriedhofes nur noch wenig in Benutzung gewesen. 1900 mit 44840 Mk. taxiert. 1900: 401 Begräbnisse; 1905: 338; 1907: 353; 1908: 199; 1909: 8; 1910: 15; 1911: 15; 1912: 19; 1913: 19; 1914: 19. — Die Begräbnisse fanden seit 1907 auch auf dem Trothaer Friedhof statt. Uebrigens fand man bronzezeitliche wie slavische Funde auf dem Gelände des Friedhofes.

Nr. 33, die Wittekindschule, Knaben- und Mädchen-Mittelschule. Das imposante, hochragende, weithin sichtbare, für das Stadtbild Halles bedeutende Schulgebäude in 4 hohen Geschossen in Graukalkmörtelputz steht mit der schmäleren 5fensterigen Giebelseite an der Straße und erstreckt sich mit der mannigfach künstlerisch wechselnden Längsfront südwärts. 1901 wurde auf felsigem Untergrund begonnen, 1903 war der Bau fertiggestellt: 24 Klassenräume für je 54 Kinder, mit Zimmern für den Rektor, für die Lehrer, für die Konferenzen, mit Gesangs- und mit Zeichensaal, mit einem Bibliothek-, 2 Sammlungs- und einem Physikzimmer; im Kellergeschoß: die Hausmannswohnung, 1 Schülerbrausebad, 2 Wannenbäder und 2 große Räume für eine Haushaltungsschule. Die Aula wurde in der Außenarchitektur durch den großen Nordgiebel an der Straße betont. Die Doppelturnhalle liegt als besonderes Gebäude südlich, mit 2 Sälen übereinander, jeder 220 qm groß (46000 Mk. Kosten). Die Kosten der Schule betrugen 317000 Mk., die der inneren Einrichtung 34000 Mk., Gesamtkosten 351000 Mk. — 1903: 248 Knaben und 193 Mädchen; 1905: 295 (8 Klassen) und 228 (7 Klassen); 1910: 393 und 260; 1915: 472 und 340.

Nr. 34, die Mädchen-Volksschule (ehemalige Bürgerschule Giebichensteins), ein dreistöckiges, in Mauersteinen schon von 1885 erbautes schmuckloses Eckschulgebäude. Die Bürgerschule wurde nach Begründung der Mittelschule abgebaut. 1902; 98 Knaben und 68 Mädchen; 1903: 59 und 46; 1904: 21 und 23. Zu Ostern 1905 hörte die Schule auf zu bestehen.

Nr. 35, das Diakonatsgebäude der Kirchengemeinde S. Bartholomäi, auch vor 1885 entstanden, ein zweistöckiges, im Villenstil, in der Mitte mit vorspringendem Turmbau in Mauersteinen errichtetes Haus; Stufen führen hinab durch den Vorgarten zu dem nordsüdlichen Endstück der Straße, deren andere Seite die Mauer des alten Kirchhofs bildet.

Anhang.

1. Der Name hing also mit Ackerbreiten zusammen, ist also nicht mit einer „breiten“ Straße, wie die des Neumarkts war, gleichbedeutend. — 2. Der Fall war in der Triftstraße stärker als in der Gr. Brunnenstraße. — 3. Nach 1878 wohnte ein Fuhrwerksbesitzer Böck in der Böckstraße (Nr. 8). — 4. Staude war vom 1. 4. 1881 bis 31. 3. 1906 Oberbürgermeister unserer Stadt, er folgte Franz von Voß, der 1855—1880 das Amt verwaltete, vor diesem war Karl August Wilhelm Bertram von 1838—1855 Oberbürgermeister. Staude ist am 15. 2. 1909 in Halle verstorben. — 5. Die Gesamtgröße des Grundstücks (59,93 ar) = 119860 Mk., die Freilegungskosten = 21640 Mk. die Baukosten = 595430 Mk., zusammen 736931 Mk. — 6. Siehe Topographie Band II B, Karlstraße Nr. 34 und N. 22. — 7. Das zweite Obergeschoß bildet eine Beamtenwohnung von 4 Stuben, Küche, Kammer, Trockenboden. Die Sparkasse mußte (1908) jährlich 1500 Mk. Miete zahlen. — 8. Barthel gehört jener Literaturrichtung der Julius Grosse, Lingg, usw. an; Feingefühl der Form, edle Sprache, abgewogene Gedanken, aber kein leidenschaftliches Temperament. „Wahres schön zu sagen: Dichten war's in allen Tagen.“ Unter den hallischen Dichtern seiner Zeit steht er seinen Freunden Adolf Brieger und Curt von Rohrscheid am nächsten. Mit ihnen gab er das Sächsisch-Thüringische Dichterbuch I und II (1885 und 1887) heraus. Barthel war am 21. 7. 1835 in Braunschweig geboren, ein Bruder des früh verstorbenen Karl Barthel, des Verfassers der deutschen Nationalliteratur der Neuzeit. Er widmete sich dem Buchhandel, wurde hier in Halle Verleger, auch Redakteur. In seinem Verlag erschien u. a. Hagens Geschichte der Stadt Halle, Band I und II (1867). Als Dichter veröffentlichte er 1867 „Scherz und Humor“ mit trefflichen Uebersetzungen aus dem Französischen; 1876 „Heiliger Ernst“, ebenfalls mit Uebersetzungen aus dem Englischen und Französischen. Ferner gab er Lenaus Werke mit einer gediegenen Einleitung in der Reclamschen Universalbibliothek heraus (1882); dann eine Anthologie „Des Mädchens Wunderhorn“ 1883, eine zweite Anthologie „Neuer poetischer Hausschatz“ (1896). Auch veröffentlichte er eine kleine Sammlung „Bibliothek humoristischer Dichtungen“ in 11 Bändchen unter dem Pseudonym Gustav Haller. Das Beste seines gesamten Schaffens vereinigten seine Töchter nach seinem Tode in dem Band „Gedichte und poetische Uebersetzungen“ Halle 1906. — 9. Die zwei Häuser kaufte die Gemeinde erst um 1898 an, vordem waren sie Privathäuser. — 10. Wenigstens nach einer nicht unwahrscheinlichen Vermutung. — 11. Sein Leichnam blieb, so meldet die Tradition weiter, auch im Grabe nicht ruhig; und da die Armenier ihn mehrere Male erfolglos verscharrt und tief vergraben hatten, warfen sie ihn endlich ins Meer, das ihn auf der Insel Lipara ans Land trieb. Von da wurde er 832 nach Benevent, und von dort auf Befehl Kaiser Ottos II. im Jahre 983 nach Rom gebracht, wo er am 24. August anlangte, weshalb die römische Kirche diesen zur Gedächtnisfeier ansetzte. Die griechische begeht sie jedoch am 25. August. Bartholomäus gilt als Helfer in Nervenkrankheiten, weil er eine besessene armenische Königstochter geheilt habe; ferner, der Enthäutete, als Schutzpatron der Fleischer, Gerber, Fellhändler, Buchbinder, Lederarbeiter, Schneider und Schuhmacher, auch der Korn- und Salzträger (wohl wegen der von ihnen benutzten ledernen Säcke). Auch die Winzer halten ihn besonders in Ehren, und die Redensarten wie „der weiß, wo Barthel den Most holt“ deuten an, daß mit dem Bartholomäustage sich die Weinernte zu entscheiden pflegt. — 12. Siehe Schultze-Gallera, Unterburg Giebichenstein, S. 38. — 13. Der bemerkenswerte Grabstein befindet sich an der Nordostecke des heutigen Querschiffs, ein erhabenes Relief in Sandstein. Die Inschrift in gotischer Minuskelschrift lautet: Anno domini 1474 uf Montag nach Bonifacii ist vorscheiden Hermann Kotze, dem Gott gnädig sei.“ Das Bild ist ein aufrecht stehender geharnischter Ritter mit dem Schwert

in der Linken und dem Wappenschild (einen Mönch zeigend) in der Rechten. Ein Eselsrückenbogen mit Krabben und Kreuzblumen umrahmt den oberen Teil. — 14. Der Grabstein befindet sich an der nordwestlichen Ecke des Querschiffs: ein geharnischter Ritter, halb gewendet, mit dem Helm zu Füßen. In den vier Ecken stehen die vier Wappen, die Umschrift lautet: „Anno 1560 den 4. Oktober starb zu Halle der Gestrenge und Ehrenfeste Leonhart Kotze, der hier begraben ist, dem Gott gnade." — 15. Einige nennen einen Pfarrer Güldenpfennig oder Güldenberg, der an der Pest gestorben sein soll, andere wollen die Statue des Schutzheiligen, des heiligen Bartholomäus, in ihm erblicken. — 16. Der Turm blieb im romanischen Stil: zwei kleine Fensteröffnungen an der West- und Südseite sind die besten Spuren. Die an der Südseite, etwa ein Stock hoch angebracht, ist streng romanisch, die an der Westseite, etwas tiefer als ein Stock gelegen, ist spitzbogig, wohl gotisch. — 17. Die Bänke waren ein Geschenk der Frau Superintendent Bethge geb. Franz; die Steinfließen des Bankiers Lehmann. — 18. Johann Brandis war von 1691—1704 Oberamtmann auf der Unterburg Giebichenstein. Er starb 58 Jahre alt. — 19. Die spätere Inschrift lautet: „Lasset die Kindlein zu mir kommen, spricht der Herr Marc. 10, 14." — 20. Dolcius war 1724 zu Halberstadt geboren, 1762 Pastor zu Giebichenstein, 1800 daselbst gestorben und an der Nordostecke der Kirche begraben, woselbst noch sein Grabdenkmal (ein Prisma) zu sehen ist. — 21. Kühns war 1691 zu Burg geboren, war 1714 Feldprediger beim Anhalter Regiment hier in Halle, wurde 1720 (Dreyhaupt II, 901: 1724) Pfarrer in Giebichenstein und starb 1766. — 22. Sie ist etwa 17 Zentner schwer und trägt die Inschrift: Anno incarnationis Domini MCCIIII Regnante Ludolpho Archiepiscopo fusum est vas h. — 23. Der alte Kirchhof wurde 1900 mit 8325 Mk. abgeschätzt. — 24. Ehemals führte, so noch 1870, ein schmaler Weg, mit alter Lehmmauer eingefaßt, von der kleinen Brunnenstraße zur heutigen Friedenstraße. Die Kastanien deuten ihn noch heute an, die sich von der vermauerten Türe der Kirchhofsmauer emporziehen. — 25. Reichardt soll erst in seinem Parke (dem heutigen Bürgerpark) beigesetzt sein und später erst auf dem Kirchhof. Das wird wohl mit Recht bestritten. — 25 a. Die Familie Keferstein ließ sich schon 1727 in der alten Kirche von Giebichenstein ein Kirchenstübchen bauen, in der neuen Kirche mietete sie 1749 einen „großen Stuhl" gegen 20 Taler einmalige Zahlung. — 26. Auch nicht sehr glücklich! Die Straße müßte „Röderbergstraße" heißen und nicht „Röderberg"; denn ein Berg ist diese Straße nie gewesen, sie führte aber an dem alten Röder- oder Räderberg vorüber (Friedenstraße Nr. 13 a und 14 im Garten gelegen). — 27. Dieses Register von etwa 20 Jahren möge genügen. Die rigorose Gesetzespflege der früheren Jahrhunderte strafte keineswegs den vollbrachten Mord und Totschlag allein! Schon der Diebstahl führte oft genug zum Galgen! Die mannigfachen Fälle der Straßenräubereien zeigen die Unsicherheit der Landstraßen und wohl einen Niedergang der öffentlichen Moral in den Jahrzehnten vor dem 30jährigen Kriege! — 28. Das Nähere siehe Gesch. d. Saalkreises S. 33 u. f. — 29. Eine Anzahl Schädel sind in meinem Besitz, ebenfalls fand ich auf meinem früheren Grundstück (Friedenstraße 14) Scherben der Hallstattperiode; dicht an der Grenze wurden einige Frauengräber aufgedeckt, die bronzene Haarpfeile an den Schädeln hatten, die Skelette waren auf der Brust mit einem Stein beschwert. Die Begräbnisstätte und die Siedlung erstreckte sich zur Körnerstraße hinüber. Im Uebrigen wird man Reste der reichen Ausbeute in dem Provinzial-Museum vorfinden. — 30. Körner war als Lützower Leutnant Anfang April 1813 von Leipzig nach Halle gekommen, wo er in der „Goldenen Kugel" eine feurige Werberede für die Lützower hielt, die großen Erfolg hatte. Einige Wochen später zog das Lützower Corps über Radewell, wo man unter der „Körnerlinde" Rast machte (am Ende eines kleinen nördlich sich erstreckenden damaligen Gehölzes „kleine Rüstern"), am 27. April zwischen Bruckdorf und

Dieskau, östlich von Halle, über Klepzig nach Dessau und Havelberg. — 31. Vgl. Gesch. des Saalkreises S. 36. — 32. Norbert (geboren 1070 zu Xanten aus vornehmem Geschlecht) zeichnete sich als junger Priester bereits durch strengen Wandel aus, trug ein härenes Hemd auf bloßem Leibe und pilgerte barfuß nach Rom. Er stiftete den neuen Orden der Prämonstratenser unweit Coucy in dem wilden Tal Vosage in der Champagne. Die Mönche waren der Regel des hl. Augustin unterworfen und trugen ein weißes Gewand. Er besetzte das Kloster U. L. Frauen zu Magdeburg 1129 mit den Mönchen seines Ordens und verlieh diesem den Vorsitz vor allen Klöstern gleichen Ordens in Deutschland. Er wurde 1134 in der Kirche dieses Klosters bestattet. 1582 wurde er vom Papste heilig gesprochen. 1626 wurden die Reliquien von den Katholiken nach Böhmen entführt, der Sarg war ein ausgehöhlter, einem Mumienkasten ähnlicher Steinsarg, durch eine mit eisernen Klammern befestigte Steinplatte zugedeckt. Nachdem diese abgehoben war, erblickte man den scheinbar völlig unversehrten Körper, der aber bei der ersten Berührung zerfiel. Schädel und Gebeine wurden nummeriert und in sauberes Leinentuch gewickelt, die Asche wurde mit einem Federwisch zusammengekehrt und in zwei große Papierdüten getan. So wurden in einem Koffer die Ueberreste Norberts nach Böhmen geschafft, dort zuerst im Kloster Doxan niedergesetzt und hierauf am 2. Mai 1627 mit großen Feierlichkeiten nach Prag in das Kloster Strahov gebracht, wo sie sich noch heute befinden und große Verehrung genießen. — 33. Kirchhoff war am 23. 5. 1838 zu Erfurt geboren. Seine unwiderstehliche Vorliebe trieb ihn von dem Rechtsstudium zur Naturwissenschaft. So ward er Lehrer und Forscher in der Botanik. Dann schwenkte er zur Geschichte über (Veröffentlichungen über Erfurts Weistümer und Geschichte), bis die starke Neigung zur Geographie derartig überwog, daß er schon 1871 als Dozent für Geographie an die Kriegsakademie berufen wurde. In Halle begründete er mit großem Fleiß einen geographischen Apparat und eine geographische Bibliothek, 1885 das geographische Seminar. Seine neue Unterrichtsmethode (die Geographie ist Naturwissenschaft mit Bestandteilen der Geschichte, aber kein Anhängsel der Geschichte!) übertrug er 1873 auf die damals herrschenden Danielschen Schulbücher („Leitfaden", „Lehrbuch"); 1882 verfaßt er eine eigene „Schulgeographie", 1893 „Erdkunde für Schulen". Wie auf die Schule erstreckte sich seine reformatorische Tätigkeit auf das Studium an der Universität durch seine lebendigen, humorvollen, auch mit Witz und pikantem Sarkasmus gewürzten Vorlesungen, und auf weitere Volkskreise durch seine Wanderfahrten, Vorträge und Aufsätze. Ohne je ein großes wissenschaftliches Werk geschrieben zu haben, übte er doch den größten Einfluß aus durch die neue methodische Verarbeitung des überkommenen Materials, das er durch feste Definierung, durch scharfes Nachdenken, durch schöpferische Phantasie, durch intensives Sichversenken fruchtbar verarbeitete. Den in Halle 1873 von Otto Ule gegründeten „Verein für Erdkunde" wandelte er in einen „Thüringisch-Sächsischen Verein für Erdkunde" um, dem er eine eigene Zeitschrift: „Mitteilungen des Vereins für Erdkunde zu Halle a. S." (seit 1894: „Archiv für Landes- und Volkskunde der Provinz Sachsen") schuf. Kirchhoff war ein begeisterter Vorkämpfer der Kolonialbestrebungen Deutschlands. Doch fesselte auch das Wahngebilde der Weltsprache „Volapük" eine Zeitlang (1887) den lebendigen, kaustischen, absonderlichen Mann. — 34. Er wurde am 12. 9. 1907 auf dem Giebichensteiner Friedhof bestattet. Er war einer der wenigen zeitgenössischen Philosophen, die für die Möglichkeit der Metaphysik eintraten. Sein Hauptwerk „Geist und Körper" (1903) wägt das pro und contra in dieser Frage ab. — 35. Ebbinghaus war (1850 in Barmen geboren) 1880 Privatdozent in Berlin, 1894 o. P. in Breslau, 1905 in Halle. — 36. Karl Freytag (1831 zu Braunschweig geboren) kam 1871 nach Halle zunächst als Administrator am landwirtschaftlichen Institut, 1875 wurde er a.o. P. der speziellen Tierzuchtlehre und des landwirtschaftlichen Rechnungswesens. Seine Studiengebiete waren Pferdezucht, Schafzucht und Wollkunde. Seine Kenntnisse ergänzte er auf weiten Reisen nach Spanien (1874), Dänemark und Schweden (1875), Polen und Rußland (1876), Ungarn und Rumänien (1877), Serbien, Belgien, England, Schottland usw. Erwähnt seien „Rußlands Rindviehrassen“ (1877) und „Rußlands Pferderassen“ (1881).

Die Wittekindstraße und Bad Wittekind.

Die Wittekindstraße, ursprünglich ein alter Feldweg zur Magdeburger Chaussee, beginnt an der Seebener Straße und führt in östlicher Richtung im Talgelände des Bades zwischen dem (nördlichen) Reilsberg und dem (südlichen) Hochplateau der Friedenstraße zu dieser empor. Sie bildete den anfänglichen Zugang zu dem 1846 entstandenen Bade Wittekind. Um diese Zeit standen schon beiderseits die ältesten Häuser der Straße, dörflich, bunt gestrichen, mit kleinen Gärten, wie noch Nr. 3, 6 existieren. Die Dorfstraße führte zu dem vielbesuchten Vergnügungslokale, dem Schmohlschen Garten auf dem heutigen Bad Wittekind-Gelände. Ein Feldweg führte in dem Tale empor, der später die obere Wittekindstraße nebst der Straße Röderberg bildete, und mündete an der heutigen Großen Brunnenstraße in die Magdeburger Chaussee (Reilstraße). Der Abhang der heutigen Friedenstraße ostwärts vom Schmelzerschen Garten (Bürgerpark) lag öde da, mit Rasen und einigen Bäumen bestanden. Erst als das Bad 1846 eröffnet war, entstanden in den nächsten 10 bis 15 Jahren hier auf zierlich terrassierten Gartenanlagen jene damals stattlichen Villen in freundlich gefälligem Stil, von deren Fenstern aus die Kurgäste, welche sich hier eingemietet hatten, die hübschen Anlagen des jungen Bades übersehen und der Musik zuhören konnten, welche während der Saison stattfand. Vordem mußten die Kurgäste in dem Dörfchen Giebichenstein in den wenigen besseren Privathäusern Unterkunft suchen, so in dem Düfferschen Wohnhaus (Saalschloßbrauerei), im Deichmannschen Hause, im Ober- und Unterschmelzer usw. Diese damals neu entstandenen stattlichen Villen liegen in den heutigen Nummern Nr. 23—28, darunter das ehemalige v. Gotthartsche Haus (Nr. 23), 2stöckig, 5fenstrig, mit Freitreppe, damals ganz frei gelegen mit dem Blick über den Röderberg zur Chaussee, ferner Stephanys Haus (Nr. 25), hoch über den Terrassen und Laubengängen des Gartens, sodann die Villa Nova, auch frei und hoch über die Terrassenwege ragend von Weingängen umkränzt, und Friedrichs Haus auf hohem sich vorschiebenden Unterbau mit 2 vorgebauten Pavillons je rechts und links. — Zugleich entstanden auch in dem ältesten westlichen Teil der Straße (nach der Seebener Straße zu) 2 und 3stöckige modernere Wohnhäuser zur Aufnahme von Badegästen, so Nr. 3, 4, 5, 7 usw.

Die Wittekindstraße entwickelte sich somit aus verschiedenen Teilen, die zu verschiednen Zeiten erwuchsen. Der älteste Teil ist der westliche, das Stück im Tale, von der Seebener Straße bis zum Bad, daran setzte sich der Villenteil, der bis zur heutigen Friedenstraße emporführt, dem sich der dritte angliedert, der heutige Röderberg, der sich noch später erst mit Dorf-, dann mit Mietshäusern besetzte. Dieser Teil wurde 1912 abgetrennt, so daß die heutige Wittekindstraße nur aus den beiden ersten Stücken besteht.

Der untere älteste Teil, ehemals tiefer gelegen denn jetzt, zeigt nur noch einige der ältesten Häuser, dagegen noch mehrere der älteren mehrstöckigen Häuser für die Badegäste, doch der idyllische Charakter ist jetzt durch verschiedene 4stöckige moderne Großstadthäuser durchbrochen, so baute man das große Eckhaus (Nr. 1) 1906 auf ehemaligem freundlichen mit Grotten, Lauben und Terrassen geschmückten Garten, ferner Nr. 8, 9, 10, 11, gegenüber entstand das große Mietshaus (Nr. 31) erst 1915.

Der mittlere Teil, vom Bad bis zur Friedenstraße empor hat sich auch sehr verändert. Der ursprüngliche Feldweg ist bedeutend erhöht und oberhalb gesprengt, abgetragen und gepflastert worden. Zwischen den alten Villen sind manche neuere entstanden, die Gärten sind eingeengt worden, vor allem aber ist der gesamte Park, der oberhalb des Bades lag, in Baustellen aufgeteilt und bebaut worden. Es entstand die Kurallee und in der Wittekindstraße die Villen Nr. 16–20. Dieses Gelände war ehemals ganz mit Fliederbüschen bewachsen gewesen, Nachtigallen nisteten in ihm, verschwiegene Pfade schlängelten sich hindurch, Steinbänke luden zur Rast ein, auf vorspringender kahler Porphyrkuppe stand ehemals ein kleiner Pavillon, wo der Blick über das grade unterhalb liegende Bad schweifte. Keine breite aufgefüllte moderne Straße (Kurallee) wand sich zur Wittekindstraße herum, Anlagen umzogen die Kuppe bis zur Tiefe des Maschinenhauses. Seit 1905 wurde das Gelände bebaut, schon einige Jahre zuvor hatte man die Straßen Kurallee und Wittekindstraße ganz erheblich aufgefüllt, der Park wurde gerodet, die Felsen gesprengt und großstädtische schwerfällige Villen nivellierten vollends alles und zerstörten gänzlich den alten idyllischen Charakter des Bades.

Bad Wittekind. Das Tal zwischen dem Reilsberg und dem Friedenstraßenplateau ist uralte Kulturstätte: die reichen vorgeschichtlichen Funde, die man in diesem Gelände und ringsum auf den Höhen gemacht hat (siehe oben „Vorgeschichtliche Topographie"), beweisen eine Besiedelung, die Jahrtausende vor Christi Geburt zurückweist. Die verhältnismäßige Dichtigkeit und Wohlhabenheit der Bevölkerung, das alte vielbenutzte Volkskastell lassen auf eine uralte Ausbeutung des hiesigen Salzquells schließen, der in ältester Zeit stärker oder salziger denn heutzutage floß. Die

Süßwasser sind im Laufe der Zeit stärker in den Salzquell bezw. in den Soleschacht gedrungen und haben sich mit der Sole vermischt bezw. ihren stärkeren Austritt gehindert. Die Giebichensteiner Quelle ist eine leichte Ader, die sich durch den Porphyr durchdrängt, aber vom hallischen Zentralpunkt ausgeht, eine sogenannte Schweißquelle.[1]) — Die erste geschichtliche Erwähnung geschieht in der Urkunde Ottos des Großen vom Jahre 961: er schenkt Giebichenstein mit seinem Salzquell (Givlcansten cum salsugine ejus) dem Moritzkloster zu Magdeburg, dem späteren Erzstift.[1a]) Wie lange der Salzbrunnen beim Erzstift geblieben ist, wissen wir nicht. Das Erzstift muß ihn später dem Kloster Neuwerk, das um 1116 als erstes bedeutendes Kloster bei Halle gegründet ist, alsbald übergeben haben. Dieses siedet schon im 12. Jahrhundert die Sole wohl im Tale selbst (vgl. oben Allgemeines). Der Salzbrunnen ist vierseitig von 8 Fuß Seitenlänge ausgezimmert und 40 Fuß tief gewesen, „in purem Felsen" ausgehauen. Die Konkurrenz der hallischen Quellen und die Schwäche des 4lötigen Salzbrunnens ließen schon im 13. Jahrhundert das Kloster die Salzsiederei aufgeben. Der Brunnen wurde zugespundet. Ob Erzbischof Ruprechts Streit mit der Stadt Halle dazu beigetragen hat, ist freilich fraglich (s. oben Allgemeines).[2]) Vielleicht, daß im Streite der Bürger mit dem Erzbischof diese den Giebichensteiner Brunnen verschütteten und zuspundeten. — Der Brunnen geriet fortan in volle Vergessenheit. Erst 1705 entdeckte man die Salzquelle durch Zufall wieder: ein Kanzlist Ilschner sah beim Spazierengehen im Grunde unterhalb des Rabensteins eine Menge Salzkraut,[3]) auch gesalzenes Wasser. Die Salzquelle trat am Fuße des Reilsberges (des spitzen Weinbergs) an zwei Stellen, nicht weit voneinander zu tage. Er zeigte das der Regierung an, man grub sofort eifrig nach und fand den alten verschütteten Brunnen in einem „wilden" Felsen, ausgezimmert und zugebühnt, bereits im September 1705. Man räumte den Brunnen bis auf den Quell in der Tiefe aus, der aus rotschwärzlichem Felsen westlich herauskam; er gab eine ziemliche Menge Sole, doch von schlechtem Gehalt und etwa 4lötig.[4]) Man führte einen tiefen Graben im Tale entlang, um den starken Wasserfluten bei Gewitter usw. zu wehren, daß diese nicht an den Brunnen kommen konnten, und setzte ein Brunnenhaus über den Brunnen und unweit davon im Tale am Fuße des Weinbergs dem Rabenstein gegenüber ein Gradierhaus 240 Fuß lang, 20 Fuß breit und 16 Fuß hoch, auf welchem die nur 4lötige Sole bis auf 10 Lot gradiert, von da in eisernen Röhren auf das Amt Giebichenstein geleitet wurde. Hier richtete man das Brauhaus des Schlosses als Siedehaus ein und versottete die Sole in 4 Pfannen. Doch der Erfolg enttäuschte; man ließ kupferne Röhren einziehen, aber es wurde nicht besser.

Endlich ließ man die Sole aus dem hallischen Brunnen herbeischaffen und mischte sie mit der Giebichensteinschen: da erhielt man ein gutes Salz. Aber die Kosten waren zu hoch und die Herstellung des Salzes in Halle viel billiger, so daß man nach einigen Jahren das Salzsieden wieder aufgab und das Brauhaus wieder zum Brauen einrichtete. Schon 1711 wurde das Gradierhaus abgebrochen, der Brunnen verspundet und überschüttet und kein weiterer Versuch angestellt.[5])

Der Quell gehörte zum Weinberggrundstück am Reilschen Berge, der ja damals noch mehrere Weingärten auf seiner Südseite trug, bis er (der Berg) 1803 in Reils Hände überging. Das Weinberggrundstück am Fuße des Berges gelangte im Laufe des 18. Jahrhunderts in verschiedene Hände. Um 1820 wurde es ein viel besuchter Vergnügungsort, der Schmohlsche Garten. Wo jetzt die Schweizerhäuser des Bades stehen, lag diese Wirtschaft, wo man unter dem Schatten einiger Obstbäume auf schmucklosen Bänken eine Tasse Kaffee trinken konnte. — Dies Grundstück erwarb 1845/6 der Kaufmann Heinrich Thiele.[6]) Er wollte sich hier einen Sommersitz herrichten. Sein Gärtner ward durch Salzkraut aufmerksam gemacht: man grub nach und fand im Frühjahr 1846 den verspundeten Solbrunnen von 8 Fuß Quadrat und 40 Fuß Tiefe mit völlig gut erhaltener Zimmerschrotung. Der Professor Dr. Steinberg machte den Besitzer auf die Wichtigkeit der Quelle aufmerksam, neue Untersuchungen wurden veranstaltet, die diesmal zwar zu keinem Salzversieden, wohl aber zur Bad- und Trinkbenutzung der Quelle führten. So tauchte der Giebichensteiner Salzbrunnen zum dritten Mal zum Licht und Leben empor.

Die Baulichkeiten des neuen Bades wurden im Frühjahr 1846 begonnen und zwar im leichten anmutigen Schweizerstil nach Angabe des Baurats Stüler in Berlin. Schon im Juli 1846 wurde die Badeanstalt eröffnet. Die ersten kleinen Anfänge (Badehaus und Gesellschaftszimmer) wurden im nächsten Jahre vergrößert, ein Logierhaus wurde gebaut, eine Dampfmaschine mit 4 P. S. aufgestellt, Dampfbäder sowie eine Trinkanstalt wurden eingerichtet. Bereits 1848 bestanden die Badebaulichkeiten aus 2 verschiedenen Gruppen: die eine auf höherem Terrain umfaßte von Westen nach Osten gesehen zusammenhängend ein 2stöckiges Schweizerhaus mit Konversations- und Gesellschaftssaal im Erdgeschoß und Wohnungen nebst Balkone im oberen Stock, sodann ein einstöckiges 140 Fuß langes Haus mit 16 Badezellen mit Marmor- oder Porzellanbassins (jede Zelle ist 10 Fuß hoch, 8 Fuß breit und $11^2/_3$ Fuß tief), Inspektionslokal und einer mit Glasdach überdeckten Promenade, zuletzt ein 3stöckiges Wohnhaus in gleichem Stil, alles mit Schiefer gedeckt. Die andere Gruppe liegt südlich von der ersten, etwa 7 Fuß tiefer, ebenfalls im Schweizerstil, sie enthält die Trinkhalle, das Brunnen- und Waschhaus, den Wasserturm mit den großen Reservoirs (54 Fuß hoch), das russische Dampfbad und das Schwefelbad. — Beim Bau des Bades stieß man 7 Fuß tief auf das bereits oben erwähnte Kohlenflöz in 5 Fuß Mächtigkeit (s. Giebichenstein, Allgemeines), ein schmales Band, das sich dicht hinter dem Kurhaus an der Kastanienallee nach dem Salon zu fortsetzte und nach der Saale abwärts fiel. Als der Salon von Wittekind gebaut wurde, zeigte sich das Flöz schlecht abbaulich und wenig mächtig. Die Kohle war sehr mit Kohlenschiefer vermengt.[6a]) Die Kohle steht auch, wie oben erwähnt, auf der Südseite des Tales, am Abhang von Bürgerpark nach der Reilstraße zu. Beim Bau der Kolonnade (1903) wurden gleichfalls Kohlen beobachtet und auch bergamtlich verliehen.[6b])

Den Namen empfing das neue Bad von dem sagenhaften Wittekind II., dem Jüngeren, dem Sohn des berühmten Sachsenherzogs, der sich im Kampfe gegen die Wenden hervorgetan haben und 825 gestorben sein soll. Er soll Graf von Wettin geworden und einen weiten Landstrich rechts und links der Saale durch Karl den Großen erhalten haben, so daß dieser Wittekind II. der erste Territorialherr der Quelle und ihrer Umgebung gewesen wäre. Dies ist freilich alles Sage (vgl. oben die Alte Burg), so daß die Bezeichnung des Bades zu unrecht besteht.[7]) Uebrigens befand sich ehemals am Gesellschaftshause eine hölzerne, buntbemalte Figur, die den Herzog Wittekind als sächsischen Krieger darstellte.

Neue Bauten entstanden. Man vergrößerte das Bad einige Zeit später durch das im Westen gelegene und das Badgelände abschließende große Gesellschaftshaus (einen 3fenstrigen, 3stöckigen Mittelbau und 2 als selbständige 2stöckige Hausbauten ausgeführte Flügel), welches die Restauration, einen geräumigen Speisesaal, einen Gesellschaftssaal und mehrere Gesellschaftszimmer, die Wohnung des Pächters und Wohnräume für Badegäste enthielt. Dem nördlichen Flügel wurde eine große Veranda vorgebaut, die in späteren Jahren stark verändert und 2 Meter in den Garten hinausgerückt, als Winterkolonnade umgebaut (1903),[8]) und im rechten Winkel nach Osten verlängert und vergrößert wurde. Eine andere große offene Sommerveranda entstand um 1890 hochgemauert an der Wittekindstraße, wo ursprünglich der Konzertgarten in einem Abhang an die Straße grenzte. Sie ist etwa 50 Schritte lang. — Südlich, dicht an dem Gesellschaftshaus, entstand noch ein 2stöckig einfach in gelben Mauersteinen erbautes nüchternes Logierhaus für die Badegäste, hart an der Straße, die Villa Margarethe. — Ferner war die an der heutigen Kurallee gelegene Villa Charlotta als ältestes Wohnhaus errichtet, das der Badebesitzer Thiele für sich erbaut hatte, ein 3stöckiges, ganz glatt geputztes, schmuckloses Mietshaus; es lag ehemals ganz im Parke.[9]) So umfaßte also das Bad bald einen Komplex von 5 größeren Baulichkeiten, das Badehaus, das Maschinenhaus, das Gesellschaftshaus, die Villa Margarethe und die Villa Charlotta.

Der Park des Bades ist heutigen Tages sehr eingeengt und allenthalben beschnitten worden, die sich ausdehnende Großstadt hat ihm (nach der Einverleibung) sehr geschadet. Ursprünglich erstreckte er sich vom Gesellschaftshause im Westen bis zur Magdeburger Chaussee (Reilstraße) und nördlich von 2/3 Höhe des Reilsberges herab bis zur Wittekindstraße im Tal, dazu kam die freie Benutzung des seitwärts gegenüberliegenden Schmelzerschen Gartens, der 1843 vom Staate gekauft, den Kurgästen zur Verfügung gestellt wurde. — Der Park wurde 1846 vom Besitzer Thiele angelegt. Der schöne, sonnige, kahle Südabhang des Reilsberges (ehemals Weingelände) wurde mit Terrassenwegen und einigem jungen Gebüsch und Bäumen geschmückt. Oben an der Grenzmauer des Krukenbergischen Reilsberggeländes erhob sich in der Mitte des Weges auf einem Unterbau ein luftiger Pavillon, von dem man einen weiten Blick zunächst über das Tal und das Bad, dann auf den Schmelzer Park, darüber hinaus auf das Dorf, die Ruine der Burg und die alte Kirche Giebichensteins und zuletzt weithin bis zur Heide und dem Mansfelder und Merseburger Lande genoß. Am Westende dieses obersten Weges stand jene Spielerei, der riesengroße aufgespannte bunte Schirm. In dem Mai entfalteten Flieder, Goldregen, Jasmin und die mannigfachen Arten des sogenannten englischen Gehölzes ihre Pracht. Amseln, Finken, Nachtigallen ließen sich allenthalben hören. Bald wurden Park und Vergnügungslokal massenhaft von den Bewohnern Halles aufgesucht. — Als das Gesellschaftshaus im Westen des Tales gebaut wurde, richtete man den Konzertgarten vor dem Hause ein, der von Kastanien beschattet, in späteren Jahren mit größeren Veranden verbessert und bedeutend erweitert wurde (so 1890). Hier finden die Konzerte statt, jede Woche zweimal Nachmittags und die Frühkonzerte jeden Morgen. Dazu Abend- und Sonntagskonzerte. Der Park hatte 3 Eingänge, außer jenem an der Wittekindstraße, später mit einer Freitreppe verziert, gab es einen Alleeweg, der von der Magdeburger Chaussee, etwas nördlich der heutigen Kurallee ins Bad führte, und einen Feldweg, der später den jetzigen Röderberg (s. d.) bildete. — Das gesamte Gelände zwischen Kurallee und oberer Wittekindstraße war Park, zum größeren Teil von dichten Fliederbüschen bestanden (s. Wittekindstraße). Er fiel der Bauspekulation seit der Eingemeindung (1900) zum Opfer: die Kurallee entstand zuerst, später die obere Wittekindstraße (Nr. 16 bis 20). Das ehemals viel hügeligere Gelände ist sehr eingeebnet worden, die Kurallee und die Wittekindstraße wurden eben gelegt, teils aufgefüllt und teils abgetragen. — Aus Anlaß des 50jährigen

Bestehens des Bades wurde in den Anlagen am Hauptwege eine Bismarckeiche gepflanzt: auf der von „Giebichensteiner Marmor" sehr schön geschliffenen Platte steht: „Diese Eiche, ein Geschenk des Fürsten Bismarck wurde gepflanzt am 1. April 1896 zum 50jährigen Bestehen des Solbades Wittekind."[9a])

Der Solbrunnen des Bades hat 10° R Wärme, liefert in der Minute 5 Kubikfuß 4lötige Sole und besteht nach Angabe der Kurverwaltung aus 0,1004% schwefelsaurem Kalk; 0,396 Chlorkalcium; 0,0744 Chlormagnesium; 3,5454 Chlornatrium; 0,0006 Brommagnesium; 0,0100 kohlensauren Kalk und 0,0020 Eisenoxyd; zusammen 3,7224%. — Der Brunnen wird äußerlich und innerlich, in Bädern und Trinkkuren benutzt und bewährt sich bei Skrofulose in allen Formen, chronischen Schleimkatarrhen, Unterleibskrankheiten, Hautkrankheiten usw.[10]) Außer der Heilkraft der Quelle wirkte auch die günstige Lage des Bades in einem sonnenbeschienenen gegen Norden und Osten trefflich geschützten Talkessel, einer seitlichen Ausbuchtung des Saaletales. So suchten noch im ersten Jahre, nach der Eröffnung des Bades am 1. 7. 1846 das Bad 250 Personen auf (über 4200 Bäder). Von 1846 bis 1870, in den ersten 25 Jahren, zählte man 17824 Kurgäste, darunter viele aus dem Auslande (Rußland, Polen, Italien usw.[11]) 1871: mehr als 800 Badegäste. Freilich in späteren Jahren sank die Zahl der Gäste wieder beträchtlich. Der Badepreis eines Solbades betrug damals 75 Pf., das Zimmer für die Badegäste kostete 2 bis 3 Taler pro Woche; der Mittagstisch im Abonnement monatlich 7 Taler.

Das Bad verblieb bis 1890 im Besitz der Familie Thiele, alsdann ging es auf den Maurermeister Schubarth und Dr. Lange (Maurermeister Kuhnt) über. Nach der Einverleibung Giebichensteins setzte die Bauspekulation ein. Nach Abtrennung von manchen Parzellen erwarb die A.-G. Zoologischer Garten das Bad um 1904. Weitere Parzellen (obere Wittekindstraße) wurden veräußert; auch wurde das Abhanggelände des Reilsberges verkleinert. Darauf 1909 kaufte die Stadt den Gesamtbesitz, Zoologischen Garten und Bad Wittekind für 1200000 Mark. Es wurden gleich im ersten Jahre 19550 Mark für Instandsetzung der Gebäude beider Etablissements bewilligt.[12]) Am 11. 12. 1916 wurde das Bad auf 3 Jahre wiederum verpachtet und zwar für 7000 Mark Pachtgeld, 10000 Mark Musikbeitrag zu den Konzerten und 3000 Mark für die Zimmervermietung an Badegäste. — Man verpachtete nur für 3 Jahre, da man große Baupläne für die kommende Zeit hegt! Die Errichtung eines neuen Kur- und Badehauses tut not und eine elektrische Pumpanlage könnte größere Mengen Sole liefern, so ist der Badebetrieb vorläufig eingestellt worden. Eine bessere Fassung der Quelle, daß sich das Süßwasser nicht mit der Sole vermischt, wird wieder eine stärkere, bessere Sole ergeben.

Anhang.

1. Nach Andrä stammt der Salzgehalt aus dem Zechstein, von dem aus die Salzwasser weiter in die Tiefe sinken, um hier dann wieder aufzusteigen. Nach Slupin liegt die Wittekinder Sole wahrscheinlich auf einer streichenden Verwerfung mit abgesunkenem liegenden Flügel, die mit dem Wittekinder Tälchen zusammenfällt und vielleicht von Querspalten durchkreuzt wird. Bemerkt sei, daß die Wasser, die dem Giebichensteiner Stollen (südwärts, unter der Friedenstraße!) entquollen, bereits einen salzigen Geschmack hatten. Unter Wittekind selbst steht kein Salzlager, vielmehr wird die Solquelle gespeist von einem Salzgrundwasserspiegel, der von der Marktplatzverwerfung her das ganze Spaltennetz des älteren Porphyrs erfüllt (Weigelt). — 1a. Die in der Urkunde vom 27. 7. 961 erwähnte Salzquelle ist wohl unsere Giebichensteinsche, nicht die hallische wie Hertzberg I, 32 meint. Erstlich weist der lateinische Text deutlich auf die Giebichensteinsche Quelle (Givicansten cum salsugine ejus!) wie das schon Dreyhaupt I, 14 betont, die hallischen werden in der Folge des Textes erwähnt: der Kaiser schenkt außer dem Giebichensteinschen auch die übrigen salzigen Gewässer des Gaues Neletici, das können nur die hallischen sein! Andere gab es in unserem Gau nicht! Sodann weisen die Dichtigkeit und Wohlhabenheit der uralten Siedelungen, wie auch die stattliche Volksburg auf die Ausbeutung des höchst wertvollen Salzgutes in unserm Orte hin. Zuletzt sei erwähnt, daß der Quell in alter Zeit kräftiger und sicherlich stärker geflossen ist. — 2. Möglich, daß der Brunnen, der damals schon wenig oder gar nicht mehr vom Kloster benutzt wurde, bei solcher günstigen Gelegenheit endgültig von den Pfännern der Stadt aufgehoben, gewissermaßen aus der Welt geschafft wurde. Freilich redet der Vertrag vom 30. 7. 1263 nur davon, daß innerhalb der Stadtmauern Halles kein neuer Brunnen gegraben werden dürfe zum Nachteil der schon bestehenden vier Brunnen! — 3. Es gedieh eine umfangreiche Salzflora hier, schon in dem Chausseegraben (der Magdeburger Chaussee, Reilstraße) fand sich das speerästige Schwadengras (Glyceria distans) mit graublauem, bleifarbenem Aussehen, welches auf Kochsalz im Boden schließen läßt; am Fuße des Reilschen Berges standen aber Gewächse, die sonst nur am Meeresstrand und an den Salinen vorzukommen pflegen, so der Meerstrandswegerich (Plantago maritima), der Meerstrandsdreizack (Triglochin maritimum), die mittlere Schuppenniere (Lepigonum medium), der zahnblättrige Steinklee (Meliotus dentale) und das salzliebende Moos (Pottia Heimii). — 4. Man ließ noch einige Ellen tiefer einhauen, in der Meinung, noch eine bessere Quelle zu finden, fand sich aber betrogen, da nicht ein Tropfen Nasses zu spüren war. Auf dem Grunde des Brunnens fand man drei Menschenköpfe (Dr.: einige Hirnschädel von Menschenköpfen), einer „so ganz schwarz als ein Marmor mit ganz weißen Zähnen ist gen Hofe nach Berlin gesandt worden“, „ferner funden sich noch 2 Köpfe, so gantz braun und schön wie Marmor poliert anzusehen gewesen“. — 5. Manche schoben die Schuld des verfehlten Unternehmens auf das frische Holz und die schlechten Reisdornen. Das gewonnene Salz enthielt viel Salpeter und die Herstellung einer Last Salz kam auf 23 Taler zu stehen, dagegen stellte das hallische Salzwerk viel besseres Salz für nur 10 Taler Unkosten her. — 6. Er war der Inhaber des Fritzeschen Papiergeschäftes am Markte. Er wollte sich in Giebichenstein einen Landaufenthalt besonders für seine erkrankte Tochter herrichten. — 6a. Der Besitzer des neuen Bades, Thiele, suchte 80 Tonnen zu verbrennen. Die Kohle nahm aber in ihrer Mächtigkeit ab, ein Abbau nach Westen zu würde sehr bedeutende Entschädigungen gefordert haben, so kam des Besitzers bergmännisches Unternehmen schon 1848 wieder zum Stillstand. — 6b. Ehemals war eine kleine Schurfstelle einer sandigen Kohle an der Promenade zu sehen. — 7. Schon Dreyhaupt II, 786 bekämpft die irrige Ansicht, daß Herzog Wittekind oder sein Sohn etwa Wittekind gegründet

oder überhaupt in unserem Lande irgendwo gesessen hätten, sie seien vielmehr im Westfalenlande geblieben. Desto merkwürdiger ist es, daß trotz Dreyhaupts Autorität auf die alte Sage zurückgegriffen wurde. — 8. Der Saal mit der Winterkolonnade umfaßt etwa 800 Personen. — 9. Die Villa mußte später (1912), als der Reilsberg (Zoologischer Garten) in den Besitz der Stadt übergegangen war, 3000 Mark an die Stadt für die Bewilligung des Fensterrechts nach der östlichen Grenze in den Park zahlen. Die Villa Charlotte gehörte damals schon nebst dem Bade Wittekind der Stadt selbst! — 9a. Die Platte stammt aus dem im Solschachte gefundenen Tonstein. Er findet sich im Bürgerpark, auf Schmelzers Berge, im Solschachte usw., doch nicht in geschlossenen Bänken. — 10. Ueber die Wirkung und Verlauf einiger interessanter Kuren schrieb der langjährige Badearzt Dr. Gräfe in seinem schon 1849 erschienenen Büchlein: „Ueber die Wirksamkeit des Solbades und Salzbrunnens Wittekind bei Giebichenstein und Halle a. S." 105 Seiten. — 11. Aus der Zahl der Besucher des Bades sei König Friedrich Wilhelm IV. besonders erwähnt wegen der Tragik, die sich an seinen Besuch anknüpft. Er wohnte vom 6. bis 10. 9. 1857 auf Unterburg Giebichenstein und hielt um diese Zeit die Königsmanöver ab, weihte auch am 8. 9. den Neubau der Klosterkirche auf dem Petersberge ein. Danach weilte er in glänzender Fürstengesellschaft bei einem Festessen im Saale des Bades Wittekind. Hier hielt er, ein ausgezeichneter Redner, eine Ansprache, bei der er plötzlich das Gedächtnis verlor, so daß er mitten in ihr abbrechen mußte und den Faden nicht wieder fand. Die Feier fand einen traurigen Abschluß, der schwerkranke König reiste alsdann nach Berlin zurück. — 12. Und im nächsten Jahre 16300 Mark für Umbau der Abortanlagen im Kurhause Wittekind.

Der Bürgerpark.

(Der Reichardt-Schmelzersche Garten: der Unter- und Ober-Schmelzer.)

Der Bürgerpark wird im Westen von der Seebener Straße, im Norden von der Wittekindstraße und im Süden von der oberen Friedenstraße begrenzt. Er zieht sich von dem Tal der Seebener Straße zu der Höhe der Friedenstraße empor. Seine Gestalt ist ungefähr ein gleichseitiges Viereck, die Flucht an der Seebener Straße ist freilich sehr gekürzt. Seine Größe umfaßt 3,36 ha, also etwa 14 Morgen, sein Wert ist in dem Stadtbesitz mit 140885 Mark eingeschätzt. — Der Park hat einen zwiefachen Charakter: der südliche bergige Teil mit alten Grotten und Stufenwegen ist in Waldanlage gelegt, hundertjährige schattige Bäume, allerlei größeres Buschwerk, unter ihm zahlreiche Ruhebänke machen ihn an heißen Sommertagen zu einer trefflichen kühlen Erholungsstätte für groß und klein; der andere Teil ist Ebene, die auf die Seebener Straße mündet: schöne, weite Flächen grünen Rasens, einfach, durch nichts unterbrochen und so geschmackvoll, beruhigen das Auge, vereinzelt stehen ein paar alte bisweilen vom Epheu umschlungene Bäume. Ein rokokohafter Steintisch, ein paar abgebrochene Postamente, auf denen ehemals Urnen oder Aloëpflanzen standen, einige Grottenwege, eine Tafel mit dem Goethischen Distichon an die Nachtigall unter alten Bäumen in einer Grotte eingelassen, zuletzt die alten hohen schattenden Kronen: das sind die letzten Erinnerungen aus der reichen Vorzeit, die dieses Stückchen Park erlebte.

Ursprünglich gehörte das gesamte Gelände einer alten Oekonomie, die an der Seebener Straße auf der südlichen Hälfte der Front lag, und zwar sprang sie bis zur Mitte der Straße vor, die hier durch alte gegenüberliegende Gebäude einen Engpaß bildete. Es war eine breite Torfahrt, große hölzerne Flügel an gemauerten Pfeilern; rechts, wenn man eintrat, zog sich eine große Scheune entlang, links erstreckte sich an der Straße entlang das schmucklose, durch die Enge verdüsterte, glattgeputzte 2stöckige, 8fenstrige Wohnhaus mit hohem abgewalmten Ziegeldach; ein Flügel, von hohen Bäumen beschattet, zog sich nordostwärts und schloß den kleinen Oekonomiehof ein, der im Südosten durch Scheunen- und Stallgebäude vom Gemüsegarten abgeschnitten wurde, eine Durchfahrt führte zu diesem. Auf dem Hofe stand ein immer fließender Brunnen, Tauben girrten empor, Hühner gackerten, Enten schnatterten; alte Holzgänge führten, von Pfosten getragen, an den Seiten entlang: eine freundliche Idylle, die schon Reichardt 1791 entzückte. Durch die Durchfahrt trat man in den Gemüse- und Obstgarten, er zog sich die gesamte epheuumsponnene Steinmauer des ehemaligen Schützenhauses entlang, heute ist sein südlicher Teil Kinderspielplatz geworden. Er war ein echter Bauerngarten, rechteckige Beete mit allerlei Gemüsearten bepflanzt, Stachel- und Johannisbeeren an den Wegen dienten als Einfassung. Hinter ihm lag der Park, dicke Fliederbüsche, die jetzt noch stehen, grenzten ihn ab.

Die alte Oekonomie hieß im Volksmunde das Kloster. Es hieß, sie sei ein ehemaliges Kloster gewesen. Ich verlege nach meinen Untersuchungen den mittelalterlichen „Brunnstein“ hierher. Dies war wohl ein Klosterhof des Klosters Neuwerk, den es wegen des nahen Solbrunnens angelegt hatte. In den Wirren mit Erzbischof Ruprecht eigneten sich die Bürger der Stadt den Hof wohl mit Zustimmung des Klosters an, doch Erzbischof Otto forderte ihn 1339 als geistliches Gut zurück.[1]) Der Hof kam an den Erzbischof, so daß sich die erzbischöflichen Oekonomiebaulichkeiten von der Schäferei (unter der Kirche gelegen) bis zum Weinberg (Reilsberg) erstreckten. — Wohl zur Zeit der Aufhebung des Neuen Stiftes wurde der ehemalige Klosterhof als Privatbesitz veräußert; um 1750 ist er das Kramersche Kossatengut, zu dem an 20 Morgen Land gehörte. Dreyhaupts Kupferstich (II, 850) zeigt das alte Oekonomiegebäude, wie wir es noch gesehen haben. Doch das gesamte Grundstück umschließt eine Lehmmauer, nicht ein einziges Haus dämmt es im Norden (an der heutigen Wittekindstraße) ein, alles ist frei Feld. Im Garten sieht man Beete von Gemüse, ein vierseitiges Gartenhäuschen, einen Obstanger, in dem südöstlich der „Marmorbruch" liegt, dort wo der Berg ansteigt, wo heute das Arbeiterhäuschen an den Felsen angebaut ist.[2]) An der Südostgrenze des Gartens, an der Wittekindstraße, findet man auch die Schieferhalden des ehemaligen Steinkohlenbaues (s. Giebichenstein, Allgemeines). — Das Kossatengut kam an einen gewissen Kästner, von diesem an den Amtmann Stöcklein aus Gutenberg, es waren 20 Morgen Garten und verschiedene Aecker zwischen Galgen- und Reilsberg. Oktober 1791 mietete sich hier Johann Friedrich Reichardt, der bedeutende Komponist und Kapellmeister Königs Friedrich Wilhelm II. ein,[3]) am 2. 6. 1794 kaufte er das Gütchen für 9300 Taler in Friedrichdors mit dem Gelde seiner Gönnerin, der Fürstin von Anhalt-Dessau.[4]) Der hochstrebende, phantasievolle Mann wollte etwas im kleinen schaffen, das der Fürst von Dessau in Wörlitz, Goethe zu Weimar im großen geschaffen hatte, einen prächtigen Naturpark im Gegensatz zu den Rokokogärten eines absterbenden Geschmacks. Um 1800 ist der Park so gut wie fertig. alle Gartenziererei war vermieden, eine Menge einheimischer und nordamerikanischer Bäume schmückten ihn, ansteigende Höhen und kleine Täler machten ihn mannigfaltig, während die Ebene am Hause in Rasen und Gebüsch gelegt war. Der Küchengarten war abgesondert in einem Winkel angelegt. Es durfte nirgends auf Vögel oder sonstige Tiere geschossen werden, Rebhühner konnten brüten, Hasen ungestört das Kraut benagen, viele Nachtigallen nisteten in den Büschen,[5]) auch eine Maulbeerplantage wird in der gerichtlichen Taxe erwähnt, welche die Gebäude auf 3600 Taler, den Garten und Park auf 4700 und die Aecker auf 8460 Taler (zusammen auf 16760 Taler) abschätzt. — Reichardt hatte den Ruhm, in kürzester Zeit den berühmtesten Park Halles geschaffen zu haben. Das reizende Besitztum wurde bald der Sammelpunkt vieler Schöngeister und Professoren von Halle, wurde auch im Laufe der Jahre von vielen bedeutenden Fremden besucht. Goethe wie die jungen Romantiker sichern ihm einen Platz in der deutschen Literaturgeschichte. Reichardt hatte dem hochverehrten Dichter verschiedene Besuche in Weimar abgestattet, Goethe erwiderte sie und suchte Reichardts „höchst gefälligen Familienkreis in einem romantisch gelegenen Aufenthalt" wiederholt auf,[6]) zum ersten Male am 22. 5. 1802, er verweilte Sonnabend und Sonntag bei Reichardt und fuhr Montags nach Lauchstädt zurück, zum zweiten Male finden wir ihn schon am 17. bis 19. Juli 1802 hier, um wiederum die ländliche Stille des Gartens zu genießen, und im nächsten Jahre verbrachte er die Abende des 5. und 6. Mai in Giebichenstein, er las den ersten Akt seiner „Natürlichen Tochter" vor.[7]) Noch zu unserer Zeit stand an dem Gartenflügel des Hauses ein alter Rosenstock rechts, wenn man aus der Haustüre hinaustrat, den Goethe selber gepflanzt haben soll. — Eine stattliche Reihe anderer bedeutender Männer kehrten ebenfalls bei dem gastfrohen Komponisten ein: der berühmte Fr. A. Wolf (mit Goethe), der Dichter Lafontaine, der Naturforscher Forster, Jean Paul, Voß, vor allem aber die jungen Romantiker. Schon früher hatte Novalis hier geweilt, ebenso Tieck[7a]) dann aber 1806 Eichendorff, ebenso Arnim, Brentano, der Philosoph Schelling, während der Norweger Steffens sich mit der Tochter Reichardts verlobte. Arnim weilte sehr oft bei Reichardt, edel und vornehm sprach er nur wenig und war sehr zurückhaltend; Brentano dagegen, wunderlich in Figur wie in Rede, ließ seiner Phantasie wie überall auch hier den freisten Lauf. Arnim wie Eichendorff lauschten den vielen Nachtigallen wie auch dem Sange und der Waldhornmusik der schönen Töchter Reichardts an lauen und stillen Frühlingsabenden. Besonders die schlanke, geistreiche und schöne Luise war berühmt durch ihre Kunst, sie trug Volkslieder oder Gedichte Goethes, Tiecks, Novalis, die ihr Vater komponiert hatte, vor, sie glich im Dunkel des Parks, die Harfe in der Hand, in ihrem berückenden Gesang einer Fee.[8]) Auch der geniale romantische Prinz Louis Ferdinand fuhr wiederholt von seinem Schloß Wettin nach Giebichenstein herüber. Schleiermacher kam auch zu Besuch, der Professor der Theologie in Halle, seine Monologen war ein Lieblingsbuch Luisens. Auch Eichendorff weilte in diesem Kreise als junger Student, die Ruine Giebichenstein und der Reichardtsche Garten fesselten ihn am meisten von der Umgebung Halles: „Völlig mystisch erschien gar vielen der Garten mit den schönen und geistreichen Töchtern. Dort aus den geheimnisvollen Bosketts schallten oft in lauen Sommernächten wie von einer unnahbaren Zauberinsel Gesang und Guitarrenklänge herüber: und wie mancher Poet blickte da vergeblich durch das Gittertor oder saß auf der Gartenmauer zwischen den blühenden Zweigen die halbe Nacht, künftige Romane vorausträumend.“[9])

Das verhängnisvolle Jahr 1806 brachte dem reizenden Zauberleben in dem Reichardtschen Parke ein jähes Ende. Die frohe Jugend ward überall zersprengt und verjagt; Reichardt selbst, der maßlose Napoleonshasser, mußte schleunigst flüchten, in nächster Nähe bei Cröllwitz, als das Treskowsche Regiment geschlagen, setzten die Franzosen über die Saale. Als Reichardt dies von der Anhöhe seines Parkes (dem heutigen Oberschmelzer) sah, spannte er augenblicks seine Pferde an, verließ Giebichenstein und erreichte glücklich Königsberg.[10]) Nach mannigfachen Reisen und einem Aufenthalt in Cassel kehrte Reichardt im September 1811 nach Giebichenstein zurück, seine Frau war einige Zeit vorher heimgekehrt: er fand das Haus noch verwüstet, von allen Möbeln entblößt. Die glücklichen Tage kehrten nicht wieder. Wirtschaftliche Sorgen, Kränklichkeit, zuletzt die schweren Tage des Befreiungskrieges[11]) ließen den stolzen Mann immer mehr dahinsiechen, bis er am 27. 6. 1814 am Nervenschlag verstarb. Er wurde am 28. 6. abends 6 Uhr bestattet.[12]) Endlich am 2. 7. 1817 wurde das tief verschuldete Besitztum öffentlich versteigert. Der Amtsrat Bartels erstand es für 11000 Taler. Die Witwe scheint noch einige Zeit hier gewohnt zu haben. Am 18. 5. 1824 kaufte der Professor der Universität Geheime Justizrat Schmelzer den Reichardt-Park mit dem alten Wohnhause (seit 1839 Unterschmelzer genannt) für 5200 Taler. Er ließ den Park wieder herstellen und verschönerte ihn durch mancherlei: auf halber Bergeshöhe der Südseite erhob sich ein Borkenhäuschen, mit Schilf gedacht, von diesem Häuschen führt jetzt eine kleine Rasenterrasse herab, dies waren ehemals kleine Kaskadenwasserfälle, die von oben durch eine Holzröhrenleitung gebildet wurden. Unterhalb sammelte sich das Wasser in einem runden Bassin. Mitten auf dem unteren Rasenbeete südlich vom Unterschmelzer erhob sich eine Fontäne, deren Steineinfassung noch lange zu sehen war. Dicht bei den heutigen Steinpostamenten, auf denen mächtige Aloëstauden thronten, und Weinlauben stand ein Gewächshaus, mit flachem Zinkdach gedeckt, mitten hindurch ging der Weg. Schmelzer benutzte das alte untere, etwas düstere und durch ein unliebsames Abenteuer[13]) nicht anheimelnde Haus als Sommerwohnung, bis er sich 1839 auf der Höhe der heutigen Friedenstraße, des alten Schlittenberges (Schlippenberges), wo die Giebichensteiner Jugend im Frühjahre ihre Ballspiele abhielt, eine neue Villa in einfachem geschmackvollen Stil erbaute (den Oberschmelzer).[14]) Es ist ein 2stöckiges aus verschiedenen Teilen bestehendes weitläufiges Haus, dem 3fenstrigen quadratischen Eckhaus setzt sich ein 1stöckiger 1fenstriger Zwischenbau an, diesem das eigentliche 7fenstrige 2stöckige Wohnhaus, dann wieder ein kleineres 1stöckiges Stück, die alsdann folgenden Schuppen und Scheunen sind 1907 von der Stadt abgerissen worden. Eine Treppe aus Natursteinen führte an der Westgrenze steil zu der neuen Villa empor. — Am 13. 5. 1844 nach dem Tode Schmelzers kaufte für den Fiskus der Stadtrat Wucherer den Park mit beiden Gebäuden für 14000 Taler. Sie dienten den Badegästen des neu gegründeten Bades Wittekind vielfach zum Aufenthalte. Der allmählichen Vernachlässigung des Besitztums seit 30 Jahren wurde durch den Verkauf an die Stadt Halle für 35000 Mark am 31. 12. 1902 ein Ende gemacht.[14a]) Park wie Gebäude erfuhren Verbesserungen bezw. Veränderungen; die nahezu 100 Jahre alten sehr solide gebauten Parkwege waren noch gut in Stand, es wurden aber 2 neue Parkwege als direkte Verbindung mit Bad Wittekind und mit der Seebener Straße an der großen Wiese in grader, kürzester

Linie hergestellt; ein großer Kinderspielplatz teils auf dem Gelände der alten Oekonomie entstand 1903, diese (der Unterschmelzer) wurde leider 1903 abgerissen, um den Engpaß der Straße dadurch zu beseitigen, statt der Einfriedigungsmauern wurden Stakete gesetzt. Die Waldpartien des Parkes wurden gelichtet, 50 große abgestorbene Bäume mußten entfernt werden[15]) und 36 Promenadenbänke wurden für Ruhebedürftige aufgestellt. Der frühere Obstanger (53 Obstbäume), sein Erdrücken, südlich des ehemaligen Unterschmelzers, wurde abgetragen und zur Wiese umgegraben; der Spielplatz wurde mit 18 Platanen bepflanzt, 1500 Sträucher und einige hundert Blütenstauden wurden neu gesetzt. Der alte Flutgraben, der parallel der Wittekindstraße unter Buschwerk zur Seebenerstraße läuft und dort in den Kanal mündet[16]), einige Fuß tief und einige Fuß breit, wurde 1905 ummauert, er nimmt die vom Berge niedergehenden Wasserniederschläge auf; er empfängt noch heute die Sickerwässer, die aus dem ehemaligen Stollen, den man 1817 kaum hundert Schritte oberhalb (östlich) bis unter die Friedenstraße trieb (s. Giebichenstein, Allgemeines), hervorquellen. Endlich wurde 1913 der Park, der nur wenig geschmackvoll unter Totschweigen der ruhmvollen Vergangenheit und seiner Schöpfer nichtssagend „Bürgerpark" genannt wurde, an der Wittekindstraße neu eingefriedigt auf Sockeln und Pfeilern in Bruchsteinen und Zwischengatterung in Holz. Leider mußte auch das alte Borkenhäuschen wegen Baufälligkeit abgerissen werden.[16a]) — Für den Oberschmelzer mußten 13200 Mark Umbaukosten 1907 ausgegeben werden (die Hälfte der gesamten Feuertaxe von 26200 Mark!!).[17])

Anhang.

1. Domkapitel und Magdeburger Rat sprachen in ihrem Urteil den Hof dem Erzbischof zu, s. übrigens das Nähere mein Buch „Giebichenstein" 1914. S. 65. — 2. Der Giebichensteiner „Marmor" ist ein Tonstein von meist bläulich-grauer Farbe, ist von roten Adern durchzogen. Er kommt selten in großen Stücken vor, er wurde zu Platten geschnitten und geschliffen, so daß er dem Marmor ähnlich sieht, ist aber nicht so bauerhaft wie dieser. Er wurde im Garten, auf dem Berge des Parks, auch im Solbrunnen des Bad Wittekind (s. d.) und an anderen Stellen gefunden, doch nicht in geschlossenen Bänken. — 3. Reichardt (am 25. 11. 1752 in Königsberg geboren) war Kapellmeister Friedrichs des Großen gewesen, dann nach verschiedenen ausländischen Studienreisen, musikalischen Kompositionen und Opernschöpfungen, wegen seines leidenschaftlichen oft brüsken Auftretens zurückgesetzt, zog er sich von seinem Berufe zurück, nach dem Urlaub im Oktober 1791 und nach den Reisen in London, Stockholm und Kopenhagen erhielt er 1794 vom König Friedrich Wilhelm II. seine Entlassung und ging endgültig nach Giebichenstein mit der Sinekure eines Salinendirektors. Vgl. das in einigen Notizen mit Vorsicht zu benutzende Buch von C. Lange: „Joh. Fr. Reichardt, Denkschrift zum 150. Geburtstage", Halle 1902. — 4. Vermutlich gab sie die 2000 Taler Anzahlung beim Kaufe des Gutes. Das offene Haus, das Reichardt führte, die vielen Gäste, sein und seiner Frau unwirtschaftlicher Sinn verschuldeten

das Besitztum bald immer mehr: Ostern 1796 hatte der Amtsrat Bartels die erste Hypothek von 5000 Talern, 1798 und 1799 wurden zwei weitere Hypotheken von je 1000 Taler eingetragen, 1801 eine neue Hypothek von 3000 Talern. — 5. Vgl. Steffens: Was ich erlebte, Band V; Steffens heiratete eine der Töchter Reichardts, Johanna (geboren 1784), er war Professor der Naturwissenschaften, Dichter und Philosoph in Halle, Breslau und Berlin. Er hat in seiner eingehenden Lebensbeschreibung viel über Reichardt und seinen Familienkreis berichtet. — 6. Den Dank an Goethe, dessen Gedichte ihn zu Kompositionen und dessen Park ihn zu seinem eigenen angeregt hatte, trug Reichardt dadurch ab, daß er das berühmte Nachtigallenepigramm, das Goethe am 6. 5. 1782 an Frau von Stein gesendet, dann im Park von Tiefurt unter das Oesersche Steinbild eines Amors gesetzt hatte, auch in seinem Park auf Stein eingraben ließ. Er ist heute noch zu sehen. — 7. Reichardt vertonte schon 1780 Goethesche Lieder, im April 1789 besucht er Goethe in Weimar. Das geräuschvolle, aufbrausende Wesen Reichardts stößt zunächst Goethe ab: Goethe nennt ihn in einem Briefe den Spitz von Giebichenstein, auch nimmt er ihn in den Xenien mit. Doch als Goethe Anfang 1801 schwer erkrankt war, schreibt ihm Reichardt einen mitempfindenden Brief. Goethe antwortet ihm bereits am 5. 2. und so besucht er den Komponisten im Mai von Lauchstedt aus. Falk erzählt in seinem Nachlaß einige ergötzliche Anekdoten: Goethe kam mit seinem damals 13jährigen Sohn August, der machte sich zu Reichardts größtem Aerger den schönen großen Park auf seine Weise zu Nutze: er stieg auf die Bäume, nahm die Vogelnester aus und aß sie als Rührei, ebenso die Eier des Taubenschlags. Ferner: Reichardt fuhr gewöhnlich in einem geschlossenen Wagen; als aber Goethe bei ihm war, fuhr er, trotzdem es sehr kühl war und alle Augenblicke Regen drohte, im zurückgeschlagenen Wagen nach Halle: alle Welt sollte sehen, welchen berühmten Gast er bei sich hatte. Vgl. meine Aufsätze „Johannes Falks Reise durch Halle 1803" im Luginsland I Halle 1907/8. — 7a. Tiecks Trauerspiel Genoveva entstand zum größten Teil während seines Giebichensteiner Aufenthalts. — 8. Besonders wenn sie Brentanos Lied: „Durch den Wald mit raschen Schritten" sang. Luise, die geistreichste Tochter des geistreichen Vaters war ruhigen und stillen Gemütes; sie sprach leise und hatte schwere Seelenkämpfe zu bestehen. Sie war zweimal verlobt und beide Verlobte starben ihr. Später ging sie nach Hamburg, bildete hier eine musikalische Schule, übte eine großartige Mildtätigkeit und starb, 47 Jahre alt, 1826 daselbst. — 9. Eichendorff hat die zauberhaften Eindrücke der Schönheit der Natur, des Saaletals, der Ruine, wie der schönen liederfrohen Töchter Reichardts als alternder Mann 1841 in seinem Gedichte „Bei Halle" noch einmal ausklingen lassen. — 10. Seine Frau, geb. Alberti aus Hamburg, sehr verwöhnt, in der Jugend wegen ihrer Schönheit hoch gefeiert, früh verheiratet an den jung verstorbenen Dichter Hensler, dann an Reichardt, der sie wie eine Fürstin, überall bedient, in ihrem kleinen Reiche schalten ließ, das sie selten verließ, von allen pekuniären Sorgen verschont, mußte, gänzlich aus der Fassung gebracht, bei ihrem Schwiegersohne Steffens eine bescheidene Unterkunft suchen, indessen sich ihr Mann auf Reisen befand. Später, als Reichardt bei Jerôme, dem König von Westfalen, als Musikdirektor in Cassel Anstellung gefunden hatte, ließ er 1808 seine Familie nachkommen, um sie durch seine Unvorsichtigkeit, er mußte wiederum schleunigst aus Cassel flüchten, neuen Unannehmlichkeiten auszusetzen. — 11. Seine beiden Schwiegersöhne Steffens und von Raumer (Professor der Geologie in Breslau, dann in Halle, zuletzt in Erlangen) zogen als preußische Offiziere gegen den Erbfeind aus. — 12. Das erste Grab Reichardts soll sich der Sage nach im Parke befunden haben. In der Tat steht man hier ziemlich auf der Höhe auf einem freien Fleckchen eine Art Grabstein mit den Emblemen der Musik. Später erst sollen seine Gebeine auf dem alten Kirchhof beigesetzt sein, östlich der Giebichensteiner Kirche. „Die Freundschaft" widmete ihm den dortigen

Denkstein, er wurde im 150. Geburtstage erneuert „von Urenkeln, Freunden und von Bürgern der Stadt Halle", auch ein kunstvolles eisernes Gitter wurde um das Grab gesetzt. — 13. In dem oben erwähnten Seitengebäude hörte einstmals ein Fräulein Schmelzer ein verdächtiges Geräusch in der oberen Etage. Sie schleicht sich leise an die Tür des betreffenden Zimmers, steckt möglichst geräuschlos einen Schlüssel in die Tür, schließt auf und sieht beim Oeffnen eben noch eine Person durch das Fenster entschwinden. Am andern Morgen fand man eine Leiter am Fenster stehen und an dieser hing ein Sack mit dem Schmelzerschen Silberzeug. Bei Fräulein Schmelzer hatte aber der Schreck eine wunderbare, so oft für unmöglich gehaltene Wirkung hervorgerufen: ihr lockiges Haar war in jener Nacht silberweiß geworden, was dem jugendlichen Gesicht nicht schlecht stand. — 14. Das Landhaus auf freier Höhe gewährte einen weiten Umblick: über die Felder bis zur Stadt, links über die doppelbepflanzte Magdeburger Chaussee zum Galgenberg, rechts über den Kirchhof und seitwärts in das Saaletal auf die flutende Saale. — 14a. Die Stadt übernahm die Verpflichtung, den Park zum größten Teil als Park den Bewohnern der Stadt Halle auf ewige Zeiten zu erhalten. Die Jahresnutzung des Gesamtgrundstücks wurde auf 1145 Mk. abgeschätzt, der Wert auf 140885 Mk. — 15. 50 zweispännige Fuhren an Abraum, Laub, Zweigen, Geröll usw. wurden abgefahren. — 16. Es ist der alte Abzugsgraben für die „wilden" Gewässer, den man 1705 gegraben hatte, siehe Bad Wittekind. — 16a. Seine acht Flächen waren mit Holzstücken belegt, dazu kamen vier Eingänge, an die Wände waren Bänke gezimmert, das Dach lief in eine hochragende Spitze aus. — 17. Vgl. mein Feuilleton in der Saalezeitung vom 1. 4. 1909, Nr. 154.

Die Seebener Straße.

Die Seebener Straße hieß bis zur Eingemeindung (1900) „Trothaer Straße", wurde alsdann „Seebener Straße" genannt, da ihre Verlängerung über die Magdeburger Chaussee den Feldweg nach Seeben bildet. Ehedem, in der Zeit des alten Dorfes Giebichenstein, hieß sie mit Recht Trothaer Straße, da nur sie das Dorf mit dem nächstliegenden Dorfe Trotha verband, dessen Flur bereits bei den Klausbergen begann. Unsere alte Trothaer Straße ist die uralte Abzweigung von der Magdeburger Heerstraße gewesen, die als Feldweg über den Auslauf der Klausberge führend an der Unterburg Giebichenstein vorbeizog und in der heutigen Burgstraße, ebenfalls einem Feldweg (s. d.), ihre Fortsetzung fand. Sie ist die älteste Straße des ältesten Dorfes Giebichenstein, deren Westseite die Unterburg und die Alte Burg bildeten, deren Ostseite dagegen von den erzbischöflichen Oekonomiegebäuden, dem Schafstall und anderen Gehöften, dann vom Brunnstein (siehe Bürgerpark), zuletzt vom erzbischöflichen Weinberg (Reilsberg) eingenommen wurde. Im 18. Jahrhundert finden wir einige kleine Oekonomien auf dieser Seite, so das Kramersche (Kästnersche) Gut (s. Bürgerpark), daneben südlich das alte Giebichensteiner Schützenhaus, ein zweistöckiges 6fensteriges Haus in Wellerwänden mit Trittstufen und kleinem Vorgärtchen, indessen sich hinterwärts zum Schlittenberge hi– dem heutigen Bürgerpark benachbart, die Schießstände befanden. Um die Wende des 18. Jahrhunderts erstand der prächtige Reichardtsche Park, um 1820 war der Düffersche Garten (Saalschloßbrauerei) vorhanden. Sie durchbrachen den kleindörflichen Charakter der Straße, der sich besonders bei dem Engpaß des Unterschmelzer bemerkbar machte. Hinter (nördlich) dem Düfferschen Garten waren einige Häuslerhäuser entstanden, darunter das Armenhaus des Dorfes, gegenüber (Ecke Angerweg) lag, etwas erhöht, von Flieder fast verborgen, durch den die schmalen Wege etwas hoch führten, das einstöckige 6fensterige, mit Erkerbau in der Mitte versehene Götzesche Häuschen. Nördlich begann schon Trothaer Gebiet. Die häßlichen Arbeiterhäuser gleich am Reilschen Berge verunzierten freilich. — Nach dem deutsch=französischen Kriege wurde 1872 auf dem ehemaligen Düfferschen Grundstück die Saalschloßbrauerei, das „wundervolle Etablissement" eingerichtet, das sich immer mehr hob und erweitert wurde, gegenüber um 1891 baute man eine neue Wirtschaft: die „Reilsburg". — Durch die Eingemeindung verschwand der ländliche Charakter unserer Straße immer mehr, schon 1882 hatte sie bis zur Saalschloßbrauerei Pferdebahn erhalten (1898 elektrisch), die Gesellschaft richtete auch ihren elektrischen Betrieb (Maschinenhaus usw.) hier ein. Der Engpaß der Straße am Unterschmelzer, den man abriß, verschwand 1903, ebenso das alte Schützenhaus, neue geschmackvolle hohe Mietshäuser entstanden, ebenso gegenüber dem Bürgerpark, dem ehemaligen Reichardt=Schmelzerschen Garten; weiter nordwärts wurden die häßlichen Nagelschen Arbeiterhäuser abgerissen, der Reilsberg wurde in einen Zoologischen Garten umgewandelt, gegenüber (nördlich der Saalschloßbrauerei) erstanden einige moderne Familienhäuser. Zuletzt trug man den hindernden Buckel der auslaufenden Klausberge ab, etwa 3—4 m tiefer wurde die Straße gelegt und gepflastert, der große Götzesche Garten gab einer Anzahl hoher Mietshäuser Raum, auch das letzte Nordstück der Straße wurde auf der Ostseite mit hohen Häusern bebaut, indem man den großen Garten des Glocke=Etablissements aufteilte. So hat die Straße besonders hier modernen Charakter erfahren, wie in der Gegend des Bürgerparks, während der Anfang davon verschont blieb.

Nr. 1, die Unterburg Giebichenstein (s. oben).

Nr. 13, die Saalschloßbrauerei. Zu Anfang des 19. Jahrhunderts legte der Professor der Medizin Düffer, einer der reichsten Bürger der Stadt,[1]) an dem Südabhang der Klausberge einen malerischen Park an, den er im Geschmack der Zeit mit einer künstlichen Tempelruine auf vorspringender Felsenkuppe, die etwa 1860 zum größeren Teile wieder verschwand, und im Tale mit einem ausgegrabenen Teich und darinnen mit einer Rousseau-Insel verzierte. In dem schönen Garten widmete sich dann ganz zurückgezogen Arnold Ruge der Hegelschen Philosophie.[2]) 1848 zog Ruge fort; das Grundstück wurde an den Forstinspektor Bach, einen Schwager des Amtsrats Bartels verpachtet, der damals Pächter der Domäne war. Später mietete es der General von Berg; nach 1860 kaufte es die hallische Zuckerraffinerie für 9000 Taler, dann Kircher, der erst eine Goldleistenfabrik hier errichtete. Dann gründete er eine Brauerei (Schauer & Comp.). Im Mai 1872 wurde das Grundstück in einen öffentlichen Vergnügungsgarten, den der Hallischen Saalschloß-Aktienbierbrauerei, umgewandelt. Dem ursprünglich einfachen Vorderbau wurde ein südlicher Flügel mit Gesellschaftszimmern und einem Saal angebaut, ebenfalls wurden hier Eiskeller, Lagerräume und die Brauerei bis zum Saaltal hinab sich erstreckend, errichtet. Eine Veranda wurde geschaffen, neue Parkanlagen und Terrassenwege. Kircher verlor, von seinen Direktoren betrogen, sein Vermögen, so gingen 1877/78 Brauerei, Wirtschaft und Park sehr billig im Konkurse an den Brauereibesitzer Wilhelm Rauchfuß über, der dem Park zu neuer Blüte verhalf. Trat man vom Saalwege aus in den Garten, so war linker Hand der Kinderspielplatz, dann zogen sich rechts wie links Rasenrabatten mit Rosenstöcken, dahinter Fuchsienbäumchen, die terrassenförmig sich bis zu 2 m Höhe erhoben; dann öffnete sich unter schattigen Kastanien der Konzertplatz, rechts lagen die Veranden, deren große von der hallischen Gewerbeausstellung 1881 (s. Maille) überführt wurde, das Orchester, dann der Saal, geradeaus stieg man auf einer breiten Freitreppe zum alten Gesellschaftshause empor. Diesem baute man links, also nördlich, 1890 den großen Saal an, der 1906 unter bedeutenden Kosten vollständig erneuert wurde. In diesem neuen Saal, wie in den acht Restaurationszimmern, sowie im alten kleinen Saal und in den großen Kolonnaden können gegen 3000 Personen Unterkunft finden. Konzerte hiesiger wie ausländischer Militärkapellen, Darbietungen der Gesangvereine, Feste und Feierlichkeiten aller Art fanden statt. 1900: 20000 Konzertbesucher, 1906: 75000. — Die Brauerei wurde später in das neue Gebäude an dem Böllberger Wege überführt (s. d.).

Nr. 53, die Reilsburg (Zoologischer Garten s. unten), eine dreistöckige, mit Eckturm versehene Gastwirtschaft, stattlich über der Straße gelegen, von der breite Treppen emporführen, am Hange des Reilsberges (s. unten) vom Grün der Anlagen umgeben. Sie entstand 1891, vom Besitzer des Reilsberges, Nagel, erbaut. Damals war der Bergpark sehr einfach, einsam und natürlich: man ging durch hohe Föhren, auch durch Unterholz hie und da, die Schlangenwege den Berg hinan, alte verwitterte Steinbänke luden zur Rast ein. Immer mehr entwickelten sich die Ausblicke, vor allem in das noch nicht so wie jetzt verbaute Wittekinder Tal, dann darüber hinaus auch freier, da die Friedenstraße noch nicht gebaut war. Oben auf der Spitze trat man an die überwachsenen Sandsteinplatten des einsamen Grabes von Reil. — 1900/1901 wurde der Reilsberg und die Reilsburg Besitz der A.=G. Zoologischer Garten. — 1909 Besitz der Stadt Halle.

Nr. 58, der Bürgerpark s. oben.

Nr. 59, ehemals das alte Schützenhaus, an dessen Schießständen im hinteren Garten die Giebichensteiner Schützengilde zu üben pflegte. Die Gilde war 1848 durch den Oberamtmann Heinrich Remigius Bartels, Pächter der Domäne Giebichenstein, zur Aufrechthaltung der öffentlichen Ordnung und zum Schutze des Eigentums in der revolutionären Zeit gegründet worden. Später und noch heute übt die Gilde im Schießhaus Fuchs am Galgenberg (s. Angerweg).

Nr. 62, das Depot der städtischen Hallischen Straßenbahn. Es wurde hierher die Kraftstation des elektrischen Betriebes der Bahn verlegt, die 1910 aufgehoben wurde, da die nunmehr städtisch gewordene Bahn durch das städtische Elektrizitätswerk betrieben wurde. Die Anlagen des Werkes wurden für 28000 Mk. zum Abbruch verkauft, und die Räume 1912 für Büros und für eine Lackierwerkstatt hergerichtet. — Das Depot der Bahnwagen befand sich ursprünglich in der Klosterstraße Nr. 5 (s. dort das Nähere), es wurde 1907 nach Giebichenstein in die Seebener Straße verlegt. Die A.=G. Hallische Straßenbahn wurde am 31. Dezember 1910 aufgelöst, das gesamte Bahnunternehmen wurde der Stadt überlassen, Aktien und Schuldverschreibungen in der Höhe von 2181046 Mk. übernahm die Stadt.[3]) Der einheitliche 10 Pfennig=Tarif wurde eingeführt. Das Wagenmaterial waren 37 Motor=, 20 Anhänger= und 6 alte Anhängerwagen. Die Gleisstrecke betrug 8,63 km (einschließlich Nebengleise 14,475 km.[4]) Es waren (1912) 161 Personen beschäftigt, in der Verwaltung: 1 Direktor und 6 Beamte, im Betriebe: 5 Oberführer, 46 Wagenführer, 64 Schaffner, 4 Weichensteller, 3 Streckenwärter, für Sonn= und Festtage außerdem 18 Hilfsschaffner, und in der Werkstatt: 1 Werkmeister, 1 Vorarbeiter, 18 Handwerker, 13 Wagenreiniger, Putzer und Arbeiter. Die Einnahmen betrugen 1911: 569270 Mk. und 1912: 591374 Mk. (ein Mehr von 22103 im Jahre!) — 1913 wurden verschiedene Veränderungen in den Linien A und B unternommen.[5]) Am 4. Mai 1914 wurde die Linie nach dem Dorfe Schönnewitz mit 7 neuen Motorwagen eröffnet mit einem Gleise von 4175 m und 400000 Mk. Unkostenaufschlag.[6]) Durch den Kriegsausbruch 1914 erlitt die Bahn eine empfindliche Störung, von den 198 Personen wurden 144 Beamte und Angestellte ein=

gezogen, auch wurden sämtliche Militärpersonen und Sanitäter unentgeltlich befördert.[7]) — Am 22. Januar 1915 wurde die erweiterte Linie Schönnewitz-Reideburg eröffnet. — Man zählte 48 Motor- und 20 Anhängewagen. — 1916 ging auch die „Stadtbahn" in städtischen Besitz über (s. Berliner Straße, Band II B). Von 1919 ab wurden die gesamten Kassengeschäfte der beiden Bahnen von einer „Straßenbahnkasse" erledigt. Es wurden 685 Personen (1918) beschäftigt, darunter 29 Beamte.[8]) Im Dezember 1918 wurde die achtstündige Arbeitszeit eingeführt. Durch Kohlenknappheit fand beschränkte Wagenfolge statt, auch wurde der Betrieb der Endstücke (Cröllwitzer Brücke, Böllberger Weg und Trothaer Bahnhof) erst 1918 wieder aufgenommen. Da die Einnahmen nicht mehr die Ausgaben deckten, wurde am 1. Oktober 1918 der 10 bzw. 15 Pfg.-Tarif auf 15 bzw. 20 Pfg. erhöht. Dadurch erhöhten sich die Fahrgeldeinnahmen auf 4233999 Mk. (1917: 3203127 Mk.). Die Ausgaben betrugen 2311602 Mk. (1917: 1425399 Mk.). Man zählte 1918: 102 Motor- und 42 Anhängewagen.[9]) — Seitdem ist durch die katastrophale Geldentwertung der Fahrpreis auf 50 Pfg., 1 Mk., 10 Mk., 50 Mk., 100 Mk., 150 Mk., 180 Mk. usw. erhöht worden, ohne die riesigen Fehlbeträge, die durch zu hohe Löhne und Materialienpreise entstehen, zu decken.

Nr. 63, das Pfarrhaus der Kirchengemeinde S. Bartholomäi; ein schmaler Weg führt ostwärts von der Seebener Straße zu dem versteckt unterhalb der Kirche, inmitten eines lauschigen von Beeten und Obstbäumen bestandenen Gartens liegenden einstöckigen, in roten Backsteinen aufgeführten Hauses. Der Garten grenzt an das kahle unbebaute Terrain des Abhangs des Schlittenberges, der Wittekind-Mittelschule gegenüber.

Nr. 64, ehemals die Schäferei des Amtes Giebichenstein, schon im Mittelalter hier dicht unter der Höhe der Bartholomäikirche gelegen. Sie stand für sich abgeschlossen dem Amte gegenüber, im Süden durch eine Bruchsteinmauer gegen den Kirchberg abgegrenzt, ebenso an der Straßenseite durch eine 112 bzw. 132 Fuß lange und 10 Fuß hohe Mauer mit zweiflügligem Eingangstor. Oestlich wie westlich grenzten die Schafställe den großen Hof ein (153 Fuß lang, 37 Fuß tief und 14 Fuß hoch bzw. 133, 37 und 13 Fuß), beide mit Satteldächern versehen. Dazu kam am Fuße des Kirchbergs das Schäferwohnhaus (76 Fuß lang, 29 tief und 10 hoch), mit Satteldach und 6 Luken versehen, die Küche, die Stube, die 2 Flure, die Keller mit Tonnengewölbe und die Bodenkammern enthaltend. Ostwärts, am Fuße des Kirchbergs, zog sich der Schäferei-Garten entlang. In der Mitte des Hofes befand sich ein großer kreisrunder Teich.

Jenseits der Trothaer Straße (Chaussee) ist der Seebener Weg lediglich noch Feldweg. Gleich rechts (südlich) liegt der Krähenberg, eine leichte Porphyrerhebung, die sich ostwärts bis über die Halberstädter Bahnlinie hinzieht und vor etwa 15 Jahren wegen Notstandsarbeiten teilweise abgetragen wurde, daneben die Gärtnerei von Hille und die Lagerplätze einiger Geschäfte, sonst alles Feld. — Auf der linken Seite ist Feldmark, nur beim Durchgang der Mötzlicher Straße (von Trotha her) steht ein einzelnes Mietshaus.

Westlich der Seebener Straße.

Westlich der Seebener Straße zweigen sich nur drei kurze Straßen ab, die sich im Tale der Saale in der Verlängerung der Giebichensteiner Straße am Nordende des Amtsgartens treffen, die Klausbergstraße, der Wasserweg und die Rauchfußstraße.

Die Klausbergstraße führt von der Seebener Straße bei dem ehemaligen Engpaß des Unterschmelzer an dem Abhange der ehemaligen Alten Burg ins Saaletal hinab und mündet in den Wasserweg. Sie entstand aus den kleinen Gehöften der Häusler und Arbeiter der Domäne Giebichenstein und war bereits am Anfang des 18. Jahrhunderts vorhanden. Sie hieß bis etwa 1893 die „Ränzelgasse“, seitdem nach den nördlich naheliegenden Klausbergen die „Klausbergstraße“. Die Straße ist eng, links noch von alten Häusern, dagegen rechts, weiter unterhalb, von modernen Mietshäusern besetzt. 1877: 9 Häuser (8 Nummern); 1915: 14 Häuser (7 Nummern).

Der Wasserweg führt zwischen Nr. 9b und 10 der Seebener Straße in gerader Linie nordwestlich zur Saale hinab, daher er den Namen empfing. Vor der Eingemeindung hieß er etwa seit 1880 die Flutstraße (vorher ohne Namen), der Name mußte geändert werden, da Halle bereits eine Flutgasse (s. Band I 201) hatte. Der Weg war ungepflastert und bis 1909 nur von zwei älteren Häusern besetzt, auf der südlichen Seite oben an der Seebener Straße und unterhalb nach dem Amtsgarten zu, dazwischen lagen Gärten. Dieses ganze Terrain wurde 1910/1912 mit 4 großen modernen Mietshäusern bebaut, ebenso erstand vereinzelt gegenüber auf dem Schubarthschen Lagerplatze (Seebener Straße Nr. 12) ein großes dreistöckiges Mietshaus. — Auf dem Zipfel des Lagerplatzes nach der Saale zu stand ehemals eine alte Holzschneidemühle, deren Füllmund heute noch zu sehen ist, es war ein einstöckiges 4fensteriges, mit abgewalmten Dache versehenes Haus mit kleinem Giebelanbau, beiderseits von ihm führten zwei Wasserrinnen (siehe den Flutgruben im Bürgerpark) zur Saale hinab, die mit Holzbrücken (auf dem Saaltalwege) überbrückt waren, hier flößte man die Hölzer zum Schneiden empor. Schon in den 80er Jahren stand die Mühle verwahrlost da, jetzt ist sie längst abgerissen. — Dem Wasserweg entlang floß ehemals ein Bach, der zwischen dem großen und kleinen Galgenberg entsprang, die dortigen Quellen auch den Fuhrmannsbrunnen, aufnahm, in der Richtung der heutigen, Kurallee in das Wittekinder Tal floß, durch den Bürgerpark (durch den dortigen Flutgraben) zog und dann seitwärts des Wasserweges an der Mühle vorbei in die Saale mündete.

Die Rauchfußstraße führt südlich an der Saalschloßbrauerei westlich zur Saale hinab. Sie ist unbebaut. Es war anfänglich ein enger schmutziger Durchgang, nördlich von den Eiskellergebäuden, dann von der Brauerei selbst, südlich vom Schubarthschen Lagerplatz begrenzt. 1915/16 wurde die Straße verbreitert, gepflastert und mit Bürgersteig versehen. Sie hieß ursprünglich Saalestraße, nach der Eingemeindung, da in Trotha schon eine Saalestraße vorhanden war, „Saalschloßstraße", dann seit 1915 „Rauchfußstraße" nach Wilhelm Rauchfuß, dem Brauereibesitzer (1840—1886), der die Saalschloßbrauerei 1877 angekauft hatte. — Der Platz an der Saale vor der Saalschloßbrauerei, ein Angerfleck, wurde 1902 vom Verschönerungsverein mit Erde aufgefüllt und dann mit Anlagen belegt (1 Morgen); durch die Durchführung des großen Sammelkanals (s. Giebichensteiner Straße) 1913/14 wurden diese zerstört und von der Stadt neu gepflanzt. Bei diesem Angerfleck lag ehemals der „Feuerplatz" der ehemaligen Gemeinde Giebichenstein, 640 qm groß.

Am Klausberge heißt nördlich, dicht an der Saalschloßbrauerei, der Aufgang zu den Klausbergen. Der Promenadenweg steigt in kleineren Treppenabschnitten empor. Er wird von der Mauer der Saalschloßbrauerei und rechts von den Höfen der Seebener Straße Nr. 14 und 14a begrenzt.

Anhang.

1. Joh. Friedr. Christian Düffer, 1775 zu Aurich geboren, seit 1803 Privatdozent in Halle, wurde 1810 a. o. und 1817 o. Professor der Medizin in Halle. Er starb 1831. — 2. Siehe Topographie Band II A S. 87, Anmerkung 37. — 3. Dazu mußte die Stadt noch 78492 Mk. für streitige Verbindlichkeiten bezahlen, so daß der Ankaufspreis insgesamt 2231168 Mk. betrug. — 4. Die Betriebslänge der Linie A enthielt 5,06 km, der Linie B 4,35 km. — 5. Die Linie A wurde vom Weißbiersalon, von der oberen Bernburger Straße und Richard-Wagnerstraße durch die Gr. Brunnenstraße (nicht mehr Triftstraße) nach der Saalschloßbrauerei bis zum Angerweg geführt, die Linie B über den Mühlweg, durch die Burgstraße nach Cröllwitz. — 6. Die Linie ging vom Marktplatz aus und führte ursprünglich bis zum Gasthof zur Linde in Schönnewitz, später (1915) wurde sie bis ins Dorf Reideburg fortgeführt. Die Linie hatte 12 Minuten-Verkehr mit 5 Wagen bis 7 Uhr abends, von da ab 3 Wagen in 24 Minuten-Verkehr bis nachts 12 Uhr. — 7. Um die ankommenden Verwundeten schnell und bequem in die

Lazarette befördern zu können, wurden provisorische Anschlußgeleise nach dem Güterbahnhof von den Gleisen in der Delitzscher Straße (zirka 335 m Geleis) und nach den Logen zu den 3 Degen von den Geleisen in der Geiststraße (zirka 180 m Geleis) abzweigend gebaut. Für die Schwerverwundeten wurden vier Motorwagen mit Tragbahren und Matratzen ausgerüstet. Jeder dieser Wagen konnte acht Schwerverwundete gleichzeitig aufnehmen. — 8. Im Fahrpersonal: 1 Oberbetriebskontrolleur, 30 Oberführer und Kontrolleure, 433 Führer und Schaffner, 23 Weichensteller und Streckenwärter, 2 Werkmeister, 92 Handwerker und Arbeiter, 1 Maschinenmeister, 19 Heizer, Maschinisten und Arbeiter und 55 Mann Streckenkolonne. — 9. An Personen wurden befördert 1917: 32½ Million, 1918: 35½ Million.

Die Klausberge oder Trothaer Berge.

Die Klausberge oder Trothaer Berge lagern sich nördlich Giebichenstein vor. Sie sind das westliche Glied in der Kette Klausberge, Reilsberg, Galgenberg, die in der Eiszeit sich wie ein Riegel fortsetzte zu den Cröllwitzer Bergen. Beide, Cröllwitzer wie

Durchbruch der Saale an den Klausbergen.

Trothaer Berge, bestehen aus jüngerem Porphyr. Die Saale (deren Urstrom wohl das Reidebette war) zerriß den Riegel, zwängte sich eine Bahn, die sie im Laufe der vielen Jahrtausende vertiefte und erweiterte und die durch Menschenhand im 19. Jahrhundert stark verbessert wurde: an dem Eingang im Süden wie am Ausgang im Norden. — Die Berge bilden zu unserer Zeit einen auf der Nordseite ausgehöhlten Halbmond, ehemals glichen sie einem vollen Mond, dessen nördliche Hälfte schon von frühem Mittelalter herab abgesprengt wurde.

Den Namen empfingen die Klausberge von der Klause, der Klus (Giebichensteiner Klus), einer mönchischen Einsiedelei, die im 13. Jahrhundert am Südhang der Berge entstand. Ursprünglich hieß nur dieser Teil (über der Saalschloßbrauerei) „der Klausberg", jetzt ist der Name „Die Klausberge" für das gesamte Höhenge=

lände gebräuchlich. — „Trothaer Berge“ oder „Trothaer Felsen“ heißen die Berge, weil sie südlich von Trotha liegen und ursprünglich bis dicht vor Trotha (vgl. den Steinbruch, südlich der Kirche von Trotha) gereicht haben.

Die Klausberge sind jetzt mit freundlichen Anlagen bestanden, schattige Wege schlängeln sich (freilich oft durch häßliche Mauersteinstufen unterbrochen) zu den Höhen empor und auf den Höhen entlang, an den trefflichen Aussichtspunkten stehen Stein- oder Holzbänke: es ist das mehr denn 40jährige Werk des hallischen Verschönerungsvereins. — Ihr Gelände ist 4,51 ha, also 18 Morgen groß.

Schon im 12. Jahrhundert existierte der Steinbruch auf der Nordseite der Berge, die als wüstes Gelände teils felsig kahl, teils mit dichtem Gestrüpp bewachsen dalagen. In der Urkunde vom 17. 3. 1172 schenkt Erzbischof Wichmann diesen Steinbruch dem Kloster Neuwerk, hier die Mühlsteine für die Kloster-Mühle zu Trotha zu brechen. — 1216 ließ sich ein frommer Bruder Friedrich vom neu gegründeten Orden der Serviten oder Marienknechte am Südabhang des Berges nieder.[1]) Der fromme Klausner baute sich hier seine Klause und gab so dem Berge den Namen (des Klufeners Berg, so noch 1424). Bald folgten ihm noch einige andere Fromme. Erzbischof Albrecht stellte sie unter seinen direkten Schutz, am Fuße des Berges wurde die kleine Servitenkapelle erbaut und zwar rechts, wenn man an der Saale auf den Trendelpfad hinaufgeht (in der Nähe des heutigen Kriegerdenkmals). Die frommen Klausner wurden mit mancherlei Privilegien und Landbesitz in weiterer Umgegend wie in nächster Nähe beschenkt. So erhielten sie 1236 das gesamte Gebiet des Klausberggeländes. Bei dieser Erweiterung des Besitzes bauten sie auf dem Berge selbst eine neue größere Kapelle und zwar auf dem hinteren nördlichen Teile des Plateaus, dort, wo die hier gefundenen Steinblöcke aufgerichtet sind, bei dieser Kapelle konnten sich fromme Leute, natürlich gegen Vermächtnisse, auch bestatten lassen, so hat man auch 1903/4 eine Anzahl menschlicher Knochen hier oben seitwärts (östlich) der Blöcke ausgegraben.[2]) Die Klausner, die ansehnlichen Landbesitz erworben hatten, zogen 1306 aus der abgelegenen Gegend der Klausberge fort und bauten sich vor Halle auf dem heutigen Riebeckplatz an, dann 1341 in der unteren Leipziger Straße (s. Band I, 73). 2 Brüder blieben auf dem Klausberge zurück zum Seelenheil der Umwohner und um Kapelle und Besitztümer des Klosters zu hüten. So war der Berg wohl bis zur Reformationszeit von Servitenklausnern bewohnt. Nach der Einziehung des Klosters fielen die Klausberge an das Neue Stift, später an das Amt Giebichenstein, sie wurden so staatlicher Besitz. Die Berge blieben kahl und öde liegen, von Norden her fraß sich der

Steinbruch immer tiefer hinein, so besonders 1816/17, als über 100 Ruten zum Umbau der Trothaer Schleuse gebrochen wurden: dadurch fiel das schönste und bedeutendste Stück der Klausberge den Steinbrüchen zum Opfer. Noch heute befindet sich ein großes Steinbruchloch auf der Nordseite der Berge, es liegt fast in der Mitte zwischen der Seebener Straße und der Saale. Die Berge, auf denen spärliches Gras wuchs, ihre Hänge, mit Gras und Gestrüpp bewachsen, überwies das Amt seinen Schäfern und Schafherden. Erst 1871 wurde die Hutung abgeschafft,[3]) als der hallische Verschönerungsverein die Höhen in Anlagen legen wollte. Dieser pachtete dies Gelände vom Staate und bepflanzte zunächst den südlichen Teil der Berge mit Bäumen (Fichten, Ahorn, Birken, Bergerlen), legte bequeme Wege bergan und stellte eiserne Bänke zum Ausruhen auf. 1879 schuf man das (alte) Eichendorffdenkmal (1899 erneuert). Die Bepflanzung schritt auf der Höhe nach Norden vorwärts, 1898 legte man am nördlichen Abhang einen Pflanzgarten an. 1903 fing man die hinterste nördliche Kuppe urbar zu machen an. 1909 war die Bepflanzung beendet. 1913/14 wurde der Weg hinter der Lüttigschen Dampfschneidemühle zu dem kleinen abseits gelegenen Steinbruchgelände am Trothaer Kirchhof angelegt: ein hübscher Kiesweg führt zu den kleinen malerischen Porphyrkuppen, seinen Bäumen, seinen Teich und seinen Rasenflecken hinüber, auf einem weiteren Kiesweg gelangt man zur Trothaer Straße. Uebrigens fanden sich auf diesem Gelände stein- und bronzezeitliche Herdstellen. — 1912 hatte nämlich die Stadt das gesamte Klausberggelände nebst der Ziegelwiese für 607000 Mk. vom Domänenfiskus gekauft: die Klausberge mit ihren Anlagen (4,51 ha) wurden mit 50000 Mark bewertet, das Ackergelände, nordöstlich vor ihnen, zwischen Seebener und Trothaer Straße (Chaussee) als Baugelände (12,54 ha) mit 350000 Mark, die Ziegelwiese mit 200 000 Mark. — 1912/13 wurde am Kriegerdenkmal rechts (Südseite der Berge) der große Hauptsammelkanal durch die Berge gelegt.

Geht man vom Saaltal den Südabhang der Höhen empor, so benutzt man den breiten bequemen Fußpfad, den alten Trendelweg oder Leinpfad, der schon seit dem 17. Jahrhundert zur Bequemlichkeit der Schiffahrt (die Schiffe an Leinen saalauf zu ziehen) gebraucht wurde. 1876/9 wurde der enge Pfad auch für Zugtiere verbreitert und verbessert. Er zieht sich hart an der Saale entlang, erst über die Höhe des „Halsbrechers", dann im Tale unterhalb der Berge. — Gleich rechts am Aufgang ist an steiler Porphyrwand 1890 das Giebichensteiner Kaiser-Friedrich-Denkmal eingelassen (wo ehemals die erste Klause gestanden): eine riesenhafte Walkyre aus weißem Gestein, welche die Erzmedaillonbilder Kaiser Wilhelms I. und Friedrichs III. umspannt, darunter eine große Tafel mit der Inschrift „Den großen Kaisern Wilhelm I. und Friedrich III., Giebichenstein 18. Oktober 1890."[4]) Die Kosten des Denkmals wurden von der Giebichensteiner Dorfgemeinde unter großen persönlichen Opfern aufgebracht. — Der Felsen, den man nun emporsteigt, der links steil in die Saale abfällt, ist der sogenannte Halsbrecher. Er sprang früher in weitem Buckel in die Saale vor, erst um 1850 ist er abgesprengt und so das Bette der Saale erweitert worden. Der Halsbrecher hieß früher auch (irrtümlich) der Brachmannfelsen, weil sich hier

Blick von den Klausbergen auf Giebichenstein

die unglückliche Dichterin Louise Brachmann aus unerwiderter Liebe in die Saale gestürzt haben soll.[5]) — Gleich seitwärts vom Halsbrecher führt seit 1908 ein bequemer kleiner Fußpfad mit Steinstufen an die Saale hinab zu einer Höhle, der Jahnshöhle, breit aber sehr niedrig zieht sie sich in den Felsen hinein, einer Klappe ähnlich. Noch vor hundert Jahren hieß sie das Schneiderloch. Jetzt führen ein paar Stufen zur Saale hinab für die Anlandenden, ein Gitter schließt den kleinen Vorplatz ein; über der Höhle selbst ist eine bronzene Gedenktafel der Turner angebracht, ihre Verbindungsbuchstaben vergoldet, darinnen das Bild des Turnvaters Jahn, um das Ganze ein Eichenkranz und die Umschrift: „Dem Andenken Jahns errichtet. 20. Oktober 1878.“ Jahn hat sich hierhin als Student in Halle wiederholt zurückgezogen und die Höhle sich wohnlich gemacht, wenn er unerschrocken und kühn, der eine einzige gegen die mannigfachen tyrannischen Studentenorden aufgetreten war und der Uebermacht bisweilen weichen mußte.[6]) Nach anderen Nachrichten soll er sich hier 1808 auch vor den Franzosen 8 Tage lang verborgen gehalten haben.[7]) In dieser Höhle reiften seine ersten Entwürfe zu seinem „Deutschen Volkstum“ und anderen patriotischen Schriften. — Weiterhin flußabwärts springt ähnlich wie der Halsbrecher ein Felsrücken in die Saale, gegenüber der Papierfabrik. Ehedem reichte er viel weiter in den Strom, auf ihm soll die Höltybank gestanden haben; hier soll der Dichter auf einsamem Felsensitz seine zarten schwermütigen Lieder empfangen haben. Nur eine Sage![8]) Auch Hölderlin und Holtei, wie andere wollen, haben hier nicht geweilt. Wohl aber hat hier 1790 ein Student Witte, entzückt über die schöne „schweizerische“ Aussicht, eine Klause erbaut, die nach ihm den Namen empfing, die sogenannte „Witte- oder Felsenbank.“ — Auf dem Plateau der Klausberge, ganz im Süden, dem Saaletal stromaufwärts zugekehrt, steht die Eichendorffbank, 1879 in einfacherer Form errichtet.[9]) 1899 schuf man die jetzige Bank: ein Obelisk in der Mitte, auf dem die ersten Strophen des Gedichtes „Bei Halle“ stehen, dem zu beiden Seiten 2 Steinbänke abschweifen. Das Denkmal steht hart am Rande und gewährt in der Tat den schönsten Blick in das Saaletal.[10])

Man kann die Klausberge vom Süden, vom Saaletal aus, besteigen oder vom Osten, von der Seebener Straße (s. die Straße „Am Klausberg“) oder vom Norden, von dem Lüttigschen Dampfschneidewerk. Von Süden führt der Treidelweg auf den Halsbrecher, dann senkt sich später dieser Weg zum Ufer der Saale hinab, umgeht den Holteifelsen und führt auf den Lüttigschen Dampfschneidebetrieb. Beim Halsbrecher auf der Höhe geht jedoch ein Stufenweg auf das Plateau des Berges empor. Ebenso führt aus der Talbuchtung vor dem Holteifelsen ein Schlangenweg in der breiten Buchtung aufwärts. Der ehemalige steile Fußweg am Holteifelsen, der von dem Dampfschneidewerk emporführte, noch durch Bäume kenntlich, ist eingegangen. — Am Kaiser-Friedrich-Denkmal geht ein Fußweg rechts, östlich. Langsam steigt er an der Grenzmauer des Saalschloßbrauerei-Gartens entlang und empor. Dieser Fußweg senkt sich zur Seebener Straße wieder hinab. Aber in seiner Mitte führt ein Treppenweg direkt empor zur Eichendorffbank und links führt ein schattiger Weg auf halber Bergeshöhe zum Südrande über dem Kaiser-Friedrich-Denkmal aufwärts. — Wie die Saalschloßbrauerei ein (südliches) Stück der Berge abschneidet, so trennen die Grundstücke der Seebener Straße Nr. 14—21 (nördlich der Saalschloßbrauerei) den östlichen Hang der Klausberge als Gärten ab. — Das Plateau der Klausberge ist von schattigen Promenadenwegen durchschnitten. Das Laubholz (Linden, Ahorn, Gartensträucher wie Flieder, Hollunder usw.) herrscht vor, die Versuche mit Nadelhölzern sind hier wie wohl auch auf dem Galgenberg gescheitert. Einige Wachholder in der Buchtung am Holteifelsen gedeihen jedoch gut.

Der Reilsberg (der spitze Weinberg).

Der Reilsberg liegt zwischen der Seebener Straße (Westen) und der Reilstraße oder früheren Magdeburger Chaussee (Osten) und im Norden von Bad Wittekind. Er ist eine der höchsten vulkanischen Porphyreruptionen im Norden unserer Stadt, ein Glied in der Kette Cröllwitzer Berge, Klausberge, Reilsberg, Galgenberg, zu verschiedenen Zeiten entstanden. Seine Höhe beträgt 130 m, das umliegende Gelände ist 95 m hoch. Seine geologischen Verhältnisse sind ebenso merkwürdig wie kompliziert, aus dem Kampf des vulkanischen Ausbruchs mit dem oligozänen Meere zu erklären, das die oberen verwetterten Schichten ablöste, als Geröll mit Schlamm und Quarzsand gemischt sie ablagerte.[11]) So bildete sich der hauptsächliche Bestandteil des Reilsberges, ein Porphyrkonglomerat. Der Nord- und Ostabhang des Berges ist sehr tiefgründig: er besteht aus solchem Verwitterungsboden, so gedeihen hier Pflanzen des tiefgründigen feuchten Bodens: Eichen, Platanen, Linden, Ahorn, Eiben, Weymuthskiefern usw., Ulmen, Rüstern sind nur wenig, Rotbuchen gar nicht vertreten. Die Weymuthkiefern sind der Hauptbestand des nordwestlichen und nördlichen Abhanges mit einigen mehr denn hundertjährigen Exemplaren, auch alte Eibenbäume sind da, und auf dem Gipfel des Berges die Virginische Ceder,[12]) während die Waldkiefer trotz des hohen Alters niedrig bleibt und verkrüppelt. Als niedriges Unterholz herrscht der spanische Flieder vor. All dieser Parkbestand ist etwas mehr denn 100 Jahre alt, von dem Professor Reil angelegt.

Der Reilsberg ist schon seit früher vorgeschichtlicher Zeit besiedelt gewesen. Auf seiner Kuppe befand sich aus neuerer Steinzeit (vor 2000 v. Chr.) ein großes Hügelgrab mit großen Steinplatten ausgesetzt und überdeckt,[13]) in dem sich Reil 1813 beisetzen ließ. An seinen Abhängen sind wiederholt Gräber aus der Stein-, Bronze- und Eisenzeit aufgedeckt worden. An der Nordostseite fand man 1903 eine Anzahl bronzezeitlicher Gräber,[14]) an den Nordhängen bis in die Angerstraße sah ich Bestattungen mit Steinsetzungen (Herbst 1903), fand jedoch keinerlei Beigaben. An der

Südseite im Wittekinder Tal, am Westende des Badehauses, legte man 1911 ein Skelett, wohl aus der jüngeren Steinzeit, bloß.[15])

Im 12. Jahrhundert hatte das Kloster Neuwerk auf dem Südabhang des Berges einen 12 Morgen großen Weinberg angelegt, den am 14. 2. 1182 Erzbischof Wichmann gegen seine Weinpflanzungen in der Nähe des Klosters eintauschte (s. II B Kloster Neuwerk.) So wurde der Berg der bedeutendste, ertragreichste und beste Weinberg der Erzbischöfe. Seine Weine lagerten in großen Mengen in den erzbischöflichen Kellern der Unterburg (s. Ober- und Unterburg, Weiteres).[16]) Man baute rote und weiße (blanke) Weine, Weinhäuschen standen auf dem Berge, doch die Kelter befand sich auf der Unterburg. In den Fehden des Erzbischofs Günther mit der Stadt Halle plünderten 1408 Hallische Bürger den Weinberg; sie stiegen, wie der Erzbischof anklagte, mit Gewehr und gewappneter Hand ihm zum Schimpf in den Weinberg und fraßen ihm die Beeren ab. — Die schön gelegene warme Südseite blieb bis in unsere Zeiten noch etwas Weinberg. Noch jetzt kann man die letzten Spuren oberhalb der Wittekindgrenze sehen. Die unteren Hänge waren Privatbesitz geworden, so der Schmohlsche Weinberg am Schmohlschen Wirtschaftshause um 1820. Als die Anlagen des Bades 1846 geschaffen wurden, fielen die Weinanlagen dem neuen Parke bis auf wenige Reste zum Opfer. — Der übrige Berg, besonders die Nord- und Ostseite lagen öde, mit Rasen bewachsen da. Die Schafhirten des Amtes Giebichenstein betrieben sie mit ihren Schafherden, daher auch der Berg der „Schafberg" genannt wurde. An seinem Nordabhang hatten sich Ende des 18. Jahrhunderts einige Häuslergehöfte angesiedelt, das sogenannte „Neudorf", eine Gasse mit 2 Reihen Häuserchen (Gelände des heutigen Angerweges).

1803 (1805) schenkte den öden grasbewachsenen Berg der König Friedrich Wilhelm III. dem um die Stadt wie um Universität und Wissenschaft hochverdienten Oberbergrat und Professor der Medizin Joh. Christian Reil.[17]) Dieser legte unter großen Unkosten (mehr denn 30 000 Taler?) mit Hilfe des Hofgärtners Schoch aus Wörlitz den Berg in treffliche Parkanlagen, dessen Reste wir heute noch genießen, die s. Z. allgemein bewundert wurden und die selbst von Goethe in dem Vorspiel zur Eröffnung der Theatersaison im Juli 1814 „Was wir bringen" gefeiert wurden.[18]) Außer den einheimischen wurden allerlei ausländische Bäume und Sträucher herbeigeschafft, Wege zogen sich wie Spiralen empor mit wunderbaren Ausblicken in die Ferne, steinerne Bänke luden zum Sitzen ein, auch eine Felsgrotte; auf einer Steintafel las man die ernste Mahnung des Horaz (Ode II, 14 V. 6), eine Ahnung eigenen frühen Sterbens des Besitzers.[19]) Eine steinerne Pyramide erhob sich auf der Höhe des Berges, auf deren schriftlosen Steinplatten die preußischen Siege, die Reil 1806 erhoffte, verkündet werden sollten. Epheu spann die Zeit um dieses Fehlende! Dies Denkmal ist noch heute vorhanden, gegenüber der „Waldschenke". — 1806 baute sich Reil seine Villa am Ostabhange des Berges an der Magdeburger Chaussee, ein 2stöckiges, quadratisches Haus, im Garten zurückgelegen, eine Freitreppe führte in den hochgewölbten durch beide Stockwerke reichenden Eingang, rechts und links befand sich ein dreigeteiltes Fenster im Erdgeschoß, im oberen Stockwerk je ein kleines, auf den Nebenseiten je 3 Fenster Front. Den Eingang, seitwärts an der Chaussee gelegen, zierten 2 Pfeiler, denen sich eine Futtermauer anschloß: Pfeiler mit Eisenketten vertreten das Gatter. 1808 wurde das Haus im Innern ausgeschmückt. Es lag in schönen Gartenanlagen, dahinter erhob sich der waldige Park. Selbst als Reil nach Berlin zu der neugegründeten Universität berufen war, weilte er jährlich zur Badezeit auf seiner Villa.[20]) — Als er am 22. 11. 1813 dem Typhus während seines Aufenthalts in Halle erlegen war, wurde er unter großem Gefolge auf der Spitze seines Berges in dem Grabe der Vorzeit bestattet. Sein Schwiegersohn, Professor Krukenberg, ließ ihm später 1830 das Sandsteindenkmal, ähnlich einem Sarkophage, (von Hunold in Dessau) errichten. Es ist würdig erneuert worden.[21]) Krukenberg übernahm auch nach Reils Witwe den Park und die Villa. Erst Anfang der 60er Jahre ging das schöne Besitztum in fremde Hände über. Die Villa wurde stark verändert, mit einem Turm usw. versehen, sonst lag sie noch immer ganz einsam, Felder zu beiden Seiten, an der Chaussee. 1891 erbaute der Rittmeister Nagel am Westabhange des Berges das Restaurant „die Reilsburg" (s. Seebener Straße). Als der Besitzer Nagel 1897 gestorben war, drohte das schöne Besitztum in Baustellen aufgeteilt zu werden. Es gründete sich 1900/1 eine Aktiengesellschaft, um den Park zu einem Zoologischen Garten umzugestalten (A.-G. Zoologischer Garten, Halle). 1901 begann man den Garten einzurichten. Felsen wurden gesprengt, Wege und gärtnerische Anlagen geschaffen. Am 23. 5. 1901 wurde er eröffnet. Etwa 200 000 Personen besuchten ihn im ersten Jahre. Der Tierbestand betrug März 1902: 360 Tiere im Werte von über 27 000 Mark. Die Reilsche Villa wurde als Privatbesitztum abgetrennt, dagegen wurde das nebenliegende Land bis zur Reilstraße (Chaussee) für 80 000 Mark dazugekauft. Außer dem alten Eingang im Westen an der Seebener Straße (Reilsburg) wurde im Osten ein neuer geschmackvoller Eingang, eine Durchfahrt turmhaft flankiert, geschaffen und zwar an der Tiergartenstraße, die sich von der Reilstraße abzweigt. Es entstanden, nicht sehr glücklich gewählt, auf dem Nordabhange das große Raubtierhaus und andere Tiergelasse, glücklicher war man in der Schöpfung der Gehege, die der natürlichen Lebensweise der Tiere so viel wie möglich entsprechen sollten, so mußte bei der bergigen Beschaffenheit das Bergtiergehege mit Gemsen, Mähnenschafen, Tahrziegen und einem sibirischen Steinbock am glänzendsten sich entwickeln, aus natürlichem Gestein sprengte man einen Flugkäfig für Raubvögel aus. Die südamerikanischen und australischen Strauße lebten ebenfalls in angepaßten Naturgehegen. Neben der Fasanerie legte man eine Sumpfvögelkolonie an. Affen- und Papageienhäuser fehlten nicht. Der Tierbestand konnte sich durchaus mit anderen Zoologischen Gärten mittleren Ranges messen. — Ein Aussichtsgerüst auf der Höhe des Berges ließ den herrlichen Fernblick genießen.[22]) Eine Sommerwirtschaft wurde auf dem Nordhang des Berges hergerichtet. 1904 kaufte die Gesellschaft das gesamte Bad Wittekind dazu. — Trotzdem arbeitete sie wegen der kostspieligen Unterhaltung, Pflege und Beschaffung der Tiere und mancher anderer unglücklicher Momente mit Unterbilanz, so erwarb 1909 die Stadt Halle den gesamten Besitz (den Zoologischen Garten nebst dem Bad Wittekind) 9,0765 ha groß für 1200000 Mark. Die Gesellschaft verblieb als Pächterin, die eine gewisse Pachtsumme zu zahlen hatte. 1911 wurde das Restaurant die Reilsburg bedeutend erneuert. 1913 liquidierte die Gesellschaft, und die 3 Restaurationen im Zoologischen Garten und Bad Wittekind wurden für 37200 Mark verpachtet. Ebenfalls 1913 wurde auf der Spitze des Berges der Reilsturm erbaut, ein schwerer massiver Rundbau in Zementputz mit roter Ziegelkuppel;[23]) sein unterstes Geschoß bildete den Wasserbehälter, um eine bessere Bewässerung der Anlagen zu ermöglichen. Auch pflanzte man 1913 eine große Anzahl Blaufichten (3000) auf der Nordseite und am Aufgang an der Seebener Straße an, um die immer mehr absterbenden Weymuthkiefern zu ersetzen. Durch den Weltkrieg, durch die mehr und mehr erschwerte Beschaffung der Ernährung ging der Tierbestand zurück.[24]) Durch das unter den deutschen Zoologischen Gärten eingeführte Austauschverfahren konnte erst in der letzten Zeit der sehr herabgeminderte Tierbestand wieder erweitert werden, am 10. 4. 1922: 429 Stück in 177 Arten, so daß der Bestand des Unternehmens wohl gesichert erscheint.

Die Straßen am Reilsberg.

Auf dem Nordauslauf des Reilsberges entwickelte sich um 1905 die Tiergartenstraße, etwas nördlich, ihr vorgelagert, wurde der alte Straßenzug des Angerweges auch zu Beginn des neuen Jahrhunderts nach der Eingemeindung besonders auf der Nordseite mit neuen Häusern besetzt. Auf dem Ostabhange des Berges entstanden zwei neue Straßen: die Platanenstraße und die Fasanenstraße.

Der Angerweg liegt am Nordauslauf des Reilsberges, führt von Westen nach Osten und verbindet die Seebener Straße mit der Reilstraße, durchschneidet diese und setzt sich im freien Gelände bis empor zum Bergschenkenweg (zur Seebener Bergschenke führend) fort. Der Angerweg ist an der Seebener Straße schon Ende des 18. Jahrhunderts als „Neues Dorf" entstanden, 2 Reihen kleiner Häuslergehöfte, deren letzte Ueberbleibsel man heute noch sehen kann (Nr. 48, 51—53), auch Teichgasse genannt. Die Straße empfing ihren jetzigen Namen von dem Anger, den sie ehemals durchschnitt. Sie hieß bis 1900 (das Stück bis zur Reilstraße) Angerstraße, jenseits aber Angerweg. Weil Trotha bereits eine Angerstraße hatte, wurden beide Stücke „Angerweg" genannt. Nach der Eingemeindung entstanden stattliche Mietshäuser an Stelle der Gärten und der kleinen Gehöfte, so auf dem Götzeschen Garten Nr. 1—4, auch Nr. 5—8 entstammen jüngerer Zeit, ferner gegenüber Nr. 45—47, 54 und 55, sämtlich 3stöckige moderne Mietshäuser.

Nr. 20, Städtische Baumschule, 1902 vom Südfriedhof nach dem Angerweg verlegt, 7 Morgen groß, das Gelände gehört dem Hospital S. Cyriaci et Antonii (siehe Band II A, Glaucha).[25] Es wurde mit Maschendraht eingefaßt.

Nr. 21/23, Schrebergärten, jenseits der Halberstädter Bahn und des daselbst abzweigenden Feldweges nach Oppin. Das Gelände gehört ebenfalls dem Hospital S. Cyriaci et Antonii. Die Gärten wurden um 1911 hier angelegt, als der Magistrat die Schrebergärten bei der Gärtnerei am Großen Galgenberge einzog.

Nr. 24, Haus und Sportplatz des Hallischen Fußballklubs. Das einstöckige, hochunterkellerte, in Backsteinen mit Pfälzer Doppeldach 4fenstrige quadratische Haus, dem ein kleiner von 2 Säulen getragener, giebelgeschmückter Vorbau vorliegt, wurde etwa 1912 erbaut. Der große backsteinerbaute Saal liegt östlich vom Hause, daneben und dahinter der große Platz zum Fußballspiel. Das verschiedene Morgen große Gebiet ist mit einer 2½ m hohen Holzplanke eingefaßt.

Nr. 25/26 Felder, dann Feldmark.

Nr. 27, die Gärtnerei von Küster, gegenüber gelegen, einsam, von Feldern begrenzt, von Naturhecken umzäunt, das einstöckige Wohnhaus liegt ganz verborgen. Der Abzugsgraben an der Gärtnerei ist alter Wasserlauf, der die Niederschläge vom Galgenberg aufnimmt, er zieht sich zur nördlich am Oppiner (Küttener) Weg gelegenen Tongrube hin.

Nr. 28, kleine Oekonomie, deren Gelände sich südlich zum Galgenberg hin erstreckt: an der Straße durch eine hohe Backsteinmauer abgegrenzt und rechts und links durch die Giebel der sich südlich hinziehenden, den Hof einschließenden Ställe.

Zeising (Nr. 29). Die ehemals vielbesuchte Wirtschaft „Lüderitz Berg" mit großem Garten wurde um 1885 eröffnet. Nach dieser Zeit bis 1890 begann man auch die Ostseite mit vielstöckigen Mietshäusern zu bebauen, und zwar von der Leopoldstraße bis dicht zur Gneisenaustraße Nr. 101 bis 112; Nr. 113 und 114 (Eckhaus) entstanden einige Jahre später. Eine letzte Periode der Straße begann durch den Villenbau in dem oberen nördlichen Teile der Straße, etwa von Bad Wittekind ab. Stilvolle Villen und zwei Familienhäuser erhoben sich zunächst auf der östlichen Seite (Nr. 74 bis 91 und Nr. 97 und 98b), später auch auf der westlichen: hier wurde der Lüderitzsche Garten bebaut (Nr. 48 bis 52), weiter nordwärts entstanden die Villen Nr. 53a und 53 und die Mehrfamilienhäuser Nr. 58 bis 60. Auf der unteren Westseite entstanden auf dem ehemaligen Giebichensteiner Pfarracker, der westöstlich von Richard-Wagner- und Reilstraße, nordsüdlich von der Mozart- und Adolfstraße begrenzt wurde und den die Stadt 1873, etwa 19 Morgen groß, für 69020 Mk. gekauft hatte,[4]) moderne stilvolle Mehrfamilienhäuser (Nr. 14 bis 18) etwa um 1910. — Die elektrische Bahnlinie der Stadtbahn Hauptbahnhof bis Trothaer Bahnhof wurde durch die Reilstraße 1892 geführt.

Nr. 47. Lüderitz Berg, ein zweistöckiges mit Mansarden versehenes, in Backstein erbautes Haus, ehemals eine vielbesuchte Gartenwirtschaft, um 1885 entstanden; der Garten erstreckte sich bis zur heutigen Kurallee, terrassenförmig angelegt, eine Kegelbahn zog sich an der Reilstraße entlang, Veranden befanden sich am Hause und ein besonderer Garteneingang in der Mitte der langen Reilstraßenfront.

Nr. 54. die ehemalige, später umgebaute Reilsche Villa (s. Reilsberg).

Nr. 58, die Wittekindapotheke, die dritte Apotheke Giebichensteins,[5]) um 1905 entstanden.

Oestlich der Reilstraße.

Das Viertel östlich der Reilstraße, von der Reilstraße im Westen, von dem Halberstädter Bahndamm im Osten begrenzt, im Süden von der Gneisenaustraße, ist nach 1885 entstanden. Anfänglich an der Reil-, Leopold- und westlichen Ziethenstraße trägt es den Charakter eines Mietshäuserquartiers, später den eines Villenviertels. Es wird nordsüdlich von der Seydlitzstraße, parallel der Reilstraße durchschnitten und westöstlich von der Ziethen-, Leopold- und Fehrbellinstraße.

Die Gneisenaustraße empfing ihren Namen von dem preußischen Generalfeldmarschall von Gneisenau (1760—1831). Sie führt von Westen nach Osten, vorläufig von der Reilstraße bis zum Bahndamm, ist noch eine Feldstraße, die auf der Südseite von Baustellen und Schrebergärten begrenzt ist und ebenso auf der Nordseite (außer Nr. 2 und 12) von Baustellen und Schrebergärten auf dem Gelände der ehemaligen großen Spindlerschen Gärtnerei.

Die Ziethenstraße wurde nach dem General Friedrichs des Großen Hans Joachim von Ziethen (1699–1786) benannt. Sie läuft nördlich und parallel der Gneisenaustraße, also westöstlich von der Reilstraße bis zum Bahndamm. Hier befindet sich ein Bahndurchgang, der auf den Landrain, südlich des kleinen Galgenberges führt. Die Ziethenstraße ist in ihrem älteren westlichen Teil eine nüchterne Mietshäuserstraße, in ihrem oberen östlichen Teil ist sie von Villen mit Vorgärten und Gärten besetzt. Der ältere Teil ist um 1885/1890 entstanden (Nr. 1, 2, 3, 5 und Nr. 34 bis 38), unschöne dreistöckige Häuser. Danach erwuchs die schönere Fortsetzung der Straße in Villen und Vorgärten, so erbaute man bis 1895 Nr. 7, 8, 24, 27 und 28. Bis 1900 waren 12 Villen entstanden. Allmählich nutzte man die Gärten weiterhin als Bauplätze aus, Villa erhob sich nun an Villa, da sie aber nur zwei Stock hoch waren, wurde der freundliche Eindruck der Straße nicht beeinträchtigt, jetzt zählt der Villenteil 23 Häuser. 1915: 37 Häuser (38 Nummern).

Die Leopoldstraße führt westöstlich von der Reil- zur Seydlitzstraße, eine kurze, mit mehrstöckigen Mietshäusern besetzte Straße. Die älteren Häuser auf der Südseite entstanden bereits 1886/90. Die Nordseite bildete der große Baumannsche Garten (s. Reilstraße Nr. 101): auf ihm entstanden 1912/14 zwei moderne Mehrfamilienhäuser Nr. 1 und 2. — 1915: 7 Häuser (8 Nummern).

Die Fehrbellinstraße empfing ihren Namen nach der Schlacht bei Fehrbellin (18. Juni 1675). Sie führt westöstlich von der Reilstraße zum Bahndamm, nördlich und parallel der Leopoldstraße. Die Straße war ehedem einfacher Feldweg, der auf den Bahndurchgang zum dicht dahinterliegenden Großen Galgenberg führte. Erst 1913 wurde die Straße neu angelegt, 1914 wurden auf der Südseite von der Seydlitzstraße bis zum Damm 2 Reihen Linden (18 Stück) angepflanzt (für 500 Mk.); hier stehen auch ihre 3 aneinandergebauten Villen.

Die Seydlitzstraße benannte man nach dem General Friedrichs des Großen, Friedrich Wilhelm von Seydlitz (1712–1773). Sie führt von Norden nach Süden, zwischen Reilstraße und Halberstädter Bahndamm; im Norden biegt sie in rechtem Winkel zur Reilstraße um. — Der älteste Teil der Seydlitzstraße ist ihre Westseite zwischen Leopold- und Ziethenstraße, 6 nüchterne mehrstöckige aneinandergebaute Mietshäuser (Nr. 4 bis 9), aus den Jahren 1885/90. Dann entwickelten sich gegenüber 6 kleine zweistöckige

Villen mit Gärten und Vorgärten bis 1895, ebenso auf dem Südende, südlich der Ziethenstraße. Endlich wurde die Straße nordwärts durch den Baumannschen Garten weitergeführt (die Villen Nr. 26 bis 29 entstanden) und der ehemalige Jürgensche Acker und Garten wurde nun 1908/12 mit geschmackvollen Mehrfamilienhäusern (Nr. 15/16 und 17/24) bebaut. Zuletzt erstanden auf dem Baumannschen Garten Nr. 10 und die Villen 13, 14 und 14a.

Der Große und der Kleine Galgenberg.

Der Große und der Kleine Galgenberg sind zwei (ursprünglich nur kahle, rasenbewachsene) Porphyrerhebungen gegenüber östlich dem Reilsberge. Es ist der sogenannte Landsberger, Löbejüner oder der ältere hallische Porphyr, der hier zutage tritt. — Der Kleine Galgenberg hieß im Mittelalter der „Wartberg", weil auf seiner Kuppe eine Warte der Burg Giebichenstein sich befand. Der Große Galgenberg empfing seinen Namen von dem Hochgericht des Amtes Giebichenstein, dem Galgen, der auf der Mitte des Berges stand, und zwar der Ueberlieferung nach dort, wo die alten Akazien stehen.[6]) Es war das übliche Dreibein, das oben durch eingefügte Querbalken miteinander verbunden war, ursprünglich aus Holz, so daß er in jedem Jahrhundert zwei- bis dreimal erneuert werden mußte, so z. B. 1582 den 12. Januar.[7]) Schon 1608 ersetzte man die drei Holzpfähle durch hohe steinerne Säulen, es mußten, wie üblich, alle Maurer und Zimmerleute daran arbeiten. Später standen nur noch zwei Säulen. 1798 verschwand der Galgen, als die neue Magdeburger Chaussee unterhalb des Galgenberges entlang gelegt wurde. Von den Exekutionen, die hier oben stattfanden, seien einige erwähnt: Die bekannteste ist die des Hans von Schönitz.[8]) 1562 hat man einen Dieb hängen wollen, beim Hinausführen fiel er tot nieder, dennoch wurde er nach neuem hochnotpeinlichen Halsgericht als Toter aufgehängt! Den 15. Mai 1657 wurde Kaspar Fritsche wegen veruntreuter Kollektengelder, die er für abgebrannte Leute eingesammelt, gehängt. Von den 42 Exekutionen, die im Jahrhundert von 1654 bis 1750 stattfanden, fanden 10 durch den Galgen statt; nicht der Scharfrichter, sondern nur die Henkersknechte vollzogen sie. — Die Gehenkten hat man zu Füßen des Galgenberges, wo jetzt die Waschanstalt steht, eingescharrt. Als die ehemalige Chamottefabrik hier erbaut wurde, fand man eine tiefe Grube voll Menschenskelette. — Neben der Bezeichnung „Galgenberg" findet sich auch die Benennung „Kreuzberg", so um 1850.

Der Große Galgenberg erhebt sich 136,4 m ü. N. N. und etwa 100 Fuß über die Talsohle. Er ist der höchste Berg in der Umgebung Halles und übertrifft noch den Reilsberg um 6 m. Ursprünglich nur mit spärlichem Gras bedeckt, liegt er jetzt zum größten Teil in parkähnlichen Anlagen, nur die Nordwestseite und ein kleiner Ostteil zeigen noch den ehemals öden Charakter des Berges. Die Erhebung des Berges ist durchaus sanft, aus dem tiefer gelegenen Westen steigt er stärker empor, auf die hochgelegene Ostseite senkt er sich schwächer herab. Sein Gesamtgelände umfaßt etwa 32 Morgen, von den 18 der Gemeinde Giebichenstein gehörten,[9]) 14 dagegen dem Fiskus, welche die Stadt 1903 für 35000 Mk. ankaufte.[10]) Seitdem wurde der Steinbruchsbetrieb, der den mittleren Teil des Berges bis auf die Sohle stark ausgehöhlt hatte, aufgehoben und in weitere Anlagen gelegt. Der ausgehöhlte Teil mag etwa $^1/_6$ der Gesamtfläche betragen, er ist ebenfalls in Anlagen gelegt worden.[11]) Terrassenwege und Schlangenwege, von dichtem Laubgebüsch, teilweise auch von Kiefern umsäumt, ziehen sich zur Höhe empor, die von dem Giebichensteiner Wasserreservoir, einem kleinen turmhaften Häuschen, gekrönt ist;[12]) zwei Pavillone erheben sich hüben und drüben, steil über dem Rande des ehemaligen Steinbruchs, eine Bastei, hart am Südrande des Steinbruchs, läßt den Blick frei in die Tiefe schweifen, Ruheplätzchen mit Bänken sind hie und da angelegt. Eine Baumschule des Verschönerungsvereins befindet sich auf der Ostseite, während die Südseite von der Stadtgärtnerei eingenommen ist; weiter im Osten liegen die neuen Schrebergärten mit ihrer freundlichen Wirtschaft, dem „Schreber-Schlößchen"; ein kleines Bahnwärterhäuschen der Halberstädter Bahn, die zu Füßen des Berges vorbeifährt, erhebt sich auf seinem Abhang im Südwesten.

Wie am Kleinen Galgenberg sind auch an dem Großen deutlich Gletscherriffe aus der Glazialzeit zu bemerken, so auf der Nordseite des Berges unter der spärlichen Grasnarbe.[13]) — Auch die ältesten Spuren menschlicher Niederlassung in unseren Gegenden zeigt unser Berg: aus der mittleren Steinzeit, weit vor 2000 v. Chr., fand man nördlich des Berges eine vereinzelte Stätte des damals wohl noch nomadisch herumziehenden Menschentums (s. oben vorgeschichtliche Topographie). Aus der jüngeren Steinzeit und aus der Bronzezeit sind wiederholt Funde gemacht worden. Der jüngeren Steinzeit entstammte das große Hügelgrab, mit sehr großen Steinplatten ausgesetzt und überdeckt, in deren Höhlung man auf der Asche eine sehr große Urne von braunschwarzer feiner Masse, auch andere Urnen, z. T. mit spitzen oder platten Deckeln und sehr rein kalzinierten Knochen (unvermischt mit Asche), fand,[14]) ferner jener merkwürdige Heidenstein, der auf der Westseite des Berges auf halber Höhe jetzt aufgestellt ist, etwa $^3/_4$ m hoch und $^1/_2$ m breit.[15]) Er ist auf der Höhe des Berges mit anderen vorgeschichtlichen Resten gefunden worden; bisher nicht beachtet, scheint seine Einritzung mir eine aufgerollte Schlangenlinie zu zeigen, ein Sinnbild des Sonnenlaufes, wie er sich den Bewohnern der nördlichen Halbkugel darstellte. Aus der Bronzezeit fand man Bruchstücke von Schmuck, die denen des Röderbergs glichen, ebenso beim Ausschachten an der Aussichtslaube der Ostseite (etwa 1913) Feuersteinmesser und Splitter, Urnen mit Resten von Leichenbrand und einer bronzenen Fibel.[16]) Im Garten der Wäscherei und im städtischen Schulgarten fanden sich bronzezeitliche Scherben, Tonstützen, Knochenfragmente.[16a]) — Der einsame kahle, hochragende Galgenberg mag heidnischen Götterkulten, vielleicht dem Sonnendienst, schon in vorgermanischen Zeiten gedient haben. — Am Fuße des Berges, am westlichen und südwestlichen Abhang, befanden sich drei Quellbrunnen. Hieraus holten sich in alter Zeit Domäne (Amt) [17]) und Dorf Giebichenstein ihr Wasser. Die drei Quellbrunnen waren ausgemauert, mit Bohlen und Erde überdeckt. Sie wurden in einen Hauptsammelbrunnen (5 × 5,6 m) geleitet. Eine Röhrenleitung führte das Wasser unter die Magdeburger Chaussee und spendete dem Dorf in vier Leitungsständern das Wasser: an der Chaussee, am Maschinenhaus Wittekind, in der Seebener Straße beim Flutgraben und zuletzt an der Schäferei. Diese Ständer wurden wohl später durch ein paar weitere vermehrt. Dann bekam das Dorf hallisches Leitungswasser, das auch in verschiedenen Auslaufständern entnommen wurde, bis 1893 das Giebichensteiner Pumpwerk an der Magdeburger Chaussee an der Götsche errichtet wurde. — Getrennt von den drei Brunnen lag der Fuhrmannsbrunnen am Fuße des Berges, dicht an der alten Magdeburger Chaussee, 9 Fuß unter der Erde, 6 Fuß im Quadrat groß, 3½ Fuß tief; [18]) von ihm lief eine eigene Leitungsstrecke (Fuhrmannsstrecke) 36 Fuß bis zum Eisenbahndamm (1873), 81 Fuß dann hindurch, 784 Fuß durch das Feld und die Chaussee, bis sie sich am Dorfe mit der ersten Strecke vereinigte. Der Fuhrmannsbrunnen erhielt seinen Namen von den Fuhrleuten, die auf der Chaussee fahrend, hier ihre Pferde zu tränken pflegten.

Noch zu unserer Zeit war der Galgenberg ein kahler, mit spärlichem Graswuchs bedeckter Berg, der im Sommer gänzlich verdorrt und verbrannt dalag; brennendrote Steinnelken glühten einsam im Rasen; zwei Trupps Akazien bezeichneten die Stätte des ehemaligen Hochgerichts. Hie und da trat der nackte Porphyr zutage, auf der West- und Ostseite fanden sich kleine Steinbrüche, die nicht fortgesetzt worden waren; teilweise sind sie heute noch sichtbar, so beim Westaufstieg, ferner beim Wasserturm, teilweise sind sie mit Erde zugefüllt und jetzt bepflanzt. — Erst 1893 bei Anlage des Wasserreservoirs pflanzte man bei diesem Anlagen an, einen Morgen groß bis zu den Akazien, die dann aus Mangel an Geldmitteln liegenblieben und verkümmerten, das übrige Gelände blieb Tummelplatz der Kinder. Seit der Eingemeindung (1900) nahm der Verschönerungsverein die Bepflanzung von neuem auf, Flächen wurden terrassiert, umzäunt und ein Wegenetz angelegt, man bepflanzte und sicherte zunächst den Stand am Steinbruch, daß keiner herabstürzen konnte; man machte 1902 den Wasserturm wegen seines schönen Umblickes zugänglich und bepflanzte ihn weiterhin. 1903 ging endlich der Steinbruch, der sich immer weiter bis in die Mitte des Berges gefressen hatte, ein. Zugleich pflanzte man am westlichen Abhang 2 Morgen Terrassen mit Fichten, Lärchen usw. an. 1905 nahm man den westlichen oberen Rand des Steinbruchs in Angriff: 2 Plätze wurden hergestellt, der Aussichtspavillon auf der Höhe und die Doppelbank auf halber Höhe mit dem Blick in den Steinbruch. Auch die Bastei entstand an dem Südrande, sie wurde mit einem Eisengitter gesichert. 1909 schuf man die eiserne Laube auf der Ostseite, auch begann man hier alte Steinbruchslöcher auszufüllen und zu bepflanzen. Dann legte man ebenfalls hier die kleine Baumschule und den Spielplatz an. Man planierte ferner die gewaltige Aushöhlung des Steinbruchs und legte einen Teich an, ferner (1913) Wege, Boskettts und Rasenbeete; 2 Wege führten in dieses Amphitheaterrund: von Nordwest durch eine Hohlschlucht und von der Ostseite. 1914/16 nahm man den isoliert stehenden Nordteil des Berges in Angriff, der einem vereinzelten Stumpf eines ausgehöhlten Riesenzahnes glich: Wege schlängeln sich jetzt zum höchsten Punkt, einem Aussichtsplatz, empor.

Am Galgenberg. Im Süden des Galgenberges, gleich am Bahndurchgang nördlich, liegt die „Wäscherei Galgenberg", ein zweistöckiges Wohnhaus mit Vorgarten an der Straße, dahinter die niedrigen Fabrikbauten der Dampfwäscherei. Das Anwesen entstand etwa 1895 als Töpferei und Chamottefabrik von Kowalski, dann um 1905 als chemische Dampfwäscherei.

Den Südhang des Galgenberges selbst nimmt die Stadtgärtnerei ein: an steiler Wand gegen Norden geschützt, ganz dem Süden geöffnet liegen Wohnhaus und Gewächshäuser der Gärtnerei, das Gelände der Gärtnerei selbst dehnt sich den ganzen Südhang des Berges westwärts aus. Um 1900 war an dieser trefflich geschützten Lage eine Privatgärtnerei entstanden. Am 21. August 1906 erwarb die Stadt das früher Wauersche Gärtnereigrundstück mit Wohnhaus, 1,43 ha groß, für 38400 Mk. und 565 Mk. Unkosten. 1909 legte man die Stadtgärtnerei aus der Stadt hierher. Es fanden große Neubauten statt: es entstanden 1 Kesselhaus, 2 Pelargonienhäuser, 1 Vermehrungshaus, 1 Kalthaus, 1 Palmenhaus, 1 Lorbeerhaus, Remisengebäude mit Arbeiterwerkstätten und Büroräume für die Gartenverwaltung für 127867 Mk. Ausgaben. In den nächsten Jahren wurden Erd-, Wege- und Kulturlandarbeiten fortgesetzt. 1910 erwarb man das westlich gelegene Leuchersche Gartengrundstück, 1,80 ha groß, dazu für 63865 Mk. Die hier bestehenden Schrebergärten wurden zum größeren Teil aufgelöst, da von der Huttenstraße der Schulgarten hierher verlegt wurde. Bauliche und gärtnerische Anlagen nebst Wasserleitung kosteten 27300 Mk. Der neue Schulgarten ist 12500 qm groß. — 1914 wurde die Stadtgärtnerei mit 1,43 ha Größe am Galgenberg auf 150700 Mk. geschätzt, der Schulgarten nebst Schrebergarten mit 1,81 ha Größe auf 63865 Mk.

Oestlich vom Großen Galgenberg bis zum alten Bergschenkenweg zieht sich im langen Streifen durch die Felder, rings mit hohem Holzstaket eingegittert, die Schrebergärtengenossenschaft „Halle-Nord“ (G. m. b. H.) entlang. Es sind über 100 Gärten, teilweise mit netten Laubenhäuschen versehen; breite Gänge durchschneiden das mehrere Morgen große Gelände. 1913 wurde auch eine Gartenwirtschaft, „Schreber-Schlößchen“, im modernen, vornehmen Villenstil, hochgieblich, mit Kolonnaden usw. versehen, eröffnet. Ein Spielplatz und eine Kegelbahn befinden sich am Hause, das der Genossenschaft gehört; die Wirtschaft dagegen wird verpachtet.

Der Kleine Galgenberg besteht wie der Große aus älterem hallischen Porphyr. Er liegt südöstlich vom Großen Galgenberge, er ist von diesem nur durch eine Hohle geschieden. Ehemals hieß er der Wartberg wegen einer mittelalterlichen Warte, die hier gestanden. Schon 1470 wird dieser Wartberg als ein Punkt in der langen Grenzlinie des pfännerschaftlichen und erzbischöflichen Jagdgeheges aufgeführt. Alles, was südlich bzw. östlich der Linie Neumarkt-Wartberg-Goldberg-Mötzlich-Maschwitz-Wurp-Brachstedt-Schrenz lag, war pfännerschaftliches Gehege, in dem von Bürgern und Halloren nur die Niederjagd oder das kleine Weidwerk ausgeübt werden durfte (Hetzen, Schießen, Beitzen,[19]) die Koppeljagd behielt sich der Landesherr auch hier vor. Seit dieser Zeit erhielt der Grenzweg zwischen dem Wartberg und dem Goldberg den Namen „Landrain“. Auf dem Wartberg wurden wie auf anderen Hügeln Jagdstangen (Hegestangen) aufgerichtet. — Im 19. Jahrhundert wurde der Kleine Galgenberg von Süden wie von Norden her als Steinbruch in Angriff genommen. In dem südlichen Steinbruch hörte man schon um 1900 auf;[20]) von der Nordseite her schob sich die Aushöhlung immer mehr heran; zuerst wurde im März 1914 die Trennungswand durchbrochen, bald erweiterte sich der Riß, daß beide Steinbruchsgelände sich vereinten und die Reste des Kleinen Galgenberges immer mehr auseinandertrieben. Die schönen scharfen Gletscherriffe fielen den Steinbruchsarbeiten leider ebenfalls zum Opfer.

Das Gelände zwischen Halberstädter Bahn und Landrain, im Osten vom Bergschenkenweg begrenzt, hieß ehemals der Weinberg, seine nach Süden sich absenkende Böschung (jetzt in die Schlucht der Bahn) war dem Weinbau günstig gewesen. 1722 schlug man hier nach Steinkohlen ein, das Kohlenflöz hing mit dem im Wittekinder Tal zusammen, es war aber so minderwertig, daß man das Werk nicht fortsetzte. Dann stand im 19. Jahrhundert eine kleine Braunkohlengrube, „Anna“, hier (östlich der Gneisenaustraße und der Bahnlinie). Um 1870 befand sich ein Stückchen weiter ostwärts in dem Zipfel Bahnlinie-Landrain und Bergschenkenweg westlich des Bergschenkenwegs die Grube „Frohe Zukunft“, die vordem jenseits der Halberstädter Bahnlinie (welche erst 1872 entstand) in der Nähe der Abdeckerei (Tierasyl) gelegen war (siehe Band II B Grube „Frohe Zukunft“).

Anhang.

1. Vgl. über Reil Band I, Band II B und Band III Reilsberg. — 2. Die Grundstücke nördlich des Angerweges, also Nr. 61—63 und 64—66 sind Trothaer Anteil. — 3. Ueber die ehemalige Magdeburger Heerstraße, ihre Abzweigung als Bernburger Straße, ihren ursprünglichen Lauf als heutige Ludwig Wuchererstraße und Magdeburger Straße s. Band II B. — 4. Der Morgen kostete 3600 Mk. mit 155.28 Mk. Reinertrag, der Pfarracker wurde zwecks-Kasernenbau angekauft, er blieb jedoch in Giebichensteiner Flur, da man sich nicht einigen konnte. — 5. Die älteste ist die Kronenapotheke in der Burgstraße (s. d.), die andere die Richard Wagner-Apotheke in der Richard Wagnerstraße. — 6. Diese waren die ersten Anpflanzungen auf dem durchaus kahlen Berge; so sah ich sie schon um 1885. Jetzt erheben sie sich mitten aus den Parkanlagen der Westseite des Berges unterhalb des Hochreservoirs. — 7. Schon am 26. 1. 1582 wurde ein Missetäter, Augustin Abendroth, daran aufgeknüpft. Sein Kamerad Nikol Wintergrün sollte Gnade erlangen und nur verwiesen werden; weil er aber zur Gesellschaft lieber mithangen wollte, ward sein Wille erfüllt und er auch mit aufgeknüpft! So wenig galt das Menschenleben und schätzte man das eigene ein! — 8. Ueber Schönitz, seine Familie usw. s. Topographie Band I und meine „Sagen der Stadt Halle und des Saalkreises“. — 9. Diese $4^1/_2$ ha wurden bei der Eingemeindung 1900 auf 25000 Mk. abgeschätzt. — 10. Die Stadt gab 25000 Mk. und der Verschönerungsverein 10000 Mk. dazu. Dafür wurde der Berg dem Verschönerungsverein zur Herstellung eines öffentlichen Parkes überwiesen. — 11. Ehedem übten die Trommler und Pfeifer unseres Regiments in ihm. — 12. Dies Reservoir der Giebichensteiner Wasserleitung, die an der Magdeburger Chaussee nach Morl zu liegt, wurde 1893 erbaut. Man hat von der zinnenverzierten Plattform einen selten schönen Fernblick nach allen Himmelsrichtungen, eine wunderbare Höhe für uralte Sonnenverehrung. — 13. Die Blöcke der alten Grundmoräne bewegten sich mit dem Gletscher fort, schrammten und ritzten den Porphyruntergrund: sie weisen wie bei dem Kleinen Galgenberg nach dem Norden hin. — 14. Vgl. Gesch. d. Saalkreises S. 14, ferner Kruse Deutsche Altertümer I, 5. — 15. Es ist Sandstein! während der Berg nur aus Porphyr besteht. Die Sonne windet sich schraubenförmig im Frühling empor, im Herbste herab. Sonnenspiralen und Sonnenräder sind Symbole uralten Sonnenkultus. Der Galgenberg, nach allen Richtungen weit sehend, eignete sich vorzüglich zur Sonnenbeobachtung und zum Sonnendienste. — 16. Andere Funde waren eine kleine napfförmige Urne mit 8 kleinen Buckeln, ebenso 3 verzierte Ringe von Bronze, Spinnwirtel aus Ton u. ä. — 16a. Nach Mitteilungen des Herrn Reuß. — 17. Offenbar seit der Brunnen auf der Unterburg zugeschüttet worden war (s. Unterburg). — 18. Der Brunnen ist heute noch sichtbar, wenn man von der Ziethenstraße unter der Bahn hindurch geht nördlich am Bahndamm entlang, so sieht man gleich rechts einen kleinen

Trichter oder Mulde, deren Grund Bohlen und Erde bilden. In nasser Jahreszeit ist der Brunnen so wasserreich, daß das Wasser hochsteigt und einen Ausweg nach dem Wege zu sucht. — 19. Es durfte auch nicht jeder Bürger im pfännerschaftlichen Gehege die kleine Jagd ausüben, sondern nur die Pfänner und die cives honoratiores, denen der Rat es vergönnte und die auf ein Jahr geltende Schießzettel erhielten; dagegen durften die Salzwirker (Halloren) in diesem Gehege Vögel fangen und Lerchen streichen. Alle mußten sich aber den landesherrlichen Jagdverfügungen aufs strengste fügen. — 20. Auf dem steinigen Boden hatte sich ein großer etwa 2 Meter tiefer Teich gebildet. Die hohen starren düsteren Felsenwände, das tiefe stille lauernde schwarze Wasser im Grunde gaben Böcklinsche Unterweltsempfindungen. Auch die Ruine des alten Arbeitersteinhäuschens am Eingang, an der Hohle am Landrain, war ein malerisches Moment. Leider füllte man seit 1911 den Teich aus, und der Durchbruch zerstörte die steile düstere Felsenwand.

Beilage.

Das alte Landding an der Brücke der Unterburg Giebichenstein.

Unter den sächsischen Herzögen, den Ludolfingern, die mit Heinrich I. 919 den deutschen Königsthron bestiegen, zu Beginn des 10. Jahrhunderts, wurde die alte westsaalische fränkische Gauverfassung auch auf das ostsaalische, den Sorben entrissene Land übertragen. Der Gau unseres Gebietes hieß der Neleticigau,

Burgeingang.

genannt nach den Neleticisorben, die ihn bewohnten, er umfaßte das Land zwischen Saale und Strengbach, er wurde im Norden von einer Linie Nehlitz bis Zörbig, im Süden von der Elster und dann von einer Linie Döllnitz bis Wiesenena begrenzt. Das Gericht des Gaues fand an der Hauptburg des Gaues, an der um 925 errichteten Burg Giebichenstein und ihrer Unterburg statt, den Vorsitz führte des Königs Stellvertreter, der Burggraf Giebichensteins; die Richter d. h. die Schöffen, die Beisitzer stellten die Dörfer des Gaues, ursprünglich wohl alle Dörfer oder doch wenigstens alle bedeutenderen Dörfer, und zwar waren es Deutsche und keine Sorben, also freie deutsche Bauern, deren je einer, sei es der Schulze selbst, sei es ein freier Bauer zum Gericht, Landding, Landgericht an der Burg entsandt wurde. Die Ehre Landschöffe zu sein war lebenslänglich. Dieses uralte Gaugericht (Goding, Landding, Landgericht) fand stets unter freiem Himmel statt, an der Brücke vor der Unterburg. So war es auch in anderen Gauen des Erzbistums der Fall. Wir finden solche alten Landgerichte außer dem unsrigen auch an der Brücke vor der Burg zu Egeln (so noch 1665), an der Schloßbrücke zu Wanzleben (so 1561), an der Schloßbrücke zu Tangermünde, zu Gardelegen und vielleicht noch an manchen anderen. Die Kompetenz des Gerichts erstreckte sich auf alle Zivil- und Kriminalrechtsprechung, auf Kauf und Verkauf von Grundstücken, auf Abgaben, auf Diebstahl, Totschlag, Mord, Ehebruch und sonstige Verbrechen.

Das Landgericht an der Unterburg Giebichenstein bestand für das platte Land, für die Dörfer des erzbischöflichen Saalegebietes weiter, zu denen die 4 Städte Glaucha, Neumarkt, Könnern und Löbejün kamen. Man kann leicht über 100 Dörfer im 11. und 12. Jahrhundert nachweisen, von denen eine Anzahl durch die verschiedensten Umstände in den nächsten Jahrhunderten zu Wüstungen wurden. In späteren Zeiten sind es 58 Dörfer in 5 Pflegschaften, die dem Giebichensteiner Landgericht unterstellt waren. Ausgenommen waren die Adligen, die dem Hofgericht des Erzbischofs unterstanden. — Die später sich entwickelnden übrigen Aemter im Saalkreise Wettin, Alsleben, Rothenburg, Beesen, zuletzt Brachwitz und Petersberg hatten ihre eigene viel weniger ausgedehnte Gerichtsbarkeit. — Die Schöffen, die Aeltesten, des Giebichensteiner Landdinges, waren später 7 und wurden aus gewissen Dörfern gestellt, aus Hohen, Spickendorf, Hondorf (Wüstung bei Krosigk), Beesen, Dieskau, Wörmlitz, Bennewitz; für Hondorf, Beesen, Dieskau erscheinen Mötzlich, Teicha und Lieskau in noch späterer Zeit.

Der Dreißigjährige Krieg brachte die alten Landgerichte in Unordnung. Man stellte sie, soweit es ging, wieder her, ob in dem vollen Umfange bei allen, fragt sich. Unser Giebichensteiner Gericht kam seit der kurbrandenburgischen Zeit (1680) wie oben erwähnt unter die Pächter des Amtes (den Amtmann oder Oberamtmann). 1773 hatte die Familie Bartels die Domäne als Pächterin inne, der Inhaber der Domäne, heißt es, hatte die dritte Stimme beim Urteilsspruch d. h. er gab immer den Ausschlag. Danach müßte sich die Art und Weise, das Urteil zu finden, geändert haben. Dem Heinrich Remigius Bartels, einem weichherzigen Manne, war das zum Tode Verurteilen eine große Qual. Es wird erzählt, daß er dreimal hintereinander (!) Gefangene, die er selbst mit zum Tode verurteilt hatte, nachts vor der Hinrichtung befreit hätte. Hierauf wurde ihm zu seiner unendlichen Erleichterung das „Recht zum Richten" entzogen. (!) — Der Hinrichtstätten hatte das Amt zwei: den (Großen) Galgenberg, der den Galgen des Amtes trug, und den Räderberg, wo das Rad des Amtes stand, auf dem auch geköpft und „geschmocht" wurde. Erst 1798 bis 1802 wurden die Richtstätten abgebrochen und die Steine zum Chausseebau verwendet. — Durch die Franzosenherrschaft (1806) ging die Giebichensteiner Amtsgerichtsbarkeit, der letzte Ueberbleibsel des uralten fast tausendjährigen Gaugerichtes, ein. Es war das alte deutsche Volksgericht, in dem das Volk, d. h. seine Vertreter und Abgesandte, die Schöffen, das Recht sprachen. Das Gericht trat zu bestimmten Zeiten zusammen und sprach Recht. — In den beiden Urkunden vom 29. Juli 961 und in der vom 9. Juli 965 schenkt Kaiser Otto der Große den Gau Neletici, nämlich die „Stadt" (urbs) Givikansten mit ihrer Saline und die übrigen „Städte" dem Moritzkloster zu Magdeburg, dem späteren Erzstift, ferner auch den Zehnten von allen Früchten und Nutzungen, aber nicht schenkt er die Marktrechte (Zoll) und den Königsbann, also das Landding zu Giebichenstein. Dies behält er sich noch vor. Der Kommandant des Giebichensteins, an den König Heinrich das alte Gaugrafen- oder Landding geknüpft hatte, der daher Burggraf genannt wurde, saß als Beamter des Königs nach wie vor dem Landding vor. Erst am 20. Mai 987 gehen Marktrecht wie Königsbann (bannum ad regium jus respicientem) d. h. das Landding in die Hände des Erzbischofs über. Der Burggraf präsidiert jetzt als Beamter des Erzbischofs dem alten hohen Volksgerichte, während die Schöffen des freien Landvolks das Urteil fanden, wenn auch die Oberburg noch unter kaiserlicher Herrlichkeit stand. Sicherheit des Kaisertums erscheint noch mit Sicherheit der Kirche identisch. Das Dorf Halle stand ebenfalls unter dem Giebichensteiner Landding, so erklärt sich das Zurücktreten Halles hinter Giebichenstein. Erst als das Dorf Halle zum Markte oder Marktflecken 981 durch den Kaiser erhoben ward, wurde es von dem Landding Giebichenstein eximiert d. h. ausgenommen; es erhielt ein eigenes höheres Gericht, das unter einem Vertreter des Erzbischofs stand. Das war der Salzgraf, der auf der Pfännerhöfe seine Gerichtsbarkeit ausübte, belehnt mit dem Blutbann durch den Burggrafen von Magdeburg, den weltlichen Vertreter des Erzbischofs. Wie sich neben diesem Salzgrafen und seinen Schöffen, neben dem Talgericht oder dem Gericht der Unterstadt, der andere Vertreter des Burggrafen, der Schultheiß, nebst seinen Schöffen für die Oberstadt, den Berg (auf dem Gelände der heutigen Wage) sich entwickelte, gehört nicht hierher. Hier sei nur festgestellt, daß Halle, als es sich zum Markt und zur Stadt entfaltete aus dem uralten Landding oder Landgericht, Gaugericht, ausschied, eximiert, selbständig wurde.

Die Nachfolger der Burggrafen und der nach diesen auftretenden Vögte waren die Hauptleute der Burg. Und wie schon vorher ein Stellvertreter den Burggrafen beim Landding vertreten konnte, so vertritt auch jetzt ein „Amtsvogt" oder „Oberlandrichter" den Amtshauptmann, nur in seltenen Fällen führt der Hauptmann selber noch den Vorsitz, so 1535 im Prozeß des Hans von Schönitz. Seit 1584 nennen sich diese Amtsvögte „Amtsleute", nicht zu verwechseln mit den späteren kurbrandenburgischen Amtsleuten. Die Amtsvögte sind eine Zeitlang aus dem Adel, der im Amte ansässig war, erwählt worden, später seit etwa 1584, werden akademisch gebildete Bürgerliche dazu genommen. Unter der Brandenburger Herrschaft wurden die Amtsgüter an Pacht-Amtleute oder Oberamtleute auf gewisse Jahre verpachtet, diese nehmen nach ihrem Gefallen den Gerichtshalter, Amtschreiber und sonstige Beamte des Amts.

II.

Trotha.

Das Dorf Trotha. Allgemeines.

Das heutige Dorf Trotha entwickelte sich im Schutze der vielleicht schon sorbischen Wasserfeste (Kaffeegarten Trotha) bis zur Mühle abwärts, an der Saale. Also das Gelände vom heutigen Kaffeegarten abwärts mit den alten Gassen Saalestraße, Plan, Götschestraße ist der älteste Teil, der Kern des heutigen Ortes. Im Osten dieser kleinen Siedlung zog sich die uralte Heerstraße entlang durch unbebautes oder Ackerland, im Norden setzten sich auf dem Gelände des heutigen Unterdorfes Weidendickicht, Sumpf und Waldung an, im Süden grenzten es die Wassergräben des Kastells ab, im Westen die Saale. Als um 1100 die Wassermühle entstand, bildete sie den natürlichen Abschluß der Siedlung im Norden. Abseits vom kleinen Orte, südlich auf kleiner Anhöhe hatte man auf altem heidnischen Opferplatz die kleine Kapelle des heiligen Briccius im Schutze der benachbarten Feste errichtet. — Längst vor der ersten urkundlichen Erwähnung des Dorfes 952 bestand das Dorf schon in diesen Grenzen, kleine schmutzige Lehmhütten mit Stroh- und Schilfdächern, deren sorbische Bewohner sich vorzugsweise vom Fischfang und von der Jagd in den umliegenden Wäldern nährten. Doch Name des Ortes und vorgeschichtliche Funde lassen eine Besiedlung der Dorfgegend wie der Dorfmark schon Jahrhunderte, ja Jahrtausende vorher erkennen.

Steinzeitliche Spuren zeigten sich am Nixstein, einem ehemaligen kleinen Felseiland in der Saale unterhalb der Schleuse: man fand hier außer einer Renntierstange und Rehgeweih einen Reibestein.[1]) Andere steinzeitliche Spuren fanden sich auf dem Friedhof, eine Anzahl Urnen, teils in Tassenform, teils Kugeltöpfe, teils größere Gefäße, ebenso auch im Norden auf dem Gelände der Zuckerfabrik Trotha; auf der Sandgrube in der Bernburger Straße 1 km nördlich von Trotha zeigten sich bedeutendere Reste aus der Zeit der Bandkeramik, Gefäße mit teils kantigen Bandornamenten, Punktierungen, Knöpfen, teils in rötlichem Tone, größere und kleinere.

Aus der Bronzezeit hatte sich eine Hauptsiedlung an der Heerstraße (Magdeburger Chaussee) erhalten, besonders auf dem Gelände der sogenannten Sachsenburg, Trothaer Straße Nr. 2. Hier machte man 1885 reiche Funde an bronzenen Halsringen,

Armspangen, [illegible]nzenadeln, ähnlich denen des Röderberges und der Siedlung daselbst (s. Giebichenstein). Diese Siedlung reicht weit in die Eisenzeit hinein: eiserne Lanzenspitzen, Pfeilspitzen, Brandurnen mit Knochensplittern usw. wurden ausgegraben. Der keltischen Bevölkerung war die germanische gefolgt. Vielleicht entstammt der alten keltischen Bevölkerung der Name unseres Dorfes, wenn man Trotha von dem keltischen Tharaugt abzuleiten versucht (aus Tharaugta wurde Trotha); es bedeutet „Durchbruch", nämlich Durchbruch der Saale durch die Porphyrfelsen der Klausberg-Cröllwitzer Berge.

In der slavischen Zeit (600–800 n. Chr.) konzentrierte sich die Siedlung dank der Vorliebe der Sorben für Wasser- und

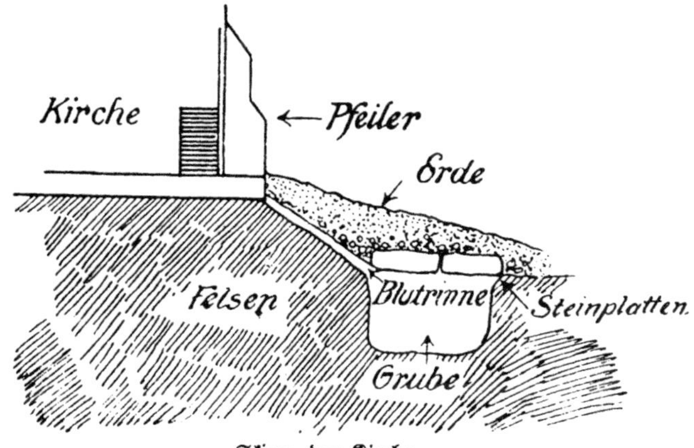

Skizze der Kirche.

Sumpfgelände an der Saale. Sehr wahrscheinlich entstand in dieser Sorbenzeit das Wasserkastell (Kaffeegarten) zum Schutz und zur Aufnahme der Bevölkerung in kriegerischen Zeiten. Es mag in den Kämpfen gegen die Sorben zerstört worden sein, bis es später nach Grodistas (Groitzsch) Eingehen wieder als Feste deutscher erzbischöflicher Vasallen entstand. — Wohl noch in der Frankenzeit (bis 900) wurde das sorbische heidnische Heiligtum südlich der Siedlung auf kleinem Hügel durch eine christliche Taufkapelle, dem fränkischen Heiligen Briccius geweiht, ersetzt. Briccius wie Dionysius, Martin und Gertrud sind spezifisch fränkische Nationalheilige, deren Kult sicherlich nicht mehr in der nachfolgenden frankenabgeneigten Sachsenzeit geblüht haben mag. Einen Rest des uralt heidnischen Opferplatzes entdeckte man beim Umbau der Kirche 1910. Von der Höhe des Porphyrhügels, auf dem die Kirche steht, zog sich eine Blutrinne von der Mitte der alten südlichen Außenmauer (vor dem Umbau 1910) einige Meter hinab südwärts in Porphyr gehauen, sie mündete in eine tiefere Grube, die ganz in Felsen gehauen sorgfältig mit 2 großen Steinplatten überdeckt war, auf die kleine Steine zum Ausfüllen der Lücken gedrückt waren.[2])

952 (26. 6.) übergab Otto der Große nebst der Gutenberger und Osminer Mark auch die Marke Taratha mit ihrer Burg Grodista (Groitzsch) bei Sennewitz seinem Verwandten, dem Grafen des Neletici-gaues, Billung, offenbar, damit dieser durch genügenden Grundbesitz und Burgen, ein festes Regiment in diesen Sorbengebieten führen konnte. Billung mag kurz zuvor zum Gaugrafen in unserer Gegend ernannt worden sein. Sein Geschlecht entstammt dem mittleren Sachsenlande (Lüneburger Heide). 966 (28. 7.) tauschte Otto diese Privatgüter wieder ein und übergab sie nebst Brachstedt, Oppin, Niemberg dem Magdeburger Moritzkloster bzw. dem neu zu gründenden Erzstift. So ward Trotha erzbischöflicher Besitz, der aber noch unter dem Obergericht, dem Landding, des Kaiserlichen Burggrafen zu Giebichenstein stand. Das alte, wohl nun unpraktisch gelegene Sperrfort an der Heerstraße Grodista ward aufgegeben und es wurde in Trotha selbst an der Stelle der alten Slavenfeste ein neues Kastell errichtet, das der Erzbischof einem Ministerialgeschlecht als Lehen gab, um die Heerstraße, näher an der Burg Giebichenstein, zu bewachen und den Zoll und das Geleit hier zu besorgen. Wohl zu Ausgang des 12. Jahrhunderts ward ein jüngerer Sproß des alten Dynastengeschlechts, derer von Rebeningen, der in den Dienst des Erzbischofs getreten, mit der Burg zu Trotha beliehen, es ist der Stammvater der Herren von Trotha.[3])

Vor diesem Ministerialgeschlechte hatte bereits die Kirche reichen Besitz im Dorfe. Die uralte Margarethenkapelle in der Unterburg Giebichenstein (s. d.) war wohl gleich bei ihrer Stiftung mit reichem Landbesitz in Trotha ausgestattet worden, der sich im Laufe der Jahre noch vermehrte: es gehörten ihr die Kirche des Dorfes, der geistliche Zehnte, der Werder, 10½ Hufen Acker, dazu die Mühle des Dorfes, die vielleicht durch die Anlage der Burg eingerichtet worden war. All dieses reiche Gut nebst der Margarethenkapelle selbst wurde 1182 durch den Erzbischof Wichmann dem Neuwerkkloster einverleibt, das selbst schon seit 1121 stattlichen Grundbesitz (16 Hufen) in der Trothaer Mark besaß.[4]) Somit bekam das mächtige Kloster entscheidenden Einfluß im Dorfe, sehr zu Ungunsten des Rittergeschlechtes, das hier saß. Es wurde in jahrhundertlangem Ringen immer mehr in seinen Gerechtsamen und Freiheiten eingeschränkt und geschwächt, bis es seinen Stammsitz endgültig verließ.

Des Dorfes Bedeutung beruhte z. T. auch auf seiner günstigen Lage an der großen Heerstraße. Die uralte Straße, die den nördlichen Teil des Erzstiftes (Magdeburg) mit dem südlichen (Halle) verband, die Magdeburger Heerstraße, lief an der Ostseite des Dorfes vorüber nach Halle (s. Band II B Magdeburger Straße).

Diese Straße kam von Könnern her über Beidersee, mußte hier wegen des gewaltigen Sumpfes nach Teicha ausweichen,[5]) wurde hier im Tale ursprünglich durch das Fort Grodista (Groitzsch) gesperrt und lief dann südlich an Trotha vorüber, wo die Ministerialen das Geleite stellten und den Zoll an ihrem Kastell abnahmen. Bald machte das Kloster den Zoll jenen streitig, ließ ihn sich verleihen und nahm ihn weiter nördlich bei ihrer Mühle ab. Der Mönch, der hier im Mühlenbetrieb die Oberaufsicht über die weltlichen Mühlenknappen führte, nahm auch den Zoll ein, später jedoch kassierte ihn der Erbpächter der Mühle ein. Um 1360 betrug der Zoll die stattliche Summe von 150 Mark Silber.[5a]) Doch um 1700 wurde der vielfach geschmälerte Zoll nur noch um 90 Taler verpachtet (für den Lastwagen 6 Pfennige, für den Landwagen 3 Pfennige Wegegeld). Erst im 19. Jahrhundert ist der Mühle der Zoll genommen worden.

Wappen derer von Trotha.

Auch eine bedeutende Furt ging unterhalb Trotha am späteren Unterdorf durch die Saale, der sogenannte „Habichtsport". Als dem neuerwählten Erzbischof Johann 1466 die hallischen Bürger das Klaustor schlossen und die Fähre bei Cröllwitz verhinderten, er kam von Westen her, mußte er nordwärts weiterziehen, bis er unterhalb Trotha im Habichtsport die Saale durchreiten und so zu seiner Burg Giebichenstein gelangen konnte. Auch der kursächsische General Baudissin benutzte diese Furt am 25. 2. 1636 im Dreißigjährigen Kriege, um die Schweden in Lettin zu überfallen und niederzumetzeln. Die Furt lag unterhalb des Werders und der Schleuse am Nixstein. Eine Zollerhebung- und Geleitsstätte befand sich in ihrer Nähe etwas oberhalb im Dorfe noch lange Zeit (in der heutigen Saalwerder- bzw. Morlstraße). 1874 wurde die Saale vertieft, der Nixstein gesprengt und die Furt so zerstört.

Trotha wurde immer mehr ein Klosterdorf, eins jener 12, die das reiche Neuwerk besaß. Die Macht der Ministerialen, der Herren von Trotha, schrumpfte ständig weiter zusammen. Ihr Besitz ist im 14. Jahrhundert 3 freie Höfe, 13 Höfe, der Forst-

werder, der daneben lag, 10 Hufen, 4 L[illegible]sen, 2 Fischereien (piscariae, darunter die am Saalwerder) und 1 „Solgrime".[6]) Außer dem Dammgeleitegeld erstritten sich die Mönche das Fischereirecht am Saalwerder, zudem belegten sie die 10 Hufen Land mit dem geistlichen Zehnten. Endlich 1455 (1458) räumten die Herren von Trotha endgültig das Feld und verließen ihren uralten Stammsitz.

Das Dorf besaß um 1400 bereits eine stattliche Feldflur: um 1400 werden folgende Giebichensteiner Stiftsvasallen mit Besitz in Trotha erwähnt: die von Trotha mit 10 Hufen, Tilo Kure mit 5 Hufen, Ulrich Bornecker mit 2 Hufen, Frenzel vom Ende mit $2^1/_2$ Hufen und Friedhelm Schile mit $1^1/_2$ Hufen, zusammen 21 Hufen, also etwa 500—600 heutige Morgen, dabei ist der klösterliche Besitz nicht mitgerechnet. Eine stattliche Gemarkung für ein mittelalterliches Dorf.

1426 wurde der Ort in der Fehde des Erzbischofs Günther mit der Stadt Halle gänzlich zerstört, auch die beiden Höfe derer von Trotha als erzbischöfliche Vasallen gingen in Flammen auf. Die Erzbischöflichen hatten vor dem hallischen Steintor zwei Bürger und fünf Pferde gefangen genommen. Die hallischen Bürger verfolgten sie, überfielen das Dorf und brannten es nieder. — Bald suchten die von Kotze wiederum Besitz in Trotha zu erwerben;[7]) sie kauften mannigfache Zinsen und Lehen von denen von Trotha auf,[8]) auch trug Hermann von Kotze 1464 einen freien Hof vom Erzstift Magdeburg zu Lehen, den er kurz zuvor erworben haben muß, er war früher im Besitz derer von Trotha. Dieser Sattelhof wurde 1507 mit Zustimmung des Erzbischofs zu Erbzinsgut gemacht und verafterlehnt und 1519 mit allen andern Gütern und Zinsen an die von Dieskau verkauft. Dieser freie Hof ist wohl nie von der Familie Kotze bewohnt worden. — Ferner hatte das Amt Giebichenstein ein Vorwerk (Schäferei) in unserem Dorfe errichtet. Es lag dicht an dem alten Sitze der Herren von Trotha, wohl nach deren Weggang aus ihren Gutsgebäuden errichtet; es ist die Schäferei, die heute noch steht, im ältesten Inventarium der Burg Giebichenstein vom Jahre 1464 zählte sie 550 Stück Schafe.[9])

1530 hob der Kardinal Albrecht das Kloster Neuwerk auf und schlug dessen gesamte Güter, darunter auch die ansehnlichen Besitzungen in Trotha zum von ihm neugegründeten Stift (vgl. Band I das Neue Stift S. 192 u. f.), nach dessen Aufhebung zum Amt der Stiftsschreiberei bzw. zum Amt Giebichenstein.

Das Dorf, an der Magdeburger Haupt- und Heerstraße gelegen, erlitt wiederholt schwere Kriegsschäden, so auch im Schmalkaldischen Kriege, als Moritz von Sachsen Halle besetzte und sein Heer in Halle einquartierte; seine Husaren (Hussern), magyarenhafte wilde zügellose Reiter, wurden in Neumarkt, Giebichenstein, auch in Trotha einquartiert: 1500 Mann auf etwa 300 Häuser nebst der Burg Giebichenstein und 3 Freihöfen! — Die Reformation setzte sich allmählich und ruhig durch: 1551 bezw. 1556 ist der Gottesdienst in lutherischer Art eingeführt. Trotha erhielt noch die Dörfer Sennewitz und Tornau als Pfarrsprengel. So blieb die kirchliche Gestaltung bis in den Beginn des 19. Jahrhunderts.

Eine Entwicklung des Dorfes machte sich erst nach dem Mittelalter bemerkbar. Während des ganzen Mittelalters zählte nämlich das Dorf nur 10 bis 13 Häuser und einige (3) Sattelhöfe, diese nebst der Mühle wurden von etwa 100 Menschen bewohnt. 1562 werden noch 14 Häuser angegeben, 1600 dagegen 30!

Dieser Blüte setzte der Dreißigjährige Krieg ein jähes Ende. Noch im Herbste 1625 stürmten die Wallensteinschen Horden (ein Schwarm von Wettin her) über das unglückliche Dorf nach Halle. Aecker, Höfe wurden vernichtet, die Frauen entehrt und den Bewohnern Vieh und Habe geraubt und erpreßt. Den Wallensteinern folgte die Pest als ein noch schlimmerer Gast (1626). Nach der kurzen Erholung unter Gustav Adolfs Regiment setzten sich bald Schweden, bald Kaiserliche, bald Kursachsen in Halle und im Saalkreise fest: jeder verwüstete, plünderte, mordete so gut er es verstand. 1636 wütete die Pest schrecklicher denn zuvor. Der Pfarrer Langguth floh nach Giebichenstein und starb dort. 11 Jahre hindurch war kein Seelsorger im Ort: die Pfarrer von Giebichenstein und Gutenberg vertraten, so gut es ging. Als der Friede endlich 1648 erschien, standen Kirche, Pfarrhaus, Schule, gänzlich demoliert da, die Häuser waren ein Trümmerhaufen, die wenigen Menschen verroht und verhärtet im Morden und Rauben der langen Zeit. Der Herzog Augustus, der letzte Administrator, suchte auch hier wie anderswo die schweren Folgen des Krieges zu lindern. Aber erst mit den Hohenzollern begann ein merklicher Aufstieg in Wohlstand und Zunahme der Bevölkerung. Einen Hauptternährungszweig der Bevölkerung bildete der Brotverkauf an den Markttagen zu Halle; ein Privileg, das die Trothaer mit den Giebichensteinern und Cröllwitzern gemeinsam hatten.

Zunächst hauste die Pest 1681 ebenso furchtbar in Trotha wie in Giebichenstein: über die Hälfte der Bevölkerung starb dahin. Doch 1685 errichtete der kurfürstliche Postmeister Madeweis den soliden patrizierhaften Bau seines Wohnhauses (den heutigen Kaffeegarten). 1694 am 13. Juli legte der Kurfürst Friedrich III. den Grundstein zu der Schleuse in Trotha, die nebst den andern neuen Schleusen die Saaleschiffahrt wieder beleben half. 1721 wurde die dem Einsturz nahe Mittelschenke (Preußische Krone) für 378 Taler wieder hergestellt. Mühlendamm und Mühle wurden erneuert, dem Mahlgeschäft ward durch neue königliche Privilegien aufgeholfen. Bald darauf wurde eine zweite Schenke (der Rehbock) eingerichtet (1717). Die Kirche wurde 1730 mit größeren

Unkosten wieder hergestellt, ebenso das Pfarrhaus, während die Küsterwohnung neu erstand. Das Dorf begann sich bereits nördlicher an der Landstraße zu entwickeln.

Der Siebenjährige Krieg riß durch neue Drangsale und Nöte vieles wieder nieder. 1759 rückte der Oesterreicher Weczey von Naumburg in Halle ein: das Dorf Trotha mußte 1237 Taler bar aufbringen, fast 10 Taler pro Kopf. Dazu kamen Einquartierungen und Furagelasten. Der Gesamtschaden wurde auf 2000 Taler berechnet. Die bösen Nachwirkungen des Krieges halten lange an: 1760 sind es 35 Steuerpflichtige, 40 Jahre später sieben mehr.

1785 zählte das Dorf 52 Häuser, 269 Einwohner, darunter 5 große und 12 kleine Kossaten, 23 Häusler, 15 Einlieger, 5 Fischer. Man zahlte 168 Taler Furagegeld und 336 Taler Kontribution. Die Flur enthielt 590 Morgen Acker, 21 Morgen Wiesen, 35 Morgen Gärten, 18 Morgen Anger. Das Dorf hatte sich unterhalb der Mühle vergrößert, das sogenannte Unterdorf ist entstanden; der Verkehr der alten Brachwitz-Wettiner Straße, die hier mündete, trug dazu bei. Auch auf der Westseite der Heerstraße waren weitere Siedlungen entstanden. — Im Februar 1799 unterwühlte die größte Saaleüberschwemmung, die man seit Menschengedenken gesehen, das Dorf: manche Häuser stürzen ein, andere müssen niedergerissen werden.

Im Oktober 1806 fällt Napoleon mit seinen Raubscharen auch in den Saalkreis ein. Am 17. 10. wird Halle eingenommen, in den nächsten Tagen wurden die umliegenden Dörfer, auch Trotha, arg durch Requirierungen, Plünderungen und sonstige Gewalttaten der zahlreichen französischen Truppen heimgesucht.[10]) Vieh, Getreide, sonstige Lebensmittel, sodann Pferde zum Vorspann, allerlei Wagen wurden bis aufs äußerste requiriert und geraubt. Außer den Plünderungen, Zerstörungen, Einquartierungen und Furagelasten sollte das Dorf noch die ungeheure Summe von 4347 Talern bezahlen. In dem neuerrichteten Königreich Westfalen gehörte Trotha wie Giebichenstein zum 13. Kanton (Neumarkt) des Distrikts Halle des Saaledepartements.

Bis in die Mitte des Jahrhunderts sind die schweren Leiden und Lasten des Einfalls wie des Königreichs Jeromes in den mislichen Steuerverhältnissen des Dorfes zu spüren. Erst um 1850 beginnt eine neue Epoche raschen, ungeahnten Aufblühens. — Schon zu Anfang des Jahrhunderts wurde der Pfarrsprengel Trothas verändert: Sennewitz wurde mit Teicha verbunden; später um 1850 wurde auch Tornau nach Mötzlich eingepfarrt. Statt dessen erhielt Trotha Seeben.[11]) — 1816/17 wurde die Trothaer Schleuse verbessert und umgebaut. — 1830 zählte das Dorf bereits 400 Einwohner (85 Steuerpflichtige). — Von 1850 ab wird das

Ackerbaudorf immer mehr zum Industrieort. Vorher bauten Anspänner wie Kossaten ihren Flachs, Hopfen (vgl. den Hoppeberg vor Seeben), Rübsamen, Kohl, jetzt nur noch Getreide, Kartoffeln und Rüben, 1849 errichten die Gebrüder Nagel die große Zuckerfabrik, damit beginnt die Erschließung des Nordviertels Trothas für Fabriken und gewerbliche Anlagen. Dann entwickeln sich die Nagelschen Werke, die in der Trothaer Feldmark 1800 Morgen unter ihren Pflug brachten, außer dem landwirtschaftlichen Großbetrieb auch Nebengewerbe wie Brennerei, Molkerei und Ziegelei begründeten. Die Grube Karl Ernst nordöstlich von Trotha beim Hoppeberge wird in Stand gesetzt. Ebenso erstand 1850 die chemische Fabrik von Engelcke & Krause. So zählte das Dorf 1865 bereits 1000 Einwohner, freilich überwiegend Arbeiter. Es besaß (1865): 1278 Morgen Gesamtfläche (962 Morgen Acker, 32 Morgen Gärten, 27 Morgen Wiesen, 7 1/2 Morgen Weiden, 8 1/2 Morgen Holzung) mit 3900 Talern Reinertrag und 322 Talern Grund- und 250 Talern Gebäudesteuern. — 1866 raffte die Cholera den zehnten Teil der Einwohner hinweg.

Das Dorf hatte sich bereits um die Mitte des Jahrhunderts auf der Ostseite der Chaussee erweitert, zunächst in dem südlichen Teile. Dann begann man sich an der Kreischaussee anzusiedeln, ebenso an der Bahnhofsstraße, als Trotha 1872 Station der neuerbauten Halberstädter Bahn wurde und der Bahnhof in dieser Nordgegend errichtet wurde. — 1885 zählte der Ort 2865 Einwohner in 181 Häusern und 639 Haushaltungen. In hundert Jahren (1785—1885) betrug die Bevölkerungszunahme 965 Prozent, die größte Zunahme im Saalkreise. Die Gesamtfläche betrug 2568 Morgen (2052 Morgen Acker, 48 Morgen Wiesen und 8 Morgen Holzung). — 1887 wurde die breite Hauptstraße kanalisiert, 1893 bekam das Dorf Wasserleitung (durch die Giebichensteiner Wasserleitung s. Großen Galgenberg) wegen drohender neuer Cholerагefahr, 1892 wurde die elektrische Straßenbahn nach Trotha gelegt, die 1900 bis zum Bahnhof Trotha weitergeführt wurde. — Weitere industrielle Tätigkeit entwickelte sich: große Holzlagerplätze entstanden, die Trotha-Sennewitzer Aktien-Ziegelei-Gesellschaft begründete sich, 1893 erhob sich eine Aluminiumfabrik am Brachwitzer Wege, eine Maschinenöl- und Fettefabrik erstand an der Kreisstraße (Köthener Straße), ferner entwickelte sich ein Porphyr-Bruchsteingeschäft und die Kiesgrube, in der ehemaligen Aluminiumfabrik wurde eine Futterkuchenfabrik eingerichtet usw. Auf der Ostseite des Dorfes entwickelte sich weitere Bautätigkeit, neue Straßen entstanden wie die Petersberger Straße und die verlängerte Oppiner, aber auch an der Köthener Chaussee, an der Angerstraße baute man sich weiter an. — 1900 wurde Trotha nach Halle eingemeindet: es zählte 3850 Einwohner, und seine

Gesamtfläche betrug 642,36 ha, als Vermögen traten 162 078 Mk. zu dem der Stadt Halle, darunter die 2 Schulgebäude in der Morler und in der Petersberger Straße (25 619 und 28 336 Mk.) und das Armenhaus in der Oppiner Straße (2101 Mk.). An Gemeindeeinkommensteuer zahlte man 29 651 Mk. und an Staatseinkommensteuer 14 292 Mk., an Ergänzungssteuer 3514 Mk. Die Grundsteuer (125 Prozent) ergab 3044 Mk.

Die Trothaer Straße.

Die Trothaer Straße ist die Hauptstraße, die Hauptader des Verkehrs des heutigen Trotha, ein breiter, chausseehafter Straßenzug mit Bürgersteigen rechts und links, teilweise von Baumreihen beschattet; ältere und jüngere Häuser (Villen), diese mit Vorgärten, auch größere Gärten, zuletzt (nördlich) Fabrikanlagen wechseln mit einander ab. Die Westseite der Straße ist alt, die Ostseite ist erst seit etwa 1850 bebaut worden.

Die Straße ist ursprünglich die alte Magdeburger Heerstraße, die heutige Magdeburger Chaussee, die von Könnern über Morl herkommt, bei dem Giebichensteiner Wasserwerk in die Gemarkung Trotha und etwas vor der Nagelschen Zuckerfabrik in das Dorf Trotha eintritt. Um 1800 ist diese Heerstraße, damals östlich vom Dorfe, gerade gelegt und ausgebaut worden.[12]) — An ihr lagen die Zolleinnahmestätten, so im 18. Jahrhundert in dem Eckgrundstück am Rehbock.[12a]) Die Dammgeleitseinnahme befand sich (1789) in einem Hause, dem Roten Adler gegenüber, wohl im Eckgrundstück an der Mötzlicher Straße.[12b]) Die Chausseeeinnahmestelle im 19. Jahrhundert lag beim Eintritt ins Dorf, ganz nördlich an der Magdeburger Chaussee (Morlstraße), hier war der Schlagbaum, hier wurden an geschlossener Barrière für einen geladenen Wagen 30 Pfennig, für einen leeren 15, für ein Pferd oder Esel 10 Pfennig entrichtet.[12c])

Die Straße hieß bis zur Eingemeindung (1900) viel richtiger „Magdeburger Straße"; da aber Halle bereits eine Magdeburger Straße besaß, wurde sie in „Trothaer Straße" umgenannt.[13]) Sie beginnt an der Südgrenze der ehemaligen Trothaer Flur, am Durchschnitt des Angerweges, ist hier auf der Westseite bis zum Durchschnitt der Seebener Straße mit modernen Mietshäusern bebaut, auf der Ostseite sind Baustellen. Von der Seebener Straße ab sind rechts und links Felder, die Westseite ist das Ackergelände vor den Klausbergen, etwa 250 Schritte lang, bis man in das eigentliche Dorf Trotha eintritt. Nach einigen meist älteren Mietshäusern (Nr. 10—13) buchtet sich die Straße auf der Westseite etwa 40 Schritt weit aus, in dieser Einbuchtung liegt mit der Front nach Norden der alte ehemalige Gasthof zum Roten Adler.

In der Mitte der Breite zieht sich ein Anlagestreifen spitz nach Norden zu hin: Rasenbeete mit Gebüschen, mit Bänken zur Erholung, mit einem Spielplatz. Hier steht das Kriegerdenkmal zur Erinnerung der siegreichen Kriege von 1866 und 1870/71; ein Obelisk auf einem Kubus aus Sandstein, zu dem mehrere Stufen emporführen, etwa 3—4 Meter hoch, mit dem Eisernen Kreuz geschmückt und der Inschrift: „Den Gefallenen zum Andenken, den siegreich Zurückgekehrten zur Anerkennung, den kommenden Geschlechtern zur Mahnung ist Christel im Feldzug 1866 gefallen und Knauft, Boost und Müller sind 1870 den Heldentod gestorben fürs Vaterland." Rechts und links der Anlagen ziehen sich gepflasterte Fahrwege hin, die sich an der Nordspitze wieder vereinen. Der Platz war ursprünglich der Dorfmarkt,[14]) später Rasen, dann eine kleine Anlage, die 1908 vergrößert und freundlich hergerichtet wurde; 1120 qm groß mit 1900 Mark Unkosten [15])

Nr. 14, der ehemalige alte Gasthof zum Roten Adler, den schon 1750 Dreyhaupt als einen der beiden Gasthöfe des Dorfes (der andere ist die Preußische Krone) erwähnt. Der alte Bau, 1764 erneuert, stößt mit dem Giebel an die Trothaer Straße, mit der Längsseite auf den Vorplatz, er ist schmucklos, grün angestrichen, 2stöckig, niedrig, mit Ziegeldach, im Unterstock 2 Türen und 4 kleine Fenster, im Oberstock 7 Fenster, neben dem Giebel eine alte fensterlose Stallung an der Trothaer Straße. Der Gasthof war im 18. Jahrhundert ein beliebtes Studentenlokal, vgl. auch die Schlägermensuren auf der „Insel der Seligen" (Saalwerder). Die Türen der einstigen Gastzimmer sind mit eingeschnitzten Namen überreich bedeckt. Beim Rüböllämpchen, beim knisternden Holzstoß im Ofen erfreuten sich am Knasterrauch und am Braunbier, das von der Amtsbrauerei Giebichenstein bezogen werden mußte, unsere Vorfahren, die Musensöhne der Alma Mater zu Halle. Das alte Wappenbild, ein roter Adler, wie er unter Friedrich dem Großen üblich war, in Sandstein gehauen, steht noch über der Tür. Der Gasthofsbetrieb wurde später, wohl um 1860, in einen Neubau (westlich) verlegt, das alte Haus wurde durch Erbteilung Privatwohnung.

Nr. 15, das „Trothaer Schlößchen", ursprünglich zum Roten Adler gehörig, später „zum Deutschen Reichsadler" umgetauft, eine freundliche, modernisierte (1910 großer Umbau) Gastwirtschaft, ein großer Saal nimmt den oberen Stock ein. Die ehemalige Veranda nach dem westlich gelegenen Garten ist jetzt zugebaut. In dem einfachen Garten steht als Kuriosität das erste Heinedenkmal in Preußen, vom Hallischen Bildhauer Schönemann geschaffen, am 11. 8. 1912 bei Regen und Sturm enthüllt, ein Protest sozialistischer und falsch unterrichteter Widerspruchsgeister. Auf hohem weißen Sockel steht die Büste des Dichters, die ihn krank und gramverzerrt in seinen letzten Lebensjahren zeigt. Der Meter hohe Gedenkstein steht inmitten von Bäumen und Büschen.[16])

Nr. 16. die ehemalige Schäferei der Domäne Giebichenstein, ein großer fast quadratischer Komplex, auf den Eckseiten der Trothaer- und der Pfarrstraße mit einer 7 Fuß hohen und 265 Fuß langen Porphyrmauer eingefaßt; 2 große Scheunen- und Schafställe, um 1880/90 in Porphyr aufgeführt, grenzen die beiden anderen Seiten ab, im Westen gegen den Kaffeegarten (136 Fuß lang und 40 Fuß tief) und im Norden gegen den Eingangsweg zum Kaffeegarten (200 Fuß lang und 41 Fuß tief); in der Mitte des Hofes steht die altertümliche Schäferei (44 Fuß lang, 30 Fuß tief), 2stöckig mit abgeschweiften Giebeln, in Fachwerk — 1898 ist der alte Teich im Hofe beseitigt worden. — Die Schäferei ging bei der Aufteilung der Domäne (s. Giebichenstein) in den Besitz des Herrn von Bagenski über, nach dessen Tode 1916/17 mit dem Uebrigen in den der Stadt Halle. — Die Schäferei ist sehr alt: sie wird im ältesten Inventar der Burg Giebichenstein 1464 mit 550 Schafen aufgeführt (s. oben „Allgemeines"). Sie entstand auf dem alten Herren- und Wirtschaftssitze derer von Trotha und dient ebenfalls als Beweis, daß das Stammhaus derer von Trotha auf keinem anderen Gelände als auf dem des Kaffeegartens gelegen hat.

Nr. 17. der Trothaer Kaffeegarten, eine altbekannte Wirtschaft. Zu Ende des schmalen Eingangs an der Schäferei breitet sich der große mit Bäumen bepflanzte Kaffeegarten links aus, während die rechte Hälfte des Grundstückes als Gärtnerei abgegrenzt worden ist. Das große, alte, 2stöckige Gesellschaftshaus mit 8 Fenstern Längs- und 5 Fenstern Giebelfront steht kastenförmig isoliert, mit hohem vierseitigen Dach; im Erdgeschoß befinden sich die Restaurationsräume, im oberen der Saal. Ein großer Parterresaal ist vor Jahrzehnten am Südende nach Westen zu angebaut worden. Außerdem umgeben Schuppen und Ställe den Hof. Eine neuere Veranda grenzt die Südseite des Gartens ab, ein Musikpavillon steht auf der Nordseite; ein schmaler Fußweg zwischen Gemüsegarten und Gärtnerei führt auch von der Saalseite empor. — Das Gebäude ist unzweifelhaft der alte Sitz der Ministerialen von Trotha, ursprünglich auch des sorbischen Wasserkastells des Dorfes, wohl von tiefen Saalegräben befestigt. — Beide Sattelhöfe derer von Trotha standen auf der Stelle des heutigen Hauses; die Verschiedenheit der alten Fundamente beweisen 2 verschiedene aneinandergebaute alte Bauten. 1424 wurden sie von den hallischen Bürgern zerstört (s. oben „Allgemeines"). 1455 (1458) verläßt das Geschlecht diesen seinen Stammsitz. Im 16. Jahrhundert (1597) besitzt Lazarus Kost das freie Gut und den Hof, der fromme Wohltäter der Trothaer Kirche. Im 30jährigen Kriege ward es bis auf die Mauern demoliert. In solchem Zustande ging es in Mateweißens, des brandenburgischen Postmeisters, Hände über.[17]) Dieser errichtete 1690 den jetzigen stattlichen Bau (ohne die Erweiterungsbauten der Brauerei Morell). Er schuf hierzu einen verschiedene Morgen großen Lustgarten, dessen alte herrschaftliche Anlage sich bis in das 19. Jahrhundert erhalten hatte. Da, wo die heutige Gärtnerei liegt, war in der Mitte ein kleines Lusthäuschen, von dem unterirdische (?) Gänge ausgingen. Gradlinige Buchsbaumwege führten zu Urnen und Säulen. Grotten und Spalierplätzchen wechselten miteinander ab. Hier besuchte Mateweiß auch der Nachfolger des Großen Kurfürsten, Friedrich III., als er am 13. 7. 1694 den Grund zur Schleuse von Trotha legte. Bis vor 20 Jahren stand noch der Empfangsraum, eine verdeckte Veranda, ging man von der Saale empor, zur rechten Hand. Eine Inschrift und alte verwetterte auf die Wände gemalte Oelbilder erinnerten an jenen Tag. Zur Zeit des 7jährigen Krieges besaß des Haus ein Herr von Eichstädt, ein Jugendfreund des kursächsischen Ministers von Brühl. Ein Roman Brachvogels „Friedemann Bach" schildert das Gutshaus nebst Mühle als Verbannungsort der unglücklichen Stieftochter des Grafen, die eine unstandesgemäße Leidenschaft für den genialen Sohn des berühmten Thomas-Kantors empfunden hatte. Um 1800 hatte es ein Amtmann Bieler in Pacht; dieser übte bereits Schankgerechtigkeit aus. Aber erst seit 1840 ward das alte Patrizierhaus als „Tabagie" von einem gewissen Preiß eingerichtet und von nun ab der „Preißische Kaffeegarten" genannt. Das Lokal ward wegen seines trefflichen Gartens und seiner prächtigen Eierkuchen gerühmt und viel von Studenten besucht, die hier zu pauken und zu kommersieren pflegten. Noch zu unserer Zeit lag es viel reizvoller als jetzt da. Es stand noch nicht der schwere massive Schafstall, der jetzt den Garten beengt und den alten Bau bedrückt, noch nicht die große Kolonnade im Süden, sondern ein Holzstaket grenzte es von Blumengärten ab, noch nicht der große Saalanbau der Morellschen Brauerei.[18])

Nr. 20. der Gasthof zur Preußischen Krone, ein 2stöckiges, einfach und vornehmer gebautes neueres Eckhaus (an der Saalestraße und Trothaer Straße) mit abgeschrägter Ecke, ursprünglich mit 6, später mit 12 Fenstern Front, durch das alte Nebenhaus an der Trothaer Straße erweitert. Eine vergoldete Krone steht als Wahrzeichen über der Haustüre. Seit etwa 1910 befindet sich die Post in der Parterrefront an der Hauptstaße, die vordem schräg gegenüber (südwärts) im Hause Nr. 75a gewesen war. — Die Preußische Krone war in alter Zeit die „Mittelschenke", ursprünglich eine Schenke (Taberne) im Besitz des Klosters Neuwerk, offenbar für die Landbewohner, die das Korn zur Klostermühle brachten.

Sie kam wie die übrigen Besitzungen an das Amt Giebichenstein, das sie in Erbpacht austat. Eine Zeitlang, zu Anfang des 18. Jahrhunderts, gehörte sie dem Seebener Rittergut, der Familie von Pfuhl, bis sie durch den Ankauf Seebens durch Friedrich Wilhelm I. um 1720 wieder zum Amt Giebichenstein gelangte und in Erbpacht ausgetan wurde. 1721 war sie vollständig in Verfall geraten und drohte sogar einzustürzen. Der Kostenanschlag zum Neubau betrug 378 Taler. Jetzt erhielt sie den neuen Namen „Preußische Krone" nach dem jungen Königreich Preußen, auch wurde sie Gasthof. So zählt sie Dreyhaupt 1750 als zweiten Gasthof in Trotha nach dem Roten Adler auf. Im 19. Jahrhundert wurde sie Privatbesitz. Der letzte Neubau um 1880 wurde (siehe oben) später erweitert.

Nr. 27, die 1917 erbaute Hienfongfabrik. Auf dem Gelände stand der alte „Gasthof zum Rehbock", ein einfaches altes 7fenstriges alleinstehendes Gebäude mit abgeschrägtem Ziegeldach; in der Mitte des Erdgeschosses lag die Haustür, über ihr hing das Schild „Zum Rehbock", darüber der Kopf eines Rehbockes als Wahrzeichen; nördlich führte das breite Hoftor in den mit großen Stallungen und Scheunen umgebenen Ausspannhof, südlich vom Hause an der Straße zog sich der große Kaffeegarten mit alten Kastanienbäumen dahin. Der Rehbock lag östlich vor der Mühle, er war mit dieser durch einen besonderen Zugang verbunden, weil die Bauern, die in der Mühle ihr Getreide mahlen lassen mußten, ihn als Einkehr und Schenke benutzten. Daher lag er auch ursprünglich, 1650 erbaut, mehr nach der Mühle zu. Sein Name erinnerte noch an den ehemaligen Waldreichtum Trothas, das ja einen eigenen Förster hatte, der auf dem Plan (Katzenplan) wohnte. Durch die furchtbare Saalehochflut im Februar 1799 wurde der alte Rehbock niedergerissen. Es entstand 1801 der Neubau mit großen Stallungen, wie wir ihn noch kannten, der, an der neuen Magdeburger Chaussee erbaut, den regen Wagenverkehr aufnahm, zugleich war der neue wie schon der alte Rehbock eine beliebte Exkneipe hallischer Studenten. Durch den Bau der Halberstädter Eisenbahn (1872) und später durch den Bau der Nebenlinien Nauendorf-Löbejün und Wallwitz-Wettin ließ der Wagenverkehr immer mehr nach, er beschränkte sich nur noch auf die nächsten nördlich von Trotha gelegenen Dörfer. Durch die elektrische Bahn geschah dem alten Gasthof weiterer Abbruch, ja, man legte zuletzt die Trothaer Kinderbewahranstalt in seine Räume, so wurde er und sein 1³/₄ Morgen großes Gelände für 56000 Mark 1917 verkauft, damit er einer modernen Fabrik Platz mache.

Nr. 29, die neue 2stöckige Nagelsche Villa in grauem Cementputz mit schwerem und allzumassiven Turm nordwärts, hier dehnt sich auch der große Garten, mit Eisengitter umgeben an der

Trothaer Straße aus. Auf dem Gelände (besonders des alten nebenstehenden Hauses) lag wohl schon im Mittelalter der dritte Sattelhof des Dorfes (s. oben). Es hat sich die Ueberlieferung von einem „Gute" hier bis in das 19. Jahrhundert rege erhalten.

Nr. 31/32, das Gelände des ehemaligen „Gasthofs zum Eichelkranz". Zu Beginn des 19. Jahrhunderts war er bereits eine Schenke, wohl beim Neubau der Magdeburger Chaussee angelegt. Zu Ende des Jahrhunderts wurde er abgerissen, er war ein 2stöckiges, dem „Rehbock" ähnliches Gebäude.

Nr. 39/40, die Nagelschen Werke: die große Molkerei, die Ziegelfabrik und Zuckerfabrik: große Baulichkeiten, 3 und 4stöckig, in Bruch- und Mauersteinen nach der Straße mit hohen Mauern abgeschlossen, sie erstrecken sich westwärts bis zur Saalwerderstraße. 1849 legten die Gebrüder Nagel die große Zuckerfabrik hier an, eine der ältesten und größten des Saalkreises, wiederholt (1876, 1894) umgebaut und verbessert. 1903/4: 241400 Doppelzentner, 1907/8: 333750 Doppelzentner. — Die Gebrüder Nagel, eine Kommand.-Gesellschaft, hatten im Jahre 1900 in der Trothaer Feldmark allein 1800 Morgen unter dem Pflug, sie beschäftigten im landwirtschaftlichen Betriebe und Nebengewerben 258 Arbeiter, jedoch im gesamten Geschäftsumfang mit Einschluß der gepachteten Rittergüter in der Umgebung 10000 Morgen mit 1500 Arbeitern [19])

Nr. 41, die Chemische Fabrik, ebenfalls ein großer Komplex von Fabrikgebäuden. Sie entstanden 1850 als Chemische Fabrik von Engelcke & Krause, die zunächst Soda nach der Leblancschen Methode herstellten, später Ammoniaksoda. Außer Soda wurden auch Glaubersalz, Schwefelsäure, Salzsäure und ähnliche Artikel hergestellt; 1900: 150 Arbeiter. Die Jahresproduktion betrug 1890: 3500 Tonnen Ammoniaksoda, 1500 Tonnen kristallisierter Soda, 3500 Tonnen Schwefelsäure, 2000 Tonnen Sulfat, 2500 Tonnen Salzsäure. — Um 1905/10 kauften Goldschmieden, Bergius & Co. die Fabrik, die vordem ihren Sitz weiter unterhalb an der Saale hatten.

Nr. 48a, das Wasserpumpwerk II der Stadt Halle, ehemals bis 1900 das Wasserwerk des Dorfes Giebichenstein, ganz außerhalb, einsam an der Magdeburger Chaussee linker Hand (westlich) gelegen, zunächst das 1stöckige Wohnhaus des Maschinenwärters in gelben Klinkern mit Giebelaufsatz, von Rotdorn, Eschen, Akazien umgeben, dann der Maschinenraum mit seinen großen, bogigen Fenstern und Türen. Das Wasserwerk wurde 1893 von der Gemeinde Giebichenstein erbaut und liefert seitdem für Giebichenstein, Trotha und Cröllwitz das Wasser und für Lettin seit 1912 das Trinkwasser.[20]) Das Gelände hinter den Gebäuden ist weites Alluvialbecken der Saale, hier filtriert der Saalkies, der an 10 Meter tief steht (darunter befindet sich Porphyr) das Wasser.

Es sind 13 Brunnen von dieser Tiefe in dem etwa 22 Morgen großen Terrain angelegt. Eine große Saugpumpe fördert das reine Kieswasser in ein Bassin, von da aus wird es in die Leitungen bezw. in das Reservoir des Galgenberges getrieben (s. Giebichenstein, Gr. Galgenberg).

Nr. 49, die Nagelsche Brennerei, den oben genannten Werken gegenüber, ein großer Gebäudekomplex, der sich von der Trothaer Straße bis hinüber zur Köthener Straße zieht.

Nr. 78, ein altes, 2stöckiges Eckhaus, mit vorgebautem, unschön modernem Laden, schon um 1789 erbaut, damals ganz allein auf der Ostseite der Straße. Hier wohnte der berittene Zollbeamte (Zollbereuter), der die Dammgeleitseinnahme hatte.[20a])

Die Pfarrstraße.

Die Pfarrstraße liegt am Roten Adler bezw. Deutschen Reichsadler, vom Platze des Kriegerdenkmals westwärts zur Saale hinab, eine kurze, aber alte Weganlage. Die Pfarrstraße ist der Lauf eines ehemaligen Baches, der an den nördlichen Abhängen des Großen Galgenberges entsprang, an der (späteren) Tongrube Anna vorbeifloß durch ehemalige Wiese und Wäldchen, durch die Mötzlicher Straße seinen Lauf nahm und durch die Pfarrstraße zur Saale niederging. — Gleich westlich an den Reichsadler grenzt der Trothaer Kirchhof, vor dem nach der Pfarrstraße zu das einstöckige Lehrer- und Organistenhaus steht. Dann liegt der Kirchhof etwas zurück, auf einem Porphyrabhang erhebt sich seine Mauer und die alte Kirche liegt nur wenige Schritte entfernt in ihm. Weiter zur Saale abwärts liegt das Geschäftshaus der großen Holzhandlung und Schneidemühle von Lüttigs Wittwe und Sohn, dann die Dampfschneidemühle und ihre Lagerungsplätze selbst. Ihr Gelände erstreckt sich bis zu den Nordabhängen der Klausberge selbst und läßt nur einen schmalen Fußweg an der Saale frei. — Auf der Nordseite der kurzen Pfarrgasse liegt wie in einem Sacke ein altes malerisches, einstöckiges Arbeiterwohnhaus, dann im Garten zurück das etwa 1885 in gelben Backsteinen erbaute 2stöckige Pfarrhaus, an Stelle des alten, wohl 1730 erbauten Fachwerkbaues.[21]) — 1862 mußten der Papierfabrikbesitzer Keferstein aus Cröllwitz und der Braunkohlen-Grubenbesitzer Gruneberg aus Halle diesen Fahrweg pflastern lassen, da sich der erstere ständig von letzterem Kohlen aus dessen Grube „Frohe Zukunft" bis zur Saale gegenüber der Fabrik anfahren ließ.

Die Kirche St. Briccii, ein alter ursprünglich romanischer Bau mit Ziegeldach und massivem Hausturm, wiederholt umgebaut und stark verändert. Die Kirche wurde auf einer hügeligen Erhebung, auf heidnischem Opferplatz, dessen letzte Reste man beim

Umbau 19[illegible] entdeckte (s. oben: Allgemeines). Man vermauerte öfter die vorgefundenen heidnischen Altäre und auch Bilder in die neuen christlichen Kirchen. Als man die Kirche zu St. Martin in Trier 1804 abriß, fand man in der Tiefe einen heidnischen Altar, ebenso fand man in Guglingen (Württemberg) einen in die Grundmauern der Kirche eingefügten römischen Altar. — Die Kirche war ursprünglich wohl als kleine Holzkapelle noch zur Zeit der Frankenherrschaft erbaut, später um 1100/1150 in Stein aufgeführt. Sie war dem fränkischen Heiligen Briccius geweiht, einem christlichen Patron der Ehe, des Geschlechtslebens, der Unterleibskrankheiten, des Kindersegens usw.[22]) Der Heilige war Bischof in Tours gewesen.[23]) Aus der ältesten romanischen Zeit haben sich 2 Säulen erhalten, im graden Schluß der Kirche sichtbar, auch sieht man hier noch einige zugemauerte romanische Fenster. Das

Die Kirche vor 1910.

kleine Kirchlein wurde der Margarethenkapelle der Unterburg Giebichenstein zugewiesen (s. d.). 1182 kam sie mit dieser zum Kloster Neuwerk. Nach Aufhebung des Klosters war sie staatlich. 1556 fand die Reformation endgültigen Eingang. Im 30jährigen Krieg ward die Kirche wiederholt verwüstet, so 1636 durch die Kursachsen: die Leichenhalle wurde abgerissen, Holzdecke, Fenster und Sakristei (unter dem Turm) wurden zerstört; Kanzel, Altar und Taufstein ihrer Bekleidung beraubt. — 1710 erhielt die

Kirche eine Orgel. 1730 wurde sie erneuert und erweitert[24]) und zwar dadurch, daß man die Südwand um einen Meter hinausrückte; je drei große längliche viereckige Fenster zwischen Strebepfeilern auf der Nord- wie Südseite ersetzten die früheren hochgelegenen kleinen rundbogigen romanischen. Auch der Turm erhielt neue Schallöffnungen. Der Staat zahlte 500 Taler als Beihilfe. 1890 wurde ein zweiter Prediger angestellt. — 1896 wurde das Innere der Kirche, durch einen Blitzstrahl beschädigt, erneuert. Die alte Orgel wurde durch eine neue ersetzt.[25]) Ein breiter Gang führte damals mitten durch das kleine Kirchenschiff, rechts und links die schmucklosen Holzbänke, darüber die einfachen Holzemporen mit Holzsäulen gestützt, gradaus im Osten die Orgel, im Turm (Westen) der Altar, ein einfacher Tisch mit Leuchtern und dem Kruzifix, darüber die Kanzel und hoch oben das lebensgroße Kruzifix aus Holz, sehr realistisch, auch mit Menschenhaar versehen. Die Decke war aus Holz gewölbt, der Fußboden mit Backsteinen gemauert. — 1910 fand ein gänzlicher Umbau der Kirche statt. Die Südseite wurde nochmals stark erweitert, man setzte auf das Dach zwei Erker mit je 2 Fenstern und baute östlich von ihnen eine Sakristei an. So gewann man neue Plätze im Innern. Und wie außen veränderte sich auch innen der Anblick: die Kanzel steht frei, die Nordseite ist ohne Empore. Ein hellgelber Ton gibt dem Ganzen einen freundlichen und vornehmen Eindruck. Die Empore der Südseite ist stark erweitert, der Eingang durch die Mitte des Turmes gelegt.

Anhang.

1. Vgl. Geschichte des Saalkreises über Trotha zu dieser wie zu den folgenden Erörterungen. Der Rixstein, eine Landzunge, ragte aus dem Wasserspiegel hervor und wurde, da er die Fahrrinne verengerte, 1874, als man die Schleuse verlegte und vergrößerte, weggesprengt. — 2. Vgl. das Nähere in den Wanderungen durch den Saalkreis Band I S. 21 und 22. — 3. Rebeningen ist Röblingen am ehemaligen Salzigen See. Ihre Wasserfeste lag bei Unter-Röblingen, westlich vom Dorfe, dicht am Ufer zwischen den Mündungsarmen des Weidaflusses. Die von Trotha und die von Rebeningen sind einer Abkunft, sie haben fast dasselbe Wappen wie die von Trotha, einen auf einem Hügel stehenden Vogel mit einem Ring im Schnabel. Der Vogel ist ein Rabe im Anklang zu Rebeningen, Rabeningen (hraban-Rabe). Es ist also ein redendes Wappen. Ist dem so und da die Wappen erst um das 12. Jahrhundert erblich zu werden pflegen, kann erst um diese Zeit der Rebeningische Sprosse eingewandert sein und sein Wappen trotz des neuen Wohnsitzes mitgebracht und weitergeführt haben. Das wäre unter Erzbischof Wichmann geschehen. Dieser, ein Seeburger Graf aus dem Stammschloß vom Süßen See, kann sehr wohl im Verkehr und Beziehungen zu den Rebeninger Dynasten gestanden haben und einen Sprößling des Geschlechts in seine Dienste genommen und mit der Burg belehnt haben. — 4. In dieser Urkunde vom 5. 6. 1121 wird außerdem der bei dem Dorfe gelegene Wald und ebenfalls schon der Zehnte dem Kloster Neuwerk übereignet. — 5. Das Nähere über

den großen See [ ] Sumpf bei Beidersee, Möderau und Morl siehe in meinen Wanderungen durch den Saalkreis Band II. — 5a. Die jünger errichtete Bruckdorfer Zollstelle, die den Verkehr von Halle nach dem nahen aufblühenden Leipzig passieren ließ, brachte 200 Mark Silber ein. — 6. Das schwer leserliche Wort „solgrime“ im erzbischöflichen Lehnsbuch bedeutet einen mit Weiden bewachsenen Sumpf. Einen toten Teich bei Gatterstedt im Kreise Querfurt nennt man noch heute „die breite Sole“. Einen mit Weiden bewachsenen Sumpf nannte man mir im Anhalt-Bernburgschen eine „Sole“. — 7. Heidenreich, Hermann und Ulman von Kotze besaßen bereits 1398 zu Trotha $1^1/_2$ Hufen und 1 Werder. — 8. Es waren 1 Schock Groschen Abgaben von 1 Hufe, 1 Kapaun von $1^1/_2$ Hufe, 1 Stein Talg von 1 Hufe 14 Groschen und 4 Hühner von $^1/_2$ Hufe. — 9. Aehnlich im Inventarium von 1495: 276 alte Schafe, 30 alte Hammel, 13 junge Hammel, 12 jährige Czybben, 110 Hammellämmer, 165 Czybbelämmer. — 10. Am 18. und 19. 10. mußten die Bäcker Halles und der Umgegend Tag und Nacht backen, um 155,550 Pfund Brot liefern zu können, ebenso wurden Fleisch, Branntwein, Reis und dergl. eingefordert. Für Fleisch und Brot wurde der 4fache Preis geboten und es war selbst um diesen Preis kaum zu haben. — 11. An die Zeit der kirchlichen Zugehörigkeit Tornaus zu Trotha erinnert noch der „Totenrain“, der Verbindungsweg zwischen der Dessauer Straße und dem alten Bergschenkenweg, auf dem die Tornauer ihre Toten nach Trotha auf den dortigen Kirchhof geleiten mußten. Wegen der Weite der Entfernung hatten sich die Tornauer stets gegen die Einpfarrung nach Trotha aufgelehnt. — 12. Vgl. über die Magdeburger Heerstraße auch Band II B: Die Magdeburger Straße, die Ludwig-Wuchererstraße und auch Band III die Reilstraße, den Großen Galgenberg. — 12a. Hier mündete auch die ursprünglich sehr belebte Wettin-Brachwitzer Landstraße ein. 1765—1799 war das Haus im Besitz eines Einnehmers Richter. — 12b. Ein Zollbereuter Gorgas (berittener Zollbeamter) beantragt 1789 Abgabenfreiheit für dieses, sein Wohnhaus, das er dem Roten Adler gegenüber damals gebaut hat. — 12c. Siehe auch Jenrich Alt-Trotha Seite 100. Außer dem Einwohner war auch noch ein uniformierter berittener Aufseher angestellt. — 13. In Erinnerung an das ehemalige Dorf Trotha, dessen Name ja durch die Eingemeindung endgültig verschwand. — 14. Der älteste Dorfplatz lag offenbar am Plan. — 15. Die kleine Bedürfnisanstalt an der Spitze ist 1907 errichtet worden mit 1400 Mk. 1910 eingeschätzt. — 16. Die Einweihung möchte wohl des sarkastischen Dichters Spott zu einem neuen Gedichte geweckt haben: Eine Dame mit blutroter Georgine auf der Brust hielt den Prolog, ein sozialdemokratischer Redakteur hielt die blutrote Festrede und ein Männerchor sang aus blutroten Notenbüchern. Warum solche Grillen? Das Urteil der Weltgeschichte und der Weltliteratur änderten sie nicht! Heine als Lyriker hat seine Bedeutung, Heine als Politiker (und um den handelt es sich ja) keine. Jeder große Politiker muß auch als Mensch groß sein, und das war Heine keineswegs. Scharfe Beobachtungen zeigt der Bericht Bornstetts über Heine vom 28. Oktober 1835 aus Paris: „Heine ist in jeder Hinsicht als Revolutionär unbedeutend, d. h. sobald er handeln soll. Persönlich feig, lügnerisch und seinem besten Freund untreu werdend, ist er jeder Festigkeit unfähig, veränderlich wie eine Kokette, boshaft wie eine Schlange, aber auch glänzend und schillernd wie eine solche, giftig, ohne eine edle und wahrhaft reine Regung, daß er unfähig ist ein gemütliches Gefühl zu bewahren. Aus Eitelkeit würde er gern eine Rolle spielen, aber er hat sie ausgespielt; sein Werk ist für immer begraben, aber sein Talent nicht. Er kann nur als Publizist für Teutschland gefährlich sein und würde sehr gern seine Feder zur Ruhe legen, das heißt, wenigstens gemäßigt schreiben, wenn die Regierungen, anstatt ihn zu reizen, seine Bücher zu verbieten, ihn zu benutzen wüßten.“ — 17. Siehe über Mateweiß Band I (Register), ferner Band II A, Franckesche Stiftungen. — 18. Daß auf diesem Gelände der uralte

Adelshof gelegen haben muß, beweisen folgende Elemente: 1) die sehr alten und starken Kellerfundamente, nur die alten adligen Gutshäuser haben im Mittelalter solche aufzuführen; 2) Lageangaben in alten Urkunden so 1371: die von Trotha besitzen eine Insel (Saalewerder) dicht neben ihrer Wohnung (juxta curiam habitationis suae). 3) Die nach dem Weggange derer von Trotha erbaute Schäferei des Amtes von Giebichenstein auf erzbischöflich Trothaschem Lehngute. Die Lage der Schäferei läßt auf die Lage des Sattelhofs schließen. — 19. In den letzten Jahren (1917) haben sie noch das große Rittergut Krosigk als Eigentum erworben. — 20. Die Leitung nach Lettin wurde an Cröllwitz angeschlossen und an den Brandbergen vorbei auf der Landstraße gelegt. — 20a. Noch 1710 hatte der Mühlenpächter das Dammgeleit gepachtet. Es wurden vom Lastwagen 6 Pfg., vom Landwagen 3 Pfg. Wegegeld erhoben, die jährliche Pachtsumme betrug 90 Taler. — 21. Das Pfarrhaus wurde 1636 durch die Kursachsen demoliert, doch blieb es bis zum Dache stehen; die Kaiserlichen rissen 1642 es derartig ein, daß nur einige wüste Lehmwände übrig blieben, die gewölbten Keller wurden zu Schweineställen eingerichtet, der Pfarrer mußte in Halle wohnen. 1686 wird das ausgebesserte Haus als sehr alt und baufällig bezeichnet, die Fenster lassen Regen und Schnee hinein, bestehen aus Blei und Klebewerk, die Mauern sind gewellert. Erst 1730 scheint das Pfarrhaus wohl ziemlich von Grund aus erbaut worden zu sein. — 22. Wahrscheinlich verehrten die Slaven einen entsprechenden Fruchtbarkeitsgott hier, wie in dem nahen Seeben die Göttin der Fruchtbarkeit, Schönheit und Liebe, die Siwa (Ostara). — 23. Die Legende berichtet, daß er glühende Kohlen am Unterleib getragen, ohne sich zu verbrennen. Eine Frau beschuldigte ihn als Vater ihres Säuglings, da befiehlt Briccius dem Kinde die Wahrheit zu sagen, und es bezeichnet zum Erstaunen aller die Mutter als Lügnerin. Sein Tag war der 13. November **444**. Ein anderer Heiliger Briccius war aus Dänemark gebürtig und als byzantinischer Feldhauptmann des Kaisers Leo in Kärnthen zwischen der Pasterze und Heiligenblut von einer Lawine verschüttet worden. Erst nach 200 Jahren wurde er auf wunderbare Weise und völlig unversehrt wieder aufgefunden. In seinen Taschen befand sich noch ein Fläschchen voll Blut des Heilandes, daher man den Ort Heiligenblut nannte. — 24. Vgl. die Inschrift über der Eingangstür. — 25. Eine Schenkung des Rittmeisters Nagel auf Reilsberg.

Die Saalestraße, der Plan, die Götschestraße.

Die drei Straßen bilden das älteste Stück Trothas. In dem „Plan" erkennt man den uralten Dorfplatz der sorbischen Siedlung. Alle drei Gassen sind eng, schlecht gepflastert, krumm und winklig; ihre Häuser klein, meist einstöckig, mit Vorgärten teilweise besetzt. Der ursprüngliche ärmliche Dorfeindruck ist hier am besten gewahrt.

Die Saalestraße biegt westlich von der Trothaer Straße zur Saale hinab. Die alte, enge, malerische Gasse mündete anfänglich auf die Saale (daher ihr Name) offenbar zum Wasserholen Jetzt schließt sie hier ein Staket ab, man blickt hinüber zum Saalewerder und Schleusenhaus, das jenseits auf der Insel steht. 1915: 7 Häuser.

Der Plan hieß ursprünglich der Katzenplan (Karzerplan)[1]. Er verbindet als Quergasse die Saalestraße mit der nördlich gelegenen Götschestraße und besteht jetzt nur aus 3 Häusern. Auf dem Karzerplan wohnte im 18. Jahrhundert der Förster von

Trotha; doch schon vor 1795 wurde der Forstwerder mit der Rabeninsel und dem Radewellschen Revier (zusammen 95 Morgen) dem Förster zu Osendorf unterstellt.[2])

Die Götschestraße hieß bis zur Eingemeindung „Grünstraße". Seit 1900 wurde sie (höchst unglücklich!) Götschestraße genannt, da Halle bereits eine Grünstraße hatte. Den neuen Namen empfing sie von der Götsche, jenem kleinen Bach, der bei Merbitz im Saalkreise entspringt und weit unterhalb Trotha in die Saale mündet. 1915:. 3 Häuser. — Sie führt westlich von der Trothaer Straße zur Saale hinab.

Alt-Trotha.

Der Forstwerder, die Mühle, die Schleusenstraße.

Der Forstwerder oder der Saalwerder. Der Saalestraße gegenüber jenseits des schmalen östlichen Saalearmes liegt auf dem Forstwerder das Schleusenhaus an der Schleuse, die durch die Insel in schnurgerader Linie geführt worden ist. Das Haus, Wohnung des Schleusenmeisters, ist ein einstöckiges Häuschen in roten Backsteinen, hoch untermauert wegen der Ueberschwemmungsgefahr. Ehedem, noch um 1830, wohnte der Schleusenmeister im Dorfe, so im Unterdorfe. — Die Schleuse wurde 1694 durch den Kurfürsten Friedrich III. erbaut, ist aber wiederholt erneuert bezw. erweitert worden (s. Trotha, Allgemeines)[3]). 1816/17 wurde sie verbessert und neugebaut, die Porphyrsteine brach man am nördlichen Gehänge der Klausberge. — 1873/5 wurde die Schleuse gänzlich umgebaut für etwa 250000 Mark. Sie wurde von

5,65 Meter Breite auf 6,12 Meter erweitert so daß auch die größten Kähne sie befahren können.

Der Forst- oder Saalwerder ist eine kleine langgestreckte Wald- oder Wieseninsel, als Jagdgelände für Wild (Fasanen usw.) verpachtet. Sie zieht sich parallel und westlich dem gesamten Alttrotha nebst dem Unterdorfe entlang und bildete in alten Zeiten offenbar einen erwünschten Zufluchtsort den Bewohnern. Im Mittelalter ist sie u. a. den Herren von Trotha, so 1371, als Lehen gegeben. 1455 wird sie Besitz des Klosters Neuwerk, das auf demselben Obstbäume und Weiden hat, die der Mühlmeister der Klostermühle zu unterhalten hat, wofür er den dritten Teil des Obstes erhält, und nach Aufhebung des Klosters Besitz des Staates (dem Amt Giebichenstein gehörig) bis auf den heutigen Tag. Im 18. Jahrhundert ist sie ein Ausflugsort der Studenten, die hier verborgen von Büschen und Bäumen ihre Mensuren auspaukten. Man nannte sie „Elysium" oder „die Insel der Seligen", vielleicht auch, weil manches Opfer des Wehrs (an der Südseite der Insel) an diesem Eiland landete. 1794 wird sie als Insel voll dichtem Gestrüpp geschildert, „hie und da mit einem Baume bewachsen, worin man ganz ohne Kunst schmale Gänge angelegt hat, die oft so verwachsen sind, daß es bei hellem Tag darinnen wie Abend scheint". Der kleine Wasserfall an der Saale (das Wehr) überrascht den, der plötzlich aus dem Dunkel tritt; eine Bank ladet hier zum Ausruhen und zum Träumen ein. Das arge Dickicht wollte der Postdirektor (1787 Kriegsrat) Matthias oder Wilhelm von Madeweiß kaufen und in einen Park mit englischen Anlagen verwandeln.[4]) Noch bis ins 19. Jahrhundert machten Sonntags die hallischen Familien ihre Wasserpartie zur Insel, lagerten sich im Grünen und tranken hier ihren Kaffee und aßen hier ihren Kuchen. Jetzt steht die Insel unter der Oberförsterei Schkeuditz.

Nördlich der Insel, saalabwärts, erhob sich mitten in dem Strome der Nixstein. Es wurde diese kleine Felsinsel mit merkwürdigen, rötlichen, schlackenhaften Gestein 1874 beim Umbau der Schleuse unter großen Unkosten weggesprengt. Man fand hier einen vorgeschichtlichen Reibstein, Rehstangen, auch die Stange eines Renntiers.[5]) Der Nixstein bildete die bekannte Trothaer Furt, den Habichtsport (s. oben Trotha, Allgemeines).

Die Mühle liegt zwischen Götsche- und Saalestraße an der Saale. Es ist ein Komplex von älteren und neuen Gebäuden. In älterer Gestalt sind das Wohnhaus, der Getreidespeicher, die Kontorräume und die Pferdeställe erhalten; 1890 und 1914 fanden größere Um- und Neubauten der Mühle selbst statt, die 5 Stockwerke hoch, nüchtern und kahl in roten Backsteinen errichtet ist.

Wann die Mühle entstanden, ist unbekannt. Aus mancherlei ist zu schließen, daß auch die Trothaer Mühle mit oder nach der Errichtung des Kastells (nach Aufgabe des Grodista-Kastells) erbaut wurde.[6]) Der Burg war der Schutz über die Mühle gegen gewisse Anrechte übertragen. Burg und Mühle jedoch waren Besitz des Erzbischofs, der Mühle und Mühlenbann verlieh bezw. verschenkte und zwar zunächst an die Margarethenkapelle der Unterburg Giebichenstein, doch schon vor 1172 gehört die Mühle dem Kloster Neuwerk. Es wird diesem vom Erzbischof auch der Steinbruch (an den Klausbergen) zur Herstellung von Mühlrädern 1172 geschenkt. — 1390 wurde dem Kloster auch für die Trothaer Mühle die jährliche Abgabe von je 1 Wispel Roggen erlassen,[7]) die Mühle mußte aber, wie die andere eine bestimmte Anzahl Schweine für den erzbischöflichen Hof mästen (6 Stück). — Ursprünglich war ein kundiger Mönchsbruder der Leiter der Mühle, später ein bürgerlicher Mühlmeister. Als sich die Mühlmeister des Klosters Neuwerk im 15. Jahrhundert zu einer religiösen Laienbrüderschaft (1458 bestätigt) zusammenschlossen, erhielten sie das Recht, auf dem Kirchhof im Norden der Kapelle an besonderer Stätte beigesetzt zu werden.[8]) Anfänglich gänzlich vom Kloster abhängiger Beamter tritt der Mühlmeister zu Ende des 15. Jahrhunderts in eine Art Pachtverhältnis zum Kloster: er hat den Zehnten des Klosters einzusammeln und auszudreschen, er bekommt für dies und alle andern Pflichten die dritte Metze von allem Getreide, das zur Mühle gebracht wird. — Nach der Reformation wurde die Mühle Besitz des Staates und zum Amt Giebichenstein geschlagen. Sie wurde an Pächter ausgetan, die eine gewisse Geldpacht zu erledigen hatten, so 1652: 100 Taler Pacht; 1682: 200 Taler und 40 Taler für die Mast; 1700: 400 Taler.

Die Mühle war wie alle anderen unterschlächtig und hatte aufziehbare Panzerzeuge. Sie besaß 3 Räder mit 6 Gängen (1701: 4 Gänge) und war auch Oel- und Schneidemühle. Sie mußte als Amtsmühle für das Vorwerk Lettin vollkommen frei mahlen, ebenso mußte sie $^1/_4$ (früher $^1/_3$) zur Martinispende beisteuern. — 1710 mußte der schadhafte Mühldamm ausgebessert werden, auch war der Lachsfang ganz eingegangen. — 1719 wurden bestimmte, 23, Amtsdörfer der Mühle im Mahlzwang zugewiesen, sehr zum Vorteil des Fiskus, der höhere Pachterträge erzielte, so 1719: 1028 Taler! und zum Vorteil der Müller, zum Nachteil aber der entfernt liegenden Dörfer. — Die Oelmühle wurde 1802 zu 380 Tonnen Oel à 18 Taler 12 Groschen und zu 380 Schock Oelkuchen à 3 Taler 4 Groschen angesetzt, davon wurden nach Leipzig allein 126 Tonnen geliefert. — 1803 wurde die Mühle für 1800 Taler, später für 1100 Taler vererbpachtet, bis sie 1839 für 23850 Taler in den Privatbesitz der Familie

Wöpke aus Sennewitz überging.[8a]) Durch Neubauten und Verbesserungen vermochte die Mühle in den 70er Jahren 5 Tonnen auf den Tag zu mahlen. Durch die großen Um- und Neubauten der Jahre 1890 und 1914 kann sie tagtäglich 20 Tonnen leisten. Sie verarbeitet jetzt (1917) durchschnittlich 3600 Tonnen im Jahre.[9]) — Sie besitzt 2 Wasserräder 80 und 100 PS. und beschäftigt 1 Prokuristen, 4 Müller, 1 Obermüller, 2 Arbeiter, 3 Knechte. — Die Oelmüllerei ist um 1885 eingestellt worden.

Die Schleusenstraße geht nördlich und parallel der Götschestraße und führt von der Trothaer Straße westwärts zur Saale hinab. Sie hieß ehedem Mühlgasse, da aber Halle schon eine Mühlstraße besaß, wurde sie nach der in der Nähe befindlichen Schleuse „Schleusenstraße“ genannt. Der Blick öffnet sich erst auf den Oekonomiehof Nagels und Gutzeits, dann auf die 2 großen Mühlengebäude und die übrigen Häuser der Mühle. 1915: 2 Häuser.

Die Saalwerderstraße, die Morlstraße, die Brachwitzer Straße.

Die Saalwerderstraße ist das alte „Unterdorf“, das im 18. Jahrhundert unterhalb der Mühle entstanden war und „Unterdorf“ im Gegensatz zum ältesten Dorfteil, dem südlich gelegenen Oberdorf, genannt wurde. — Im 19. Jahrhundert nannte man die Straße (höchst unglücklich) „Köthener Straße“; erst um 1905 erhielt sie den heutigen Namen „Saalwerderstraße“ nach dem seitwärts (westlich) gelegenen langgestreckten Saalwerder. Die ältesten Häuser der Straße entstanden auf der Westseite, also an der Saaleseite, hier hat auch das alte Hirtenhaus des Dorfes gelegen, während die Häuser auf der Ostseite spätere Anbauhäuser gewesen sind. — Bis zur Einmündung der Morlstraße ist der obere (südliche) Teil breit (etwa 30 Schritte!), offen und freundlich: in der Mitte zieht sich zwischen gepflasterten Fahrstraßen ein Streifen Anlagen dahin, beiderseits stehen kleinere ältere Häuser, vielfach auch Giebelhäuser. Der untere (nördliche) Teil ist enger und häßlich: bald nahen düstere Fabrikanlagen und ihr Gefolge, mehrstöckige nüchterne Arbeiterhäuser, bis sich die Straße der Saale zuwendet, während rechts noch Fabrikgehöfte stehen, nähert man sich links dem Ufer, drüben sieht man den Saalwerder seine Nordspitze in die nun breite Saale strecken; Bäume und Büsche der Insel und der Spiegel des Flusses versetzen uns auf einmal in die freie Natur. 1915: 26 Häuser (27 Nummern).

Nr. 1, ehemals das „Bad Trotha“ mit kleiner Restauration.

Die Morlstraße hieß bis 1900 bezeichnender „Schulstraße“, da aber Halle bereits eine Schulstraße hatte, wurde die Straße „Morlstraße“ genannt, nach dem eine Stunde nordwärts gelegenen

Dorf Morl. Die stellt eine kurze Verbindung von Süden nach Norden zwischen der Saalwerderstraße und der Trothaer Straße dar. Ehemals lag auf ihrer Südseite an der Chaussee das alte Zollhaus, jetzt ist die Südseite Garten und die Nordseite nur mit 2 Häusern besetzt.

Nr. 1, ein kleines, 2stöckiges Haus, das XI. hallische Polizeirevier.

Nr. 2, ein 2stöckiger, etwas zurücktretender Bau in Mauersteinen, die hallische Volksschule Nr. XXII (die Trothaschule), etwa 10 ar groß. 1907: 25619 Mark wert; 1918: 48278 Mark. Es ist die ältere der 2 Trothaischen Volksschulen.[10])

Die Brachwitzer Straße zweigt sich beim Ausgang Trothas an den Fabrikschienensträngen gen Nordwesten ab in gerader Linie; sie ist der Beginn der ehemals im 18. und noch im 19. Jahrhundert viel befahrenen, jetzt ziemlich einsamen und teilweise vernachlässigten Brachwitzer Landstraße, die in etwa einer Stunde nach Brachwitz und dann weiter nach Wettin führte. Im Dorfe ist die Straße eine ärmliche Arbeiterstraße geblieben, mit schmalen kleinen Häuserchen besetzt. Rechts weiter außerhalb liegt ein Fabrikkomplex (der ehemaligen Aluminiumfabrik, Nr. 9), dann die Kiesgruben von Brömme, in denen man ehemals wertvolle vorgeschichtliche Funde ausgrub, mehrere Gefäße mit Bandkeramik aus der Steinzeit, ebenso ein Steinbeil, alles aus der jüngeren Steinzeit.[11]) Auf dem Felsgelände westlich zur Saale hin kann man noch mannigfache Spuren alter ehemaliger Saalarme entdecken. 20 Minuten weiter kommt die Nordgrenze der Trothaer Feldmark von dem Giebichensteiner Wasserwerk mit dem Laufe der Götsche herüber. Bei ihrem Einfluß in die sogenannte tote Saale liegt eine einsame alte Ziegelei (von Hille). Hier mündet der Götschebach unter Schilf und Weidengebüsch in die tote Saale. Diese, der ursprüngliche Lauf der Saale, bildet eine Schleife, die mit dem heutigen graden Lauf der Saale den Tafelwerder umschließt, freilich ein Südstück der toten Saale ist bereits zugefüllt. Erst 1876 hat man die große Schleife der Saale durch den jetzigen westlichen graden Lauf ersetzt, etwa in 15 Meter Breite. Das Hochwasser sollte ihn nach und nach weiter ausbilden, aber diese Selbstbildung ging langsamer vor sich als man erwartet hatte. — In jüngster Zeit sind in diese Gegend die gewaltigen Abwässer des Hauptsammelkanals Halle geleitet worden und zwar in Senkbassins, damit sich das Schwere absetzt und das Wasser, besser geklärt, wieder zur Saale abfließt.

Nr. 9, ehemalige Aluminiumfabrik, die 1893 auf dem ehemaligen 18 Morgen großen Pfarracker von Ingenieur Grabau angelegt wurde.[12]) Infolge des ungeheueren Preissturzes dieses Metalls mußte der Betrieb bald eingestellt werden. 1896 wurde in den Gebäuden eine Rohrzieherei angelegt von einem Hauptmann Siewer, auch diese mußte infolge schlechter Preise bald stillgelegt werden. Nachdem das Grundstück 10 Jahre lang verödet dagelegen, wurde in einem Teile desselben eine Futterkuchenfabrik eingerichtet, die 1917 nach Magdeburg verlegt wurde, um einem größeren Kupferwerke Platz zu machen.

In dem Gelände zwischen der Brachwitzer Straße und der Saale bis zur städtischen Kläranlage ist der neue Hafen Halle-Trotha geplant, der den zu klein werdenden Sophienhafen (siehe Band II A) entlasten soll. Umfangreiche Lagerplätze und weites Industriegelände sollen zwischen Saale und dem Hafenbecken sich entwickeln. Halle ist ein von Jahr zu Jahr steigender Güterumschlagsplatz geworden, da es die letzte Stadt ist, bis zu welcher die Dampfer und größeren Kähne der Elbe fahren können. Oberhalb von Halle kommt nur noch der Unstrutverkehr in Frage; die kleineren und engeren Schleusen der Unstrut lassen die Kähne der Saale hier nicht mehr verkehren.

Oestlich der Trothaer Straße.

Das gesamte heutige Straßengebiet östlich der Trothaer Straße, die Ostseite der Straße mit eingeschlossen, wurde erst um die Mitte des 19. Jahrhunderts zu bebauen begonnen. Freilich das älteste Haus (Ecke Mötzlicher Straße), also Trothaer Straße Nr. 78, entstammt schon dem Jahre 1789. Es lag Jahrzehnte lang vereinzelt an den Feldern. — Ganz naturgemäß siedelte man sich erst an der Hauptstraße (Magdeburger Chaussee), dann an den beiden Feldwegen im Südende des Dorfes nach Mötzlich (Mötzlicher Straße) und nach Oppin vom Nordende des Dorfes (Oppiner Straße) an. Zuletzt wurde zwischen diesen beiden ein Verbindungsweg geplant und teilweise bebaut, die Petersberger Straße.

Die Mötzlicher Straße ist das Anfangsstück des Feldweges nach Mötzlich, das bis zum Durchschneiden des Seebener Feldwegs wenigstens auf der Nordseite bebaut ist. Die Straße biegt von der Trothaerstraße gegenüber vom Roten Adler nach Osten ab. Die Nordseite ist mit älteren 2 und 3 stöckigen Häusern bebaut, abgesehen vom letzten (Nr. 14), das im modernen Mietshausstil entstand. Noch 1850 sehen wir über das Gelände der Häuser, wie weiter nordwärts, einen großen Anger sich hinziehen. — 1915: 11 Häuser (14 Nummern).

Die Oppiner Straße ist das Anfangsstück des alten Feldweges nach Oppin, der über die heutige Grube Karl Ernst zum alten Bergschenkenweg und von hier an der Bergschenke vorbei zum Dorfe Oppin sich hinzog. Sie entwickelte sich wie die Mötzlicher Straße und die Pfarrstraße ursprünglich als Weg an einem Bache.

Dieser Bach entsprang südlich des Hoppberges in der Mulde der heutigen Grube Karl Ernst und floß dann die verlängerte Oppiner Straße, die Oppiner Straße und die Morlstraße westwärts in die Saale. Heute leitet er die Abwässer der Grube zur Saale ab. — Die Straße ist nur auf der Südseite bebaut, erst mit alten 1 und 2 stöckigen Dorfhäusern, dann nach der Abzweigung der neueren Petersberger Straße (Lange Straße), mit größeren neueren schmucklosen Mietshäusern, das letzte (Nr. 14) ist ein modernes Mietshaus in grauem Zementputz; endlich sind Nr. 18 und Nr. 17 (das einzige Haus auf der nördlichen Seite) ganz am Ende als moderne Villenhäuser entstanden.

Nr. 5, ein 1 stöckiges altes Häuschen, mit der Tür in der Mitte und rechts und links je einem Fenster, das ehemalige Armenhaus der Gemeinde Trotha, bei der Uebergabe 1900 mit 2101 M. abgeschätzt. Als das Asyl für Obdachlose in den Weingärten erbaut worden war, diente das Häuschen zur Aufnahme älterer erwerbsloser Ehepaare bzw. Frauen. 1918: 4660 M. (Größe: 1,96 ar).

Verlängerte Oppiner Straße. An ihr liegt östlich, wenn man den Feldweg nach Seeben durchschnitten hat, in einer Taleinbuchtung südlich vom Hoppberge die Braunkohlengrube Karl Ernst, ein Komplex von Schachtgebäuden, Fabrikanlagen und Trockenräumen. Schon 1722 bohrte man nach Kohlen auf diesem Gelände, aber erst seit etwa 1850 fand ein rationeller Abbau der Braunkohlenschätze statt. Die Grube ist ein Tiefbau mit 3 Schächten. Die Durchschnittsförderung pro Tag beträgt (1914): 3000 hl. Als Aufbereitungsanstalt hat sie 1 Naßpreßsteinfabrik mit einer Presse, die jährlich 5 Millionen Stück Preßsteine liefert, als Betriebseinrichtung dient eine Seilbahn. Die Arbeiterzahl beträgt durchschnittlich 80 Mann. Etwa 1920 hat die Stadt Halle die Grube angekauft. —

Der Hoppberg, nördlich der Grube, ist auf seinen Abhängen mit Kirschbäumen bepflanzt, oben steht freies Feld. Er ist ehemals ein Hopfenberg gewesen, daher der Name, vordem aber ein Weinberg des Klosters Neuwerk, den 1165 „im Felde von Trotha" der Erzbischof Wichmann zur Anlage eines Weinbergs dem Kloster schenkte. Doch schon 1424 hieß er in den Urkunden „Hoppeberg"; im 15. Jahrhundert verdrängte das Bier immer mehr den Wein, so wurde mancher alte Weinberg im Saalkreise ein Hopfenberg. Aber 1688 muß auf dem Berge auch Wein wiederum gebaut worden sein, denn ein gewisser Hintsche schenkte in Trotha den in seinem Weinberg gewachsenen und selbst gekelterten Wein aus, weshalb er mit der Bierbraugerechtigkeit des Amtes in Streit kam.[13])

Die Petersberger Straße ist unvollendet, sie soll parallel und östlich der Trothaer Straße die Mötzlicher mit der Oppiner Straße verbinden. Sie besteht aus 2 verschiedenen Ansätzen, die in der Mitte durch weites Ackerland getrennt sind. Von der Mötzlicher Straße geht man links nordwärts hinein zu einigen Mietshäusern (Nr. 1—4), denen gegenüber die Volksschule liegt; von der Oppiner Straße biegt man rechts (südwärts) in den anderen Ansatz der Straße, wo beiderseits zusammen 7 Häuser, 3 und 2 stöckig, stehen. Sie hieß ehedem „Langestraße", aber weil Halle bereits eine Langestraße besaß, wurde sie in „Petersberger Straße" umgenannt.

Nr. 90, die zweite Trothaer Volksschule (hallische Schule Nr. XXIII), die nach der in der Morlstraße erbaut wurde. 1900 mit 28 336 Mark abgeschätzt, 1918 mit 38 488 Mark. Größe: 10,06 ar.[14])

Die Köthener Straße, die Bahnhofstraße, die Angerstraße.

Die Köthener Straße zweigt sich ursprünglich als Petersberger Kreischaussee (die nach Köthen führt) von der Trothaer Straße (der Magdeburger Hauptchaussee) ziemlich am Ausgang des Dorfes direkt nach Norden ab, während die Magdeburger Chaussee nordwestlich weiter führt. Sie hieß bis 1900 Lindenstraße, dann aber, da Halle schon eine Lindenstraße besaß, Kreisstraße, bald aber Köthener Straße, indessen die vormalige Köthener Straße in Saalwerderstraße umgenannt wurde (s. d.). — Die Straße ist nur auf der Westseite bebaut mit wenigen Häusern, von Niederlagen, Hofmauern, Staketen und Ställen unterbrochen. Die Grundstücke 5a, 5b und 6 liegen auf der Ostseite der Straße, und bereits außerhalb der Saalbahnlinie, welche gewissermaßen den Abschluß des Dorfes Trotha gen Norden bildet. Diese Bahn ist eingleisig, führt von der Saale unterhalb des Saalwerders bis zum Trothaer Bahnhof, also westöstlich, und gibt so die Verbindung von den industriellen Anlagen, den Nagelschen Werken, der chemischen Fabrik, ja selbst der Papierfabrik Cröllwitz, die kraft einer Luftbahn ihre Verbindung über der Saale weiter führt, mit der Halberstädter Staatsbahnlinie. — Die Köthener Straße dient hauptsächlich industriellen Anlagen (Nr. 4a Weickartscher Holzplatz, Nr. 5a Korns chemische Fabrik, Nr. 6 Lohmannsche Holzhandlung); ihre Fortsetzung ist die Köthener Chaussee, die erst dicht vor der Dreckente (Sennewitz) das Trothasche bzw. Hallische Stadtgebiet verläßt.

Die Bahnhofstraße biegt kurz vor der Saalebahn von der Köthener Straße nach Osten ab, um zuletzt im rechten Winkel nordwärts zum Trothaer Bahnhof zu führen. Die Straße ist nur auf der Nordseite bebaut: zwischen den wenigen Häusern liegen Gärten, Mauern und Niederlagen, so Nr. 6 das Petroleumlager und Nr. 7 eine chemische Düngerfabrik. Die Saalebahn führt gleich hinter der Häuserreihe, nördlich, vorüber. — Eine Rohrgewebe- und Gärtnereimattenfabrik, etwa seit 1905 entstanden, liegt ganz allein auf der Südseite der Straße dort, wo sie zum Bahnhof umbiegt.

Nr. 4. das Stationsgebäude nebst Güterabfertigung, 1872 erbaut, als die Halberstädter Eisenbahn durch eine Privataktiengesellschaft errichtet wurde. Man legte den Bahnhof ganz vom Dorfe entfernt, erstlich wegen der bereits vorhandenen Industrie, die durch die Saalebahn eine leicht herstellbare Verbindung erhielt, sodann um für die künftige eine großes Baugelände frei zu haben. — Das Gebäude ist ziemlich nüchtern, zweistöckig, mit 6 Fenstern Front in gelben Mauersteinen erbaut. Rechts, wenn man eingetreten ist, befinden sich Gepäckabfertigung und Schalterräume, links die Wartesäle. Der Bahnhof erhielt starken Verkehr durch die bedeutende Entwicklung Giebichensteins und Trothas, ferner durch die elektrische Bahnverbindung mit Halle selbst. — Schnellzüge halten auf der Station nicht an, dagegen sämtliche Personenzüge. Die Entfernung bis Halle beträgt 8 km, die Fahrdauer 11 Minuten, die Fahrpreise betrugen in der Zeit des soliden alten Reichs für I. Klasse 55 Pfennige, für II. Klasse 35 Pfennige, für III. Klasse 25 Pfennige, für IV. Klasse 15 Pfennige, jetzt in der verschuldeten schlecht wirtschaftenden Republik stiegen sie über das fünf- und sechsfache bis ins Maßlose, durch die Entwertung des Geldes.

Die Angerstraße liegt ganz außerhalb des Dorfes. Sie zweigt sich bereits von der Köthener Chaussee ab, und zwar nordostwärts. Sie führt als Feldfahrweg über die Wietschke nach Seeben. 2 Mietshäuser stehen ganz vereinzelt an ihr inmitten von Feldern; am Ende der Straße noch vor dem Schienenkörper der Eisenbahn (westlich von ihm) liegt der Komplex der Trotha-Sennewitzer Aktienziegelei.

Die Trotha-Sennewitzer Aktien-Ziegeleien Gesellschaft zu Sennewitz entstanden aus der Sennewitzer und der Trothaer Ziegelei, deren jede schon 1889 an 10 Millionen Steine lieferte. — Hinter dem Komplex der Niederlagen, Schuppen, Fabrikanlagen, Wohngebäude dehnen sich die gewaltigen Tongruben aus, die an 20 m tief sich weithin erstrecken und eine weitere Fortsetzung jenseits der Chaussee (westwärts) vor Sennewitz in tiefen Ausschachtungen finden. Eine Luftseilbahn erleichtert den Verkehr. Die Steine der Fabrik sind porös, das Ziegelmaterial wird mit verbrennnbaren Stoffen durchknetet, diese verbrennen in den Steinen.

Anhang.

1. Vgl. über diese Bezeichnung auch den Karzerplan Alt-Halles s. Band I. — 2. Vgl. meine Wanderungen durch den Saalkreis Band I S. 13. — 3. Es wurden vom Kurfürsten 6 Schleusen erbaut, bei Halle (Gimritz gegenüber), Trotha, Wettin, Rothenburg, Alsleben und Kalbe, alle aus Quader-

steinen sehr dauerhaft, nach der besten Methode, einige (eilich zu eng. Siehe das Nähere meine Wanderungen Band II Seite 1/7. — 4. Er ist nicht erst durch die kriegerischen Wirren des Jahres 1806 davon abgehalten worden, schon 1794 schreibt Herzog: „Der Kriegsrat von Madeweiß, der in Trotha ein Gut besitzt, hat einst (!) um dieses Plätzchen angehalten, um es vielleicht durch englische Anlagen zu verschönern; allein es ward nichts daraus und es freut mich, daß nichts daraus wurde.“ — 5. Ueber die Nixensage des Nixsteins siehe meine „Sagen der Stadt Halle und des Saalkreises“. — 6. Die Mühlengründungen stehen mit dem Burgenbau im gewissen Zusammenhang, vgl. die Geschichte mancher Burgmühlen. Wegen des Schutzes der Mühle haben die Besitzer der Wasserburg Trotha mancherlei Anrechte gehabt, die, nachdem die Mühle dem Kloster geschenkt war, von den Mönchen immer mehr beschränkt wurden. Es kommen Streitigkeiten betreffs der Fischerei bei der Mühle vor „nebst anderem Zubehör“, auf welches alles die Herren von Trotha verzichten mußten nach dem Schiedsspruch des Erzbischofs Günther 1424: „Die Mönche sollen fortan den Damm und die Mühle zu Trotha, frei, ledig und als ihr Eigentum allzeit behalten und die Gerechtigkeit, die die von Trotha und ihre Eltern an gedachter Mühle gehabt, sollen sie aufgeben für sich und ihre Erben.“ — 7. Wie auch den anderen Klostermühlen: der Böllberger, der Neu- und der Steinmühle „weil der Erzbischof inzwischen zur rechten Wahrheit gekommen, daß er nicht Fug und Recht dazu habe“. — 8. In der Tat hat noch heute in Trotha der Mühlenbesitzer bevorzugte Begräbnisplätze neben der Geistlichkeit auf der Nordseite der Kirche. — 8a. Auch Keferstein, der Erbpächter der Cröllwitzer Papiermühle, hatte die Mühle wegen des Wehrs und der alleinigen Ausnutzung für seine Mühle kaufen wollen. Er bot aber nur 15000 Taler. So mußte er sich mit dem neuen Trothaer Müller wegen des zweiten zu bauenden Gerinnes friedlich auseinandersetzen. — 9. Ueber diese und frühere Angaben siehe die schon in Band I erwähnte fleißige Arbeit von Kriegenburg: Das hallische Mühlengewerbe 1917. — 10. Bis 1870 besaß Trotha nur eine einzige Schulklasse mit einem Lehrer, durch das Aufblühen der Industrie waren bereits 1900 14 Klassen und 12 Lehrer nötig. Bald nach dem Bau der Schule in der Morlstraße mußte noch die in der Petersbergstraße errichtet werden. — 11. Siehe meine Geschichte des Saalkreises und Götze-Höfer-Zschieche Tafel III, 25, 27, 33. — 12. Er kaufte den Morgen für den damals horrenden Preis von 5000 Mark. — 13. Der Streit wurde zu Gunsten Hintsches von der Regierung entschieden: er durfte den Weinkranz an seinem Hause wieder aufhängen unter der Bedingung, daß er die Gerechtsame des Amtes nicht verletze. — 14. In beiden Schulhäusern befanden sich bei der Eingemeindung 1900 zusammen 6 Knaben- und 6 Mädchenklassen mit 363 Knaben und 359 Mädchen.

III.

Cröllwitz.

Das Dorf Cröllwitz. Allgemeines.

Das Dorf Cröllwitz entstand als Flußsiedelung der Sorben im Tale der Saale auf einem schmalen Alluvialstreifen, den die Saale, die scharf in nördlicher Richtung auf die Trothaer Berge stieß, anprallte und etwas westlich zu fließen gezwungen wurde, absetzte und zwar auf ihrem westlichen Ufer unterhalb der Porphyrgehänge.[1]) Das Tal des Flusses ist hier sehr eng, etwa 70 m, während es oberhalb bei Böllberg 2400 m und unterhalb hinter Trotha 1700 m mißt. Das Gelände des Sorbendorfes lag damals tiefer denn heutzutage, war von Schilf und Weiden bewachsen, hatte Teiche und auch Quellen,[1a]) einige sorbische Fischerfamilien hatten sich in ihm festgesetzt, die vielleicht schon damals, wie wir es auch in dem Elstertale sehen, ihr kleines Dorfgelände künstlich einige Fuß gegen die Ueberschwemmungen erhöhten. Erst 1836 wurde systematisch durch Dammbauten in die Saale hinein das Gelände dem Flusse abgerungen und befestigt. — Das obere Cröllwitzer Terrain war schon in früherer vorgeschichtlicher Zeit besiedelt gewesen. Mannigfache Funde (leider ohne nähere Angaben) sind hier eingebracht worden.[2])

Die Sorbensiedlung entstand wohl weil hier eine alte Saaleübergangsstelle zu der alten Volksburg und zu der wichtigen Siedelung Giebichenstein lag. Die Sorben schoben sich hier über die Saalegrenzlinie in das deutsche Westufer vor, also wohl im 7. Jahrhundert, zur Zeit der stärksten Machtentfaltung der Sorben. — Der Name der Siedlung bedeutet „Königssitz", aus crol = König und wice = Ort, Sitz oder die Siedlung einer Stammesgenossenschaft mit gemeinschaftlichem (kommunistischem) Besitz eines Croll,[3]) möglich auch, daß ein Häuptling in jenen Zeiten die Siedlung gegründet hat.

Der Ort blieb Jahrhunderte hindurch ein ärmliches Fischerdorf, freilich der Lachsfang am Loch (an dem Wehr, wo jetzt die Papierfabrik steht) gehörte dem Kloster Neuwerk bezw. zu ihrer Mühle in Trotha. In späterer Zeit ging wie anderswo auch hier der Lachsfang immer mehr zurück, so klagt 1710 der Erbmühlenpächter, daß auch der Lachsfang nunmehr eingegangen sei. — Cröllwitz hatte durch den Saaleübergang einige Bedeutung. Es bestand eine Fähre seit dem früheren Mittelalter hier, die schon 1363

Erzbischof Dietrich durch eine hölzerne Brücke zu versetzen suchte. Diese wurde einige Zeit später durch die Hochflut wieder vernichtet; die Fähre hat dann bis 1870 existiert. — Auch durch das uralte Landgericht (Landding), das bei Cröllwitz abgehalten wurde, gewann der Ort an Bedeutung. Entscheidungen und Klagen beim Schöffengericht zu Halle konnten bei diesem Gericht von neuem erhoben und gefällt werden; im 14. und 15. Jahrhundert riefen hallische Bürger wiederholt die Entscheidungen des Gerichtes an (1380: Zu Kroelwitz vor dem dinge), so ein Patrizier Bockstedt, den Siegfried Berlin beklagt hatte, wegen des Schadens, den er vor dem Schöffengericht zu Halle gehabt hatte; ebenso 1434, 1435, 1441 usw. Auch der Erzbischof Günther verklagt 1423 Barthel von Micheln, den Schultheißen von Halle, als seinen Diener vor diesem Gerichte.[4]) Das Gericht wurde wohl auf dem uralt heiligen Ochsenberg oder im Donnershaugk, den ehemaligen Heiligtümern des Donar, abgehalten. Ihm saß vor ursprünglich als Stellvertreter des Kaisers der Burggraf von Giebichenstein und nach dem Aussterben der Dynastenfamilie derer von Giebichenstein deren Nachfolger, der Burgvogt bezw. der Burghauptmann. Das Urteil fällten die „Aeltesten" von 7 bestimmten Dörfern (s. Burg Giebichenstein).

Auch ein Brunnen befand sich im Dorfe, der sogenannte Bischofsbrunnen, der ein klares und gutes Wasser lieferte.[4a]) Es entsprang die Quelle in dem engeren Gelände der Papierfabrik.

Das kleine Dorf zählte um 1400 etwa 10 Höfe, so besitzen die vom Tore 2 Höfe und 1 Hufe, Frenzel vom Ende 3 Höfe und 1 Werder, die von Trotha 3 Höfe und 2 Hufen, Tilo Kure 3 Höfe und 4 Hufen. Auch eine angesehene Familie Halles nennt sich nach dem Orte: bereits um 1300 wird ein Fritze von Crolewitz erwähnt und um 1400 ein Hans Crullewitz. — Der Ort wird 1350—1400 Krolewitz, Crullewitz, Crowitz genannt.

1550 zählte das Dörfchen im[illegible]ch 10 Höfe, etwa 50 Insassen. Als Kaiser Karl V. im Schmalkaldischen Kriege 1547 in Halle einzog, speiste er zu Mittag auf dem Tannenberg, dem jetzigen Kirchplatz, von wo er den schönsten Blick in die Ferne ringsum wie in das Saaletal wie auf die Burg Giebichenstein vor sich hatte. Von 1550 bis 1600 wächst der Ort für damalige Verhältnisse sehr stark, er zählt 1594 schon 22 und 1600 an 24 Feuerstätten mit etwa 120 Einwohnern. Ich vermute, daß das nahegelegene Ersdorf (Erichsdorf, Giersdorf, Irksdorf) um diese Zeit eingegangen und seine Bewohner zum großen Teile nach Cröllwitz übergesiedelt sind.[5]) Die Neueingezogenen siedelten sich nördlich vom Dorfe am Aufstieg zum heutigen Schulberg an. — 1570 suchte eine starke Feuersbrunst das Dorf heim: 6 Wohnhäuser brannten nieder. — Die Bewohner nährten sich vom Fischfang, einigem Ackerbau und nach „althergebrachter und üblicher Gerechtigkeit und Gewohnheit", wenigstens die Hausbesitzer, vom Verkauf von Broten (jedesmal sechs) an den beiden Markttagen (Mittwochs und Freitags) in Halle, welches Privilegium ihnen 1562 von neuem bestätigt wurde (s. Dreyhaupt II 558).

Im Dreißigjährigen Kriege wurde der Ort wie auch Lettin total zerstört, wohl kein Stein blieb auf dem andern. Nur langsam entstanden die einzelnen Hütten wieder. Merians Bild in der Topographia Saxoniae inferioris (1653) zeigt etwa 20 strohbedeckte Häuserchen und Scheunen, alle im Saaletal, in der Talstraße gelegen. 1670: 25 Häuser, kein Anspännerhof, auch kein größeres Gut. Neue Unglücksschläge trafen das Dorf: 1682 wütete die furchtbare Lungenpest: 66 Personen starben dahin, über die Hälfte der Einwohner, in Giebichenstein, der Muttergemeinde, starben 143. In kirchlicher Hinsicht war bis in unsere Zeit der Ort nach Giebichenstein eingepfarrt, bis 1900 besaß er noch nicht einmal eine Kirche. Erst durch die Papierfabrik, die 1716/17 durch den Mühlenpächter in Trotha, Zacharias Kermes, erbaut wurde und zwar am nördlichen Ausgang des Dorfes, blühte der Ort allmählig wieder auf: zu den Fischern kamen die Papiermacher. 1721: bereits 27 Personen in der Papiermühle. 1731: an 40! Um 1750 besitzt das Dorf etwa 30 Häuser und 180 Einwohner, 1753 litt es unter starkem Hochwasser, der Schaden der Papiermühle allein belief sich auf 655 Taler!

Im Siebenjährigen Kriege wurde auch unser Ort wie Halle durch die feindliche Soldateska schwer bedrängt, so wurde Ende Oktober 1757, kurz vor der Schlacht bei Roßbach, die Fähre von den Feinden abgebrannt. Dem Pächter der Papiermühle wurden nach seiner Aussage durch kriegerische Ueberfälle 600 Taler erpreßt, so 1761: 60 Taler und die Pferde. Er mußte sich Sauvegarden halten, damit die Feinde ihm nicht alles zerhauten. — 1785 zählte man 37 Häuser und 270 Einwohner, worunter 1 großer und 10 kleine Kossaten, 22 Häusler und 13 Fischer. Sie bezahlten 81 Taler Furagegeld und 163 Taler Kontribution. Ihre Grundstücke betrugen 311 Morgen Acker, 15 Morgen Wiesen und 12 Morgen Gärten. — 1790: 41 Häuser und 278 Einwohner.

Die damals romantisch schwärmende akademische Jugend feierte die Schönheit des Giebichenstein, der Trothaer Berge, der Peißnitz, des Saaletals, aber auch Cröllwitz und sein Ochsenberg taten es ihr an. Herzog feiert den Umblick vom Giebichenstein: „An dem jenseitigen Ufer das Dorf Krellwitz, das der Saale entlang liegt, in der reizendsten Lage; in einiger Entfernung rechts die Spitzen der über die Berge hervorragenden Krellwitzer Papiermühle, von deren gastfreiem Bewohner und göttlich schöner Gegend ich Ihnen in unseren nächsten Winterabenden erzählen werde". Eichendorff rühmt in seinem Tagebuche am 15. Mai 1806

„die Aussicht auf den Brocken (!) vom Ochsenhaupt bei Krellwitz". Reichardt sehnt sich in den „Vertrauten Briefen" I 1810 zu dem schönen Tale der Saale zurück: „Wie der Fluß sich dann in kühner Beugung durch die schön geformten Felsufer von ewigem Porphyr durchdrängt, bei dem ruhigen Fischerdorfe Kröllwitz und seiner reich umpflanzten Papiermühle und dem buschbewachsenen Werder vorbei, über das hohe Wehr brausend fortrauscht, dann durchs fruchtbare Land ruhig fortströmt".

Um 1750 gab es 2 größere Oekonomien im Orte selbst, das weiße und das gelbe Gut. Das weiße oder Callenbergische Gut lag an der Einmündung der Cröllwitzer Straße in die Talstraße, die erstere geht heute über das ehemalige Gut hinweg; das gelbe Gut lag auf dem heutigen Grundstück Talstraße Nr. 12 und auf dem gegenüberliegenden Ufergrundstück. Dazu kam ein drittes Gut, das Eckartsche, am Weinberg. Die beiden ersten kaufte Georg Christoph Keferstein, der Papiermühlenpächter um 1764. Noch 1800 waren die 3 Gütchen die einzigen größeren Oekonomien im Orte. Auf dem weißen Gute baute Ludwig Keferstein 1802 (nach der großen Ueberschwemmung 1799) noch ein zweites Wohnhaus zum ersten. 1890 wurde das weiße Gut, 1893 das gelbe Gut verkauft.

Am 24. Februar 1799 suchte eine der verderblichsten Wasserfluten auch unser Dorf wie Trotha (s. d.) heim.[6]) Allein an 13 Häuser stürzten an diesem Tage ein.[7]) Damals erst verlegte man einige Wohnstätten höher auf die Berge, auch die alte Schenke des Dorfes, die nun die „Bergschenke" genannt wurde. Die zweite Schenke des Ortes „Zur weißen Dame" blieb am Saaleufer weiterhin. Die Papierfabrik erlitt einen Schaden von 10000 Talern!

1806 sah das Dorf den verhängnisvollen Krieg aus nächster Nähe. Das tapfere und berühmte Regiment Treskow wurde am Vormittag des 17. Oktober an den Weinbergen und bei den Brandbergen von den Franzosen zurückgedrängt und zuletzt in das Dorf selbst und zwar in die Höhlung zwischen dem Ochsenberg und dem Tannenberg hinabgetrieben. Die Papierfabrik und das Kefersteinsche Wohnhaus suchten die Preußen zu halten, ein erbitterter Kampf entspann sich, bis die Preußen teils getötet, teils überwältigt waren, teils in der Saale ertranken, nur wenige retteten sich durch Schwimmen über das Wasser. Die 200 gefallenen Preußen wurden an der Saale oder im Garten der Papierfabrik, auch am Fuße des Ochsenberges bestattet, teils auch mit Franzosen vermischt am Ausgang des Oekonomiegebäudes, wo eine alte Linde ihre Ruhestätte bezeichnet; die Franzosen aber auf dem Tannenberge (Schulberg oder Kirchenberg).[8])

In der Nacht vom 21. zum 22. Oktober 1823 brannte die Papiermühle bis auf den Grund nieder, ein schwerer Schlag für die auf längere Zeit brotlos gewordenen Fabrikarbeiter. 1825 war sie wieder in Betrieb. Damals zählte der Ort 35 Häuser und 230 Einwohner. Die verhängnisvolle Ueberschwemmung des Jahres 1799 zeigte noch immer ihre Folgen. — 1836, nach dem Hochwasser 1830, wurde die Saale durch Dammbauten reguliert und das Ufer verbreitert. — Die Bergschenke entwickelte sich immer mehr zum Ausflugsort hallischer Bürger und Studenten, der Fährverkehr zwischen Cröllwitz und Giebichenstein wurde immer reger, bis man 1870 die Pontonbrücke aufstellte, die in das anmutige Saaletal trefflich hineinpaßte. — 1850 zählte der Ort 450 Insassen; von nun an stieg die Einwohnerzahl bedeutend. Durch das Emporblühen der Papierfabrik entstanden mehrere große Arbeiterhäuser am Ochsenberge. Eine Knochenfabrik („Knochenbrennerei") erhob sich westlich vom Dorfe einsam an der Dölauer Feldstraße. Die Feldwirtschaft verbesserte sich immer mehr. — 1865 betrug die Gesamtfläche $1230^1/_2$ Morgen, darunter 859 Morgen Acker, 22 Morgen Wiesen, $82^1/_2$ Morgen Weiden, $51^1/_2$ Morgen Holzung; 1885 dagegen 1644 Morgen. Darunter 864 Morgen Acker, 24 Morgen Wiesen, 48 Morgen Holzung. Die Flur erstreckt sich zum großen Teil in das nördlich gelegene Gebiet des Alluviallandes der Saale. Spargelfelder wechseln mit Gemüsekulturen, Obstgärten mit Feld- und Rübenstrecken ab. — 1865 gab es 842 Einwohner, 1877: 1100; 1885: 1602 in 111 Wohngebäuden und 333 Haushaltungen. — Die Gemeindejagd umfaßte 860 Morgen und wurde für 71 Taler jährlich verpachtet (1856—62 an Keferstein), 1868—74 für 60 Taler.

Schon nach 1800 hatten sich ein paar Gehöfte außerhalb der Talsiedlung am und auf dem Schulberg erhoben, abgesehen von der Bergschenke. In den folgenden Jahrzehnten siedelte man sich vereinzelt weiter oberhalb an der heutigen Wörth-, an der Nordstraße und an der Dölauer Straße an, es sind heute noch sichtbare kleine schmucklose Dorfhäuschen. Aber erst nach 1870 setzte eine rege Bautätigkeit auf dem Plateau westlich von der alten Talsiedlung an, davon zeugen die Namen: Wörthstraße, Weißenburgstraße und Belfortstraße; die Lothringer und die Elsässer Straße blieben dagegen bis heutigen Tages unbebaut.

1888 wurde das große Landgestüt, 10 Minuten südwestlich vom Orte, an der Talstraße errichtet. — 1891/92 erstand die große eiserne Saalebrücke, da die Pontonbrücke dem Verkehr nicht mehr entsprechen konnte. — 1892 wurde im Orte ein eigener Pfarrer als dritter Geistlicher der Bartholomäuskirche in Giebichenstein angestellt. Der ersten Schule wurde noch ein zweites Schulgebäude zugefügt; die 6 Knaben- und 6 Mädchenklassen zählten 313 Knaben und 318 Mädchen im Jahre 1900 (Schulberg Nr. 11 und 19). Ein eigener Friedhof wurde außerhalb des Ortes an der Lettiner Straße angelegt; vordem wurden die Cröllwitzer auf dem Giebichensteiner Gottesacker beerdigt. — 1898 erhielt man Wasserleitung und Gasglühlicht von Giebichenstein, auch die elektrische Straßenbahn wurde von Halle und Giebichenstein über die neue eiserne Brücke gelegt bis zum Endpunkte am Fuße des Bergschenkenberges. — Am 6. März 1900 fand die feierliche Grundsteinlegung der Petrikirche auf dem Schulberge statt, 1901 aber die Einweihung.

1900 wurde das Dorf wie Giebichenstein und Trotha in die Stadt Halle eingemeindet; es brachte als Besitztum mit: 2 Schulgebäude (35 000 und 64 955 Mark), den Friedhof (1000 Mark), die Brücke nach Giebichenstein (359 044 Mark) und die nach dem Weinberg (44 255 Mark), ferner 3072 Einwohner und einen Flächenzuwachs von 411.21 ha. Es hatte (1900) einen Gemeindevorstand und 12 Gemeindevertreter und brachte auf an Staatseinkommensteuer 5656 ½ Mark, an Ergänzungssteuer 1081 Mark, an Gemeindeeinkommensteuer 70 Prozent: 16 242 Mark, an Grundsteuer 555 Mark und an Gebäudesteuer 3011 Mark.

Durch die Eingemeindung wurde Cröllwitz hallischer Stadtteil. Dies gab dem Orte einen bedeutenden Aufschwung: viele Häuser im geschmackvollen modernen Mehrfamilien- und Einfamilienhaus entstanden, zunächst in der Talstraße und hier zunächst der Brücke in der Gegend des Hauptverkehrs, aber auch oben auf dem Plateau in der Belfortstraße, in der Nordstraße usw. erhoben sich einige moderne Mietshäuser. Jedoch auch vornehme Villenviertel erschlossen sich, erstlich an der oberen Talstraße, die zur Heide führt, hier entstanden von 1910—14 etwa 10 Villen, von der Eigenheims-Gesellschaft erbaut; zugleich aber erwuchs ein näheres, bequemeres auf hoher Lage weitblickendes Villenviertel über dem Amselgrund an dem Hohen Wege hinter der Bergschenke: etwa 8 Villen wurden bis 1914 hier erbaut.

Die Talstraße.

Die Talstraße, und zwar das Stück von der Brücke nordwärts bis zum Schulbergaufgang ist der älteste Teil des Dorfes Cröllwitz, wie er auf den Zeichnungen Merians und Dreyhaupts noch erscheint, ein paar Dutzend ärmliche Dorfhäuser unter den abstürzenden Porphyrfelsen gelegen, und zwar auf dem Schwemmland der Saale, das erst im 19. Jahrhundert den Trothaer Felsen gegenüber geregelt und befestigt wurde. — Nach der großen Ueberschwemmung von 1799 entwickelten sich Nr. 1—4 im Tal und auf der Höhe (Bergschenke), heute links der Brücke gelegen, damals gleich rechts an der Fährstelle, die alte Talstraße verlängerte sich also südwärts. Ihr Nordende wurde durch den Komplex der

Papierfabrik gesperrt, sie fand eine geringe Fortsetzung in einem Feldwege, der zwischen den Gebäudeanlagen der Papierfabrik und dem Ochsenberg in die Saaleniederungen weiterführte.

Südlich der Fährstelle an dem Fährfelsen (Kriegerdenkmal) zog sich die Talstraße, ein tief gelegener, ungepflegter Fahrweg durch einen Engpaß zwischen Fähr- und Bergschenkenfelsen so eng, daß kaum ein Wagen hindurchfahren konnte, durch den Wiesenstreifen des Amselgrundes dahin, an der Hauptsaale, dann an der Wilden Saale stromauf bis zum heutigen Landgestüt (Brüderhöhle),

Die Sieben-Brüderhöhle bei Cröllwitz.

um dann in gerader westlicher Richtung vom Tale und der Saale abzubiegen und in etwa 10 Minuten die Heide zu erreichen. Den oben erwähnten Engpaß erweiterte man aus Anlaß der großen Schützenversammlung Deutschlands im Jahre 1907, zugleich legte man das Wiesenrundteil an der Saale an, den Fahrweg hatte man bedeutend erhöht und gepflastert, dann verbreitert (mit einem Reitwege versehen) und mit Bäumen bepflanzt. Die Wiesen wurden nivelliert und leider ein hübscher Naturteich zugeschüttet.[9]) — Die obere Talstraße, von dem Landgestüt bis zur Heide, der sogenannte „Heideweg", war ehemals ein unebener schmaler sandiger Feldfahrweg, beiderseits mit einigen Pflaumenbäumen besetzt, durch einsame Felder führend. Erst um 1890 fing sich die Gegend zu verändern an. Zunächst entstand 1888 das Landgestüt mit seinen Gebäuden, Gärten und Parkanlagen an der Biegung der Talstraße auf unfruchtbarem nassen Ackerland, wo Mohn und Unkraut das spärliche Getreide durchsetzte und das ein tieferer nasser Graben zur Straße hin begrenzte. Zehn Jahre später (1897) baute die Pfälzer Schützengesellschaft ihren Schützenhof („Heidepark") auf der Nordseite der Feldstraße dicht vor der Heide auf. Die große Südseite, lediglich Feld, wurde alsbald in eine große Gärtnerei und Baumschule (von Schulz und Rundspaden) gelegt. Um 1911 begann die Eigenheim-Baugesellschaft diese Gärtnerei in Baustellen aufzuteilen und eine Anzahl Ein- und Zwei-Familienvillen entstand inmitten kleiner, hübscher Gärten. So wandelte man 1913 den schmalen Feldweg in eine imposante breite Promenadenstraße um. Die alten Pflaumenbäume wichen auf der Nordseite einem breiten Fußweg von zwei Reihen gefüllter Kastanien beschattet (164 Stück Aesculus Hippocastanum flore pleno), auf der linken (südlichen) Seite wurde ein Reitweg hergestellt und der Bürgersteig an der Villenseite gepflastert. Für all dieses nebst Kanalisation wurden 98000 Mark bewilligt. — Auch das unterste Stück des Heideweges, vom Weinbergweg bis zur Saale, wurde verbreitert. Etwa 1910 trug man den Bergrücken auf der Nordseite ab und legte einen Reitweg (1913) an, auf der Südseite pflanzte man 43 amerikanische Roteichen (quercus rubra) an. — Leider setzte der Weltkrieg der gesamten Entwicklung ein Ende, das übrige Baugelände des Villenviertels mußte als Gärtnerei liegen bleiben, die Eigenheims-Baugesellschaft löste sich auf.

Die Fähre bezw. die Brücke. Der alte Saaleübergang talabwärts der Peißnitzinsel entstand vielleicht durch die alten Befestigungen Giebichensteins (Alte Burg, Burg), sicherlich wurde er bedeutungsvoll durch diese. Er verband den Westen (Heidegebiet und Mansfelder Vorland) mit der Burg und ihren Heerstraßen. Die Siedlung Cröllwitz verdankt ihre Entstehung diesem Uebergang. Schon 1363 suchte der tüchtige Erzbischof Dietrich die Fähre durch eine hölzerne Brücke zu ersetzen, die indes die Hochflut bald wieder vernichtete.[9a]) So bestand die Fähre weiter bis 1870, erst an einem einfachen Tau, später an einem Drahtseil. Das alte kleine Fährhaus stand auf der Cröllwitzer Seite an dem Fährfelsen, auf dem heute das Kriegerdenkmal steht, von alter Linde beschattet. Die Fähre gehörte dem Fiskus, als ein ehemaliger Appendix der Burg Giebichenstein. In späterer Zeit verpachtete der Amts- oder Domänenpächter Giebichensteins die Fähre gegen eine Pacht an den Staat an einen Cröllwitzer Fischermeister. 1845—70 pachteten der Domänenpächter Bartels und der Papierfabrikbesitzer Keferstein die Fähre vom Staate gegen 400 Taler jährliche Pacht (ebenso wie die Kahnüberfahrten von Cröllwitz, unterhalb der Fähre, und von Lettin). Sie verpachteten sie an die Fährleute weiter. Freilich setzten sie zu, denn die Unterhaltung der Fähre war nicht billig. 1845 kaufte Keferstein ein 460 Fuß langes, $3\,^1/_4$ Zoll starkes Fährseil von 16 Zentner 2 Pfund Gewicht für 206 Taler $24^1/_2$ Groschen; ein Fährgefäß kostete 929 Taler. 1869 beschloß die Gemeinde eine Pontonbrücke für 13 000 Taler zu bauen, die Gemeinde brachte $^2/_3$, Keferstein $^1/_3$ der Zinsen auf.[9b]) 1870 wurde die Pontonbrücke, praktischer wegen des zunehmenden Verkehrs, in Betrieb genommen (bis 1892). Man legte auf nebeneinander in Zwischenräumen gelagerten eisernen Pontons den hölzernen Brückenbelag.[10]) Die Brücke gehörte der Gemeinde Cröllwitz, sie erhob für Fuß-

Die alte Bergschenke und die Pontonbrücke.

gänger 3 Pfennige Brückengeld. Bei dem regen Verkehr steigerte sich die Pachtsumme bis auf 23 000 Mark. Die Pontonbrücke lag etwas oberhalb der jetzigen Brücke. 1892 wurde die große eiserne, mit je einem Bogen überspannte Brücke gebaut[11]) und zwar für 359 000 Mark; ihr Bogen hat 105 Meter Spannung, so daß er einen argen Nachteil für das landschaftliche Bild des Saaletales darstellt, da die massigen Gitter den Blick in dem Tale und in das Tal geradezu vergittern. Der schwere Bohlenbelag mußte wiederholt oft nach wenigen Jahren erneuert werden unter großen Unkosten (1910: 8000 Mark; 1913: 21 000 Mark). Wegen der Höhe der Brücke mußte einerseits in Giebichenstein (s. d.), andrerseits in Cröllwitz der Zugang höher gelegt werden; abgesehen, daß in Cröllwitz die danebenstehenden Gebäude (Talstraße Nr. 6) um 1 Stock eingebaut wurden, verlor der Bergschenkenfelsen an

Höhe und Eindruck. — Erst am 1. Oktober 1905 ist das Brückengeld aufgehoben worden, und die Brücke hat so den Charakter einer öffentlichen Straße erhalten.

Der Fährfelsen, etwa 40 Schritte oberhalb der Brücke, ist ein in die Saale vorspringender kleiner steiler Porphyrfelsen, der ehemals mit dem Bergschenkenfelsen zusammengehangen hat. Er ist schon offenbar in alter Zeit durchgebrochen worden, 1907 ist der Fahrweg zwischen beiden Felswänden wiederum erweitert worden. Auf den kleinen isoliert stehenden Felsen führen einige Stufen empor: auf seiner Spitze steht das Cröllwitzer Kriegerdenkmal zu Ehren der in den Kriegen 1866 und 1870/71 gefallenen 4 Cröllwitzer (am 30. August 1896 enthüllt). Es ist ein übermanneshoher Obelisk aus schwarzem Granit mit den Namen der Gefallenen und der Widmung: „Den tapferen Helden. Die dankbare Gemeinde Cröllwitz". — Südlich vom Felsen steht seit und wegen der städtischen Kanalisationsanlage 1914/15 das kleine einstöckige Häuschen.

Die Bergschenke. Nördlich des Fährfelsens auf dem höher ansteigenden Plateaugelände auf östlich vorspringendem Teile erstand ums Jahr 1800 nach der großen Ueberschwemmung (1799) die Bergschenke.[12]) Dieses Gelände der Bergschenke wies manche vorgeschichtlichen Funde auf. Westlich vom Hause, wo ehemals eine kleine Laube stand, konnte man zentnerweise Tonstützen, darunter eine ganz große (25 cm hoch) finden. Dicht dabei lag ein Grabhügel (anscheinend Steinpackung).[12a]) Der alte Bau der Schenke, ein 2stöckiges, 6fenstriges Oekonomiehaus mit abgewalmten Dache steht noch heute inmitten seiner modernen Anwüchse, sehr gut der Lage und dem Felsen angepaßt. Die Schenke hatte im Erdgeschoß ein paar Kneipzimmer, im oberen Stock den Saal; zudem trieb sie Oekonomie noch bis etwa 1865. Bald wurde sie ein beliebter Ausflugsort der Studenten, der Burschenschafter usw., die ein eigenes Kneipzimmer hier oben hatten. Ein altertümliches Zimmerchen im alten Bergschenkengebäude im oberen Stock barg noch allerlei Erinnerungen aus dieser Zeit: alte Schläger, Pokale, Zirkel, Silhouetten, Stammbücher usw. Hinter dem Hause lag der Oekonomiehof mit den Wirtschaftsställen, vor dem Hause (Westseite) der kleine Gartenplatz mit einigen weißgestrichenen Holzstühlen und Tischen unter ein paar Reihen Kastanien, von der schmalen weißgekalkten Kolonnade nach Norden abgeschlossen; auf der vorspringenden Kuppe zur Saale hin thronte der kleine runde Pavillon. Von der Fährstelle aus gelangte man auf einem steil in Schlangenlinien ansteigenden Weg empor, der, wenig benutzt, noch heute zu sehen ist. Besonders der in der Biedermeierzeit beliebte Broihan wurde in grauweißen Töpferflaschen wohlverstöpselt ausgegeben, „mit oder ohne Musik".[13]) — 1882 wurde der kleine

Anbau nach der Sadt zu aufgeführt, ein freundlich helles Gästezimmer. — 1895 kam der große Anbau nach Nordwest dazu, der Garten **wurde** vergrößert, eine zeitgemäße Veranda geschaffen, der Pagodenturm auf der Felskuppe entstand.[14]) Hinter der Veranda

BISMARCK-DENKMAL A. D. BERGSCHENKE
VON BILDHAUER JUCKOFF-SKOPAU

auf 20 Morgen Acker und Rasen wurde ein statt der Park angelegt. — 1908 ist der große Saalbau nach dem Dorfe zu entstanden, der mit 5 großen Fenstern versehen und hohem Ziegeldach den Berg der Schenke durch seine Höhe gänzlich gedrückt hat. — Westlich vom Pagodenturm wurde am 21. Juni 1907 das imponierende Bismarckdenkmal, das weit in das Saaletal hineinblickt, errichtet; eine kleine Bastei wurde vor dem Denkmal aufgemauert.[15]) — 1913 legte man die kleine Terrasse unterhalb des Pavillons an. — 1915 kaufte die Stadt für 310 000 Mark die Bergschenke an; das Anwesen ist 2,52 ha groß.[16])

Der Park hinter (westlich) der Bergschenke, ehemals ein ödes oder mit Kartoffeln bepflanztes Gelände, etwa 20 Morgen groß, wurde um 1896 als Park angelegt und eingegattert. In der Mitte auf hügeliger Erhebung steht ein sechseckiges Gartenhäuschen. Die Anlagen sind im englischen Stil: gewundene Kieswege, große Rasenbeete mit Boskettgruppen, Kieferntrupps und Ebereschen, auch Zwergobstbäumen. Eine kleine Allee von Kastanien führt nach der Veranda der Bergschenke. — Auch dieser Park ist von der Stadt angekauft worden.

Nr. 5 existiert nicht, war ehemals das Asyl für Obdachlose der Gemeinde Cröllwitz; 1902: 5 Frauen mit 5 Kindern hierselbst. Die Stadt besaß damals noch 6 Asylstätten.[17]) Das Haus wurde 1902/3 niedergerissen, und die Bedürfnisanstalt darauf errichtet, in Fachwerkarchitektur mit 4500 Mark Unkosten.

Nr. 6, die Wintersche Oekonomie; das Haus, in gelben Klinkern mit vorderen Schiefertürmchen wurde etwa 1890 erbaut, dicht an seinem oberen Stock führt die Brücke vorbei. Die Oekonomie ist wohl eins der beiden alten Gutsanwesen des Ortes; 1900: 148 Morgen mit 1000 Mark Grundsteuerreinertrag.

Nr. 7/8, Kramers Restaurant; etwa 1883 erstand der kleinere Teil, in dessen oberem Stock damals und noch später die Verbindungen ihre Mensuren auspaukten. Der Saalanbau mit 3 großen Fenstern entstand später, ebenfalls vergrößerte sich der anmutige Garten auf der anderen Seite der Straße am Ufer der Saale mit Gondelanlegestelle und geräumiger Veranda, ein beliebter Aufenthaltsort an Sommerabenden.

Nr. 23, Direktorhaus der Cröllwitzer Papierfabrik, ein sechsfenstriges, zweistöckiges, in der Mitte dreistöckiges flachdachiges stilvoll erbautes Haus, 1848 von Albrecht Ludwig Keferstein erbaut. Später kam ein Garten mit Gartenhäuschen dazu und wohl 1858 der Felsabhang, den er von der Gemeinde Cröllwitz gegen Erbauung des Spritzenhauses erhielt.

Nr. 28, die **Cröllwitzer Papierfabrik**. Das ältere zweistöckige Wohnhaus (älteres Direktorhaus) 1801/3 erbaut, ist gerade der Talstraße vorgelagert, so daß sie sich nordwestlich emporwendet; während nördlich der Park, dann die Papierfabrik an dem Ufer der Saale selbst liegt. Ueber 500 Meter erstrecken sich die Gebäude, Fabrik- und Wirtschaftsgehöfte, Wohnhäuser der Arbeiter und Beamten an der Saale entlang, dazu kommen noch an Grund und Boden der Park, die Gärten, Äcker und Wiesen und der Ochsenberg.

Die Papiermühle wurde nach dem Eingehen der Dennerschen Papiermühle (s. Pulverweiden) 1715/16 durch den Mühlenpächter in Trotha, Zacharias Kermes erbaut, und zwar bei dem sogenannten „alten Lachsfang des Giebichenstein", d. h. dort, wo jetzt noch die Papierfabrik steht,[17a]) eine ziemlich unglückliche Lage, da das Unternehmen, von Fluß und Felsen eingeengt, nordsüdlich langgestreckt sich entwickeln mußte. Es war fiskalischer, ehemals dem Kloster Neuwerk gehöriger Grund und Boden, ebenso der „Sockel", jene damalige Wiese südlich vom Wehre. Das Unternehmen war ein Erbzinsgut mit einem Kanon von 40 Talern für Platz, Betrieb und Lumpensammelprivileg und 10 Taler Erbpacht für die Sockelwiese. Die Gebäude mußte Kermes selber aufführen, doch wurde ihm neben der Papier- auch eine Graupenmühle gestattet. 1715 wurde das Grieswerk bereits zwischen Felsen und dem Wehr errichtet, darauf das Uebrige bis 1716. Diese älteste Papiermühle besaß 2 Wasserräder, 5 Geschirre mit zusammen 25 Stampflöchern, 3 Bütten und 6 Pressen. Sie bestand aus einem zweistöckigen Hauptgebäude und einem einstöckigen Häuschen jenseits des Gerinnes auf der Insel (Leimküche und Backofen). Der Bau kostete $9917\frac{1}{2}$ Taler. Bald kam noch ein zweistöckiges Quergebäude dazu. Es wurden als erste Erzeugnisse Pappe, Makulatur, Druckpapier und zuletzt erst Schreibpapier hergestellt. – 1718 verpachtete Kermes seine Papiermühle an Joh. Chr. Keferstein (1686—1759) für jährlich 385 Taler (1724: 400). Dieser brachte erst den Betrieb hoch.[17b]) 1721 war der Haushalt bereits 27 Personen stark. – 1725 kaufte A. H. Francke die Papiermühlen an, um für seine Waisenhausdruckerei das nötige Druckpapier zu erhalten, Keferstein blieb Pächter mit einem jährlichen Zins von 400–470 Talern. Mancherlei Bauten und Verbesserungen geschahen. 1734 wurde eine Wasserleitung aus den Wiesen jenseits des Ochsenberges 1628 bezw. 3328 Ellen lang für $364\frac{1}{2}$ Taler gelegt. 1728/30 wurde das Leimküchenhäuschen auf der Insel abgerissen und ein zweistöckiges Holzgebäude mit neuem Holländer erbaut für 1600 Taler. 1741 wurde ein zweistöckiges Seitenhaus errichtet und 1740 das Gerinne und die Lehmwand für 4918 Taler vollständig erneuert. 1731: 30 bis 40 Personen. – 1749–64 ist der tatkräftige, vielseitige Georg Christoph Keferstein, der Sohn des vorigen, der Pächter, seit 1764 wurde er Erbpächter, der gegen einen Kanon von 120 Talern sämtliche Baukosten und Abgaben zu tragen hatte.[17c]) Der Wert der Mühle wurde auf 8000 Taler taxiert, sie besaß damals 3 Geschirre mit zusammen 13 Loch, 2 Holländer, 4 Lumpen, 1 Lumpenschneider und Trockenpressen. Eine Menge Verbesserungen, Neueinrichtungen, Neubauten entstanden, so daß die Mühle selbst feines holländisches Papier herstellen konnte und sie bald den Ruf der besten und größten in ganz Deutschland genoß. Schon damals waren die Gesellen in Glätter (ältere Richtung) und Stampfer (jüngere Richtung) gespalten. Jene trugen grüne Schürzen und glätteten zuerst das Papier mit Achatstein, diese in braunen Schürzen machten es mit dem Hammer glatt. Es ist übertrieben, daß die Spaltung in derartige Feindschaft ausartete, daß der Erbpächter, der noch ein Glätter war, seinen Namen Käserstein in Keferstein mit Erlaubnis Friedrichs des Großen umänderte, um ja nicht mit seinen Stamm- und Namensvettern, die Stampfer waren, verwechselt zu werden.[17d]) — Im Siebenjährigen Kriege wurde die Mühle wiederholt vom Feinde heimgesucht und geplündert, der Schaden wurde auf 600 Taler geschätzt. Doch erholte sie sich bald wieder. — Schon 1753/4 hatte König Friedrich II. die Franckeschen Stiftungen veranlaßt, den Pächter Keferstein auf eine Studienreise nach Holland zu schicken. Es wurde diesem auch, um bessere Lumpen für seine Mühle zu bekommen, ein Monopol für den Lumpenaufkauf in Ostfriesland, das damals preußisch war, gewährt, dessen im Sortieren wohl geübte Sammler bisher ganz im Dienst der holländischen Fabriken gestanden hatten. — 1788 trat der Vater Georg Christoph die Mühle an seinen Sohn Ludwig Keferstein (1754/1834) ab, der, ein sehr gebildeter, tätiger Mann, auch in den Papierfabriken Hollands und Englands die Geschäftsgeheimnisse abzulauschen unternommen hatte. Doch hatte die furchtbare Ueberschwemmung am 24.—25. Februar 1799 gewaltigen Schaden gebracht, an 10 000 Taler! Die Gebäude der Mühle waren teilweise ganz weggerissen, sie mußten neu errichtet werden für 9853 Taler. Auch wurde ein einstöckiges massives Wohnhaus mit Wirtschaftsgebäuden auf dem südlichsten Teile des Sockels, also nach dem Dorfe zu, erbaut für 8505 Taler. Zu diesen Nöten kam am 17. Oktober 1806 der Einfall der Franzosen, nach der Niederlage des Treskowschen Regimentes, die gänzliche Ausplünderung und Zerschießung der Mühle und ihrer Gebäude, da sich die flüchtigen Preußen in ihr verschanzt hatten .(s. oben Allgemeines). Die Familie Keferstein hatte sich nach Trotha, dann über die Saale in das Schwalchloch in der Wüstung Ersdorf geflüchtet. Dieser Schaden soll sich ebenfalls auf 10 000 Taler belaufen haben. In einem Gebäude der Fabrik nahe am Wehr sieht man noch heute viele dünne Rohre in die Wand eingemauert, es sollen angeblich die Läufe der im Gefecht verlorengegangenen Gewehre sein. — Doch wird der Besitz der Familie 1819 gerichtlich auf 24 304 Taler nach Abzug der

Lasten taxiert: 103 Morgen Aecker zu 6820 Taler, 23 1/4 Morgen Wiesen (2225 Taler, 8 1/8 Morgen Heideraum in der Wüstung Ersdorf (920 Taler), 15 Morgen Holzungen Donnersberg (1000 Taler), 17 Morgen Gärten an und im Sockel (2410 Taler), Gemeindeteile und Kabeln (291 Taler), die Papiermühle und sämtliche Gebäude in Cröllwitz (15 176 Taler). An Steuern hatte Keferstein monatlich 25—30 Taler zu zahlen. — Die Fabrikgebäude waren nach der Ueberschwemmung erneuert und auch erweitert worden: 1800 war das „lange Gebäude“ dem Hauptgebäude nach Süden angesetzt worden, die hintere Wand des ersten Stockwerkes ersetzte der glattgehauene Fels, der nach Norden angebaute Flügel wurde als Leimküche verwendet, diesem Flügel wurde nach Norden zu ein Querflügel vorgesetzt für Filzwäsche und Lumpenkammern; westlich auf dem Abhange des Ochsenberges wurde ein Trockenhaus angelegt, ferner ein Küchenhäuschen und auf dem Hofe ein Schuppen. Auch manche innere Neueinrichtungen wurden ausgeführt. 1803: 72 Arbeiter, 1816: 60. — Jährlicher Gesamtumsatz 1792: 15 bis 18000 Taler. — 1820 folgte der älteste Sohn Ludwigs als Erbpächter Albrecht Ludwig Keferstein (1792—1872), ein Mann von schwungvoller Tatkraft, doch vom wechselvollsten Schicksale verfolgt. Schon 1823 in der Nacht vom 21.—22. Oktober brannte in wenigen Stunden die gesamte Papierfabrik bis auf die Mauern nieder, nur das auf dem Berge stehende Trockenhaus konnte gerettet werden. 25 Arbeiter verloren all ihr Vermögen im Brande, 40 mußten nun unbeschäftigt und brotlos bleiben. 1824 begann der Wiederaufbau: ein zweistöckiges massives Hauptgebäude, ein langes, dreistöckiges Seitengebäude, ebenso das nördliche, in dem die Bleichkammern waren; 1831: 4 Arbeiterwohnungen, ein Seilwerkgebäude, ein Zeughaus nebst 2 Wohnungen; 1834: ein Schuppengebäude mit 2 Wohnungen, das zweistöckige Meisterhaus südlich vom langen Seitengebäude; 1840: das Maschinenhaus und das neue Holländergebäude auf der Insel, das Zeughaus über dem Abfluß des großen Gerinnes, das Kesselhaus mit dem 90 Fuß hohen Schornstein und das Kochhaus; 1843: das neue Maschinengebäude, dem Hauptgebäude östlich vorgelagert; 1845: die Schmiede und das grüne Haus am Ochsenberge; 1846: das Doppelhaus der Arbeiter daselbst; ferner Umbau des Herrenhauses zu einem zweistöckigen Gebäude mit Seitenflügel; 1848: Bau des Wohnhauses (jetzt Talstraße Nr. 23 s. d.). Der gesamte Besitz (dazu 111 Morgen Acker, 23 Morgen Wiesen, 15 Morgen Wald und 17 Morgen Garten) wurde 1847 auf 138 061 Taler bewertet, die Gebäude 1855 auf 100 000 Taler. Die starke Kräftigung war teilweise nur durch Assoziierung mit Christian Gottlob Germar möglich, der reiche Betriebsmittel wohl schon 1824 einbrachte, 1842 wieder austrat. Durch die Separation (Rezeß 1855) kam der gesamte

Ochsenberg in den Besitz der Fabrik, das Eigentum wurde abgerundet, Keferstein erhielt statt 174 Morgen an 235 zurück. Berühmt wurde der Garten zwischen dem Herrenhaus und der Fabrik, ein Gewächshaus (Kalt- und Warmhaus 1847 erbaut) ja sogar ein Orchideenhaus enthielt die prächtigsten Pflanzen, ebenso entstand ein Ananashaus, der Park wie der Obstgarten zeigte schöne, seltene aufs beste entwickelte Bäume, ja selbst der Ochsenberg sollte in den Bereich des Parkes gezogen werden.[17e]) — Schon 1839/40 war für 2251 Taler Steine ein zweites Gerinne erbaut worden; das erste Gerinne erhielt zudem ein Nebengerinne, so daß die Fabrik eigentlich 3 Gerinne besaß. 1840 wurde auch die erste englische Papiermaschine aufgestellt, 1843 die zweite. 1847 hatte die Fabrik 8 Wasserräder (darunter 6 Pansterräder), 4 Dampfkessel, 5 Paar Pumpen, 1 Lumpenschneider, 19 Holländer, 1 Waschholländer, 2 englische Papiermaschinen, 2 Satiniermaschinen, 5 hydraulische Pressen, 4 Schraubenpressen, 1 Bütte und 1 Maschine zum Stempeln des Papieres. 1852 kam noch eine dritte (Züricher) Papiermaschine dazu. 1848: 83 Männer und 95 Frauen und Mädchen mit 12 Stunden Arbeitszeit. Am 1. Januar 1841 war eine Kranken- und Versorgungskasse für sie errichtet worden.[17f]) 1856 übernahmen die beiden Söhne Albrecht Ludwigs bis 1864 bezw. 1871 die Fabrik. 1862 kauften sie das Eisentrautsche Grundstück auch in dem Sockelstrich an der Saale für 10000 Taler. Eine Menge neue Maschinen wurden besonders 1868 angeschafft. In dem Verzeichnis vom Jahre 1863 waren allein 42 größere und kleinere Baulichkeiten aufgeführt, die Gebäude wurden auf 211539 Taler taxiert, der Grund und Boden derselben nebst Park und Gärten auf 6600 Taler, die ländlichen Grundstücke auf 23170 Taler, das hallesche Haus auf 15635 Taler. 1865: etwa 140 Arbeiter, 124 Frauen und Mädchen und 50 Tagelöhner. — Schlechte Preislage des Papiers, Verteuerung der Herstellung, bedrohliche politische Verhältnisse, der dänische Krieg von 1864, der deutsche von 1866, weniger der deutsch-französische von 1870/71 beeinflußten sehr ungünstig das Geschäft, zudem war das Unternehmen schon seit Jahrzehnten stark verschuldet gewesen, es wurden 1867: 200000 Taler wirkliche Hypotheken und 435000 Taler Kautionen angemeldet, so wurde es am 7. Oktober 1871 in eine Aktiengesellschaft umgewandelt für 640000 Taler (440000 Taler für die Grundstücke und 200000 für die Maschinen und andere bewegliche Gegenstände). Louis Keferstein blieb bis 1878 Direktor der Fabrik, alsdann verließ er Cröllwitz, wo seine Familie 160 Jahre hindurch wohl manche glückliche, dann aber desto schwerere Tage in Krieg, Wassersnot, Feuersbrunst und schwere Konkurrenz durchmachen mußte. Die Gesellschaft machte in dem ersten Jahrzehnt eine bittere Krisenzeit durch, der Kurs der Aktien sank 1877 auf 6; das Aktienkapital wurde auf die Hälfte reduziert. Nun wurden große wirtschaftliche Verbesserungen eingeführt: 4 große Turbinen ersetzten 1882 die Wasserräder, ebenfalls 1882 errichtete man eine Sodawiedergewinnungsanlage, 1884 eine Zellulosefabrik, zuletzt eine vierte Papiermaschine. So konnte man wieder mit Gewinn wirtschaften, 1883 wurde das Kapital auf 1350000 Mark erhöht (um die Hälfte!). 1892/93 wurde die Drahtseilbahn errichtet, welche das Anfahren der Rohstoffe und Kohlen und das Abfahren der Erzeugnisse viel billiger gestaltete (für 114630 Mark). Der durchaus nötige Umbau der Strohstoff- und Zellulosefabrik kostete 61964 Mark. Neue Maschinen wurden für 209386 Mark angeschafft. 1896/97: 24 Prozent Dividende. Am 4. April 1900 suchte ein großer Brand die Fabrik heim. 1901 wurde die Zellulosefabrik wegen allzugeringer Ertragsfähigkeit still gelegt. 1907/8 wurden neue Kessel- und Bekohlungsanlagen angeschafft. Die Schornsteine wurden mit Vorrichtungen zur Beseitigung der Flugasche versehen. 1903/4 war schon eine elektrische Zentrale entstanden (für $^1/_2$ Million). 1913 wurde eine Auspuffmaschine von 600 PS. aufgestellt. Für Bauten zur Verbrennung der Gase (bei der Sodawiedergewinnung) wurden 63347 Mark verwendet (1902/3). Die 4 Papiermaschinen wurden erneuert (die vierte als neuer Ersatz aufgestellt). 1911 wurde das Aktienkapital um 150000 Mark erhöht. Dem Aktienkapital von $1^1/_2$ Millionen stehen 1050000 Mark Schuldverschreibungen zur Seite. Die Fabrik besteht jetzt aus 39 Anlagen.[17g]) Das Fabrikgrundstück mißt 1,18 ha, die Gärten und Ländereien 59 ha.

Gewaltige Strohdiemen, in denen das nötige Stroh für die Fabrik aufgespeichert liegt, sind in der Cröllwitzer Feldflur, teils auf eigenem, teils auf gemietetem Gelände errichtet. — 1914: 600 Arbeiter und Arbeiterinnen und 20 Beamte.[17h])

Nr. 37, der Krug zum Grünen Kranze, eine alte, unter den Studenten sehr bekannte und beliebte Wirtschaft, auch paukte man hier die Mensuren aus. Ein Tanzsaal mit einigen Fenstern ist nördlich angebaut. Der schattige Garten reicht bis zur Saale hinab und hat ebenfalls eine Gondelanlegestelle.

Nr. 37 c, d, e und Nr. 38 sind geschmackvolle Häuser im modernen Villenstil, etwa 1908 herum entstanden.

Die Lettiner Straße und die Feldflur nördlich bis zur Saale.

Der nördliche Ausgang der Talstraße findet im Dorfe seine Fortsetzung, abgesehen von dem Feldfahrweg „Talstraße" in der Saaleniederung, in der Lettiner Straße.

Die Lettiner Straße ist der alte Verbindungsweg zwischen Cröllwitz und dem eine Stunde entfernten, nordwestlich an der Saale gelegenen Dorfe Lettin, eine Feldstraße in halbhohem Alluvialgelände, anfangs im Dorfe mit 2 alten Arbeiterhäusern in Fachwerk und weißgetüncht, der Papierfabrik gehörig, auf der Nordseite (Nr. 1 und 2, im ganzen 3 Arbeiterhäuser), auf der Südseite ebenfalls mit 2 Arbeiterhäusern, einstöckig, in Mauersteinen errichtet (Nr. 3), besetzt, dann wird sie durch Schrebergärten, Feld und ein paar Scheunen unterbrochen, bis sie endlich ganz durch Felder, auch an Schrebergärten vorüber, nach Lettin läuft. [18])

Der Friedhof des Dorfes liegt außerhalb des Dorfes auf der Südseite der Straße, etwas bergan sich erstreckend. Ein gerader Kastanienweg führt in ihm empor, ein Tannenstreifen ist die Grenze nach oben, hier steht auch die schmucklose Leichenhalle. Er ist erst seit einigen Jahrzehnten in Gebrauch, vordem wurden die Cröllwitzer Toten auf dem Giebichensteiner Kirchhof bestattet. 1900 mit 1000 Mark eingeschätzt. — Hinter dem Friedhof wurde 1905 die Anlage von $1^1/_2$ Morgen Umfang, einst von der Gemeinde Cröllwitz urbar gemacht, mit Kiefern bepflanzt, die aber verkümmerten, von neuem durch den Verschönerungsverein umgearbeitet, mit neuer Erde bedeckt und mit Laubholz, Kiefern, Fichten usw. bepflanzt.

Der Ochsenberg.

Der Ochsenberg liegt in dem spitzen Winkel zwischen der Lettiner Straße und der Talstraße (Feldstraße) am nördlichen Ausgang des Dorfes, 120 Meter hoch, 54 Meter über dem Wasserspiegel der nahen Saale, eine interessante, nahezu kegelförmige Erhebung, ziemlich kahl, mit wenigen Kiefern, wohl altem Bestande, besetzt. Sein Gipfel war, aus verschiedenen Gründen zu schließen, ein Opferplatz des Donar gewesen. Hier oder im nahegelegenen

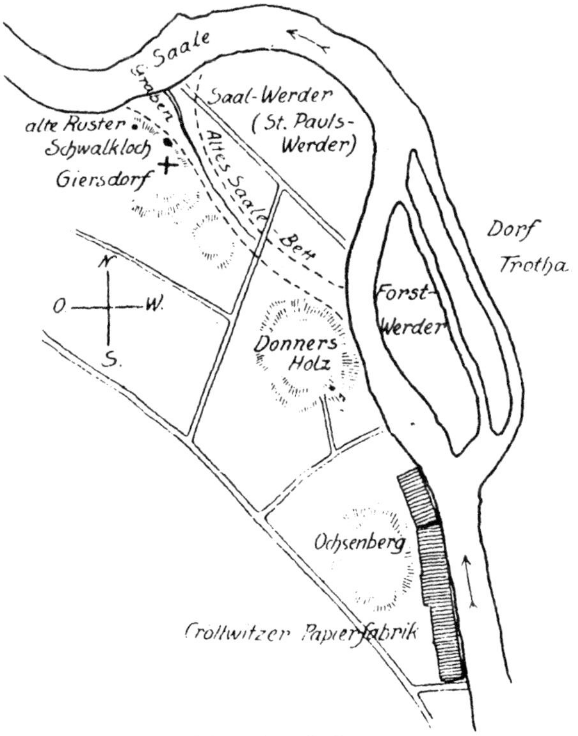

Skizze der Wüstung.

Donnersbusch tagte das mittelalterliche Dinggericht. Der Name Ochsenberg wie Ochsenfeld kommt häufig in deutschen Gebieten vor, er lautet niederdeutsch Ossenberg, Ossenfeld: der erste Teil scheint durch Verkürzung aus ôs = altnordisch, âs (die Asen = die Götter) hervorgegangen zu sein, der Berg hieß demnach ursprünglich „Asenberg", Götterberg.[19]) Auf uralte Siedlungen, zu Füßen des Berges unterhalb des nordwestlichen Hanges, wo an einer Wiese eine kleine klare Quelle entspringt, fanden sich 1915 gelblich-rote, bronzezeitliche, schön verzierte Scherben, aber auch solche slavischen Ursprungs wie am Donnersbusch.[19a])

Der Donnersberg oder Donnersbusch liegt nördlich, unweit des Ochsenberges, eine nur schwache Anhöhe, die mit Eichengebüsch und anderen Bäumen bepflanzt ist. Dieser Donnershaugk erinnert an einen ehemaligen Hain Donars, die nachrückenden Sorben mögen die altgermanische Kultstätte übernommen haben. Nach Donar wurde Prove hier verehrt. Schwarz- und hartgebrannte slavische Rundscherben mit Wellenornamenten hat man hier vor Jahren gefunden.[20]). Der jetzige kleine Wald, etwa 15 Morgen, wurde erst von Georg Christoph Keferstein und dessen Sohn Ludwig auf ehemaligem Oedland aufgeforstet, also um 1780/1800 etwa. Er wurde 1819 mit 1000 Talern gerichtlich eingeschätzt.

Der Saalwerder erstreckt sich etwa 800 Meter nördlich vom Donnersberg in die Ausbuchtung der Saale, bis diese den westlichen Lauf (nach Lettin zu) einschlägt. Er war ursprünglich eine Insel (daher der Name „Werder") und wurde im Mittelalter S. Paulswerder genannt, war mit Weiden und Wiesen bestanden; jetzt ist er längst in Festland umgewandelt und zum größten Teil Acker geworden. Der alte Saalearm ist noch heute erkennbar durch einen Graben, der mit Pflaumenbäumen besetzt ist.[21]) — Vor dem Einfluß des Saalearms in die jetzige Saale lag auf einer mäßigen Porphyrhöhe die alte Siedlung Ersdorf, (Erichsdorf) auch Erikesdorf, Irxdorf, Giersdorf genannt, die im 11. Jahrhundert entstanden, im 16. Jahrhundert wieder eingegangen ist.[22]) In dem Porphyrfelsen der alten Siedlung befindet sich im Gebüsch versteckt eine alte Grotte, das „Schwalchloch" oder die „Teufelsküche", offenbar eine Kultstätte, in der die Fischer und Schiffer dem Saalelfen (Saalaffen) und den Nixen der Saale opferten, ähnlich wie auf der „Teufelsbank", einer Wiese im Osten der Flur Meuschau bei Merseburg, der Mündung der Luppe in die alte Saale gegenüber.[23])

Zwischen Dölauer und Lettiner Straße.

Wie die Lettiner Straße nimmt auch die Dölauer Straße ihren Anfang am Nordausgang der Talstraße. Jene führt alsbald als Feldstraße in nordwestlicher Richtung durch Felder und Gärten nach Lettin, diese führt in gerader westlicher Richtung auf die Anhöhe des Plateaus von Häusern besetzt, dann auf dem Plateau weiter, zuletzt als neuregulierte Fahrstraße durch das Exerziergelände der Brandberge direkt auf die Heide. Nur die Wörthstraße verbindet beide im spitzen Winkel auseinandergehenden Straßen noch im Dorfe, die Wörthstraße setzt sich dann über die Dölauer Straße (hier vielfach unbebaut) südwärts bis zur Cröllwitzer Straße fort.

Die Wörthstraße ist ein älterer Straßenzug (Feldstraße) gewesen, der im nördlichen Stück (zwischen Dölauer und Lettiner Straße) in den 70er und 80er Jahren, nach dem deutsch-französischen Kriege, mit meist rohen Arbeiterhäusern bebaut wurde; Oedland, Porphyr, tritt auch zutage. Das südliche Stück (von der Dölauer zur Cröllwitzer Straße sich herabsenkend) ist erst in neuerer Zeit mit einigen Mietshäusern im modernen Stil auf der östlichen Seite und einigen kleinen einstöckigen Villen auf der westlichen Seite

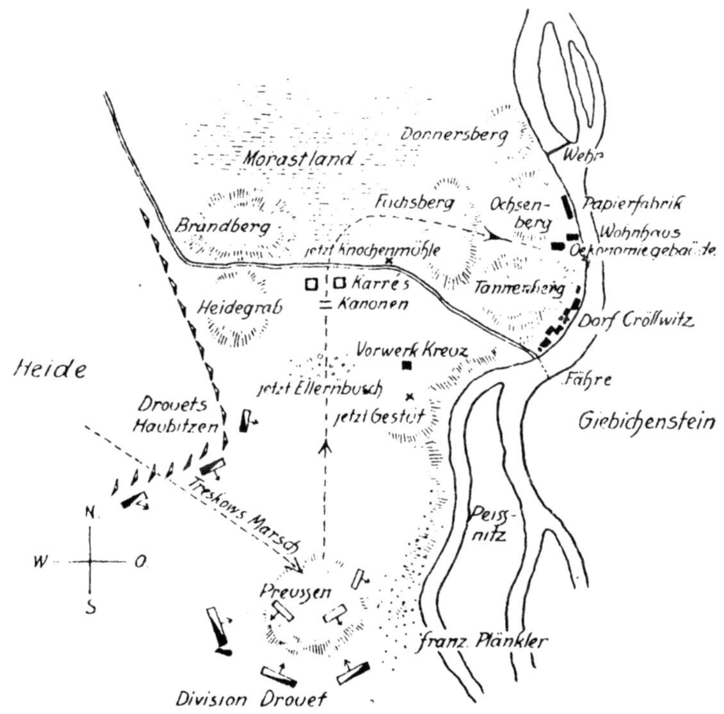

Der Kampfplatz an der Heide am 17. Oktober 1806.

bebaut worden. — Die Straße hieß bis 1900 Friedrichstraße, da aber Halle schon eine so benannte Straße besaß, wurde sie „Wörthstraße" umgenannt. — 1915: 14 Häuser.

Die Dölauer Straße gliedert sich in verschiedene Strecken. Die älteste ist die, welche vom Saaletal (Talstraße) hinansteigt auf das Plateau bis zum Durchschnitt der Wörthstraße (Nr. 1/8 und 26/32), ältere freundliche Dorfhäuschen wechseln mit Mietshäusern, die nach 1870 nüchtern und reizlos entstanden. Die zweite Strecke zwischen Wörthstraße und Cröllwitzer Straße liegt auf dem Plateau, ist vielfach noch Oedland und Feld, auch tritt der Porphyr zutage, beiderseits der von Süden einmündenden Lothringer Straße stehen einige 3stöckige Mietshäuser. Die Nordseite dieses Stückes ist auch nur mit wenigen; erst in moderner Zeit (etwa 1912) entstandenen, geschmackvollen Mehrfamilienhäusern besetzt (Nr. 25, 25d, e, f). — Die dritte Strecke ist die regulierte Feld- und Fahrstraße, die über das Exerziergelände direkt zur Heide (Stadtgebietgrenze) führt An ihr liegt auf der linken (südlichen) Seite inmitten von Feldern zwischen dem Birkenfußweg zum Birkenwäldchen und dem Weinbergweg ein großer Garten mit einstöckigem mauersteinerbauten Hause (Nr. 21), dann setzen sich Felder und der Exerzierplatz bis zur Heide an; auf der rechten (nördlichen) Seite liegt Nr. 21 gegenüber eine Gärtnerei nebst dahinterliegenden Gartengrundstücken, dann Nr. 24 die ehemalige Knochenmühle (Knochenkohlen- und chemische Fabrik), die wohl schon in den 50er Jahren entstanden, erst vor einigen Jahren eingegangen ist, ein Komplex mit Wohnhaus, Niederlagen und großem Park, hier biegt der Feldweg nach Lettin ab, sodann folgen noch 2 kleine, mauersteinerbaute 5fensterige Häuser mit Giebelaufsatz (Nr. 22 und 23), zuletzt der Exerzierplatz und die Brandberge.

Diese Dölauer Feld- und Fahrstraße war noch bis 1908 ein hügeliger, sandiger, teils auch morastiger Fahrweg. 1908/09 begann man ihn zu ebenen, und so kam auch die interessante Morastſtelle fort, die in dem Oktoberkampf 1806 östlich der Brandberge eine verhängnisvolle Rolle spielte. 1912 wurde diese dritte Strecke nochmals reguliert, man legte auf der nördlichen Seite die Wasserleitung nach Lettin an, auch trug man den Buckel zwischen der Knochenfabrik und Cröllwitz ab, so daß sich jene 2/3 Meter über der Straße erhob; auf der Südseite der Straße entstanden (1914) der Reitweg und der breite Promenadenweg mit 2 Reihen Linden bepflanzt, freilich überwölbte man auch die kleine Heidequelle, die ein paar hundert Meter östlich noch vom Heiderande entsprang.[24])

Das Zwischengelände. Gegenüber der Einmündung der Cröllwitzer Straße in die Dölauer zweigt sich nordwärts die Fuchsbergstraße ab. Diese Feldstraße zieht sich anfangs mit Schrebergärten und einem einsam kastenförmig unschönen Wohnhaus auf der Westseite besetzt, auf der Ostseite mit einer Gärtnerei alsbald durch Felder und Gartengrundstücke (westlich) in die Alluvialgegend hinab, rechts (östlich) noch von den „Fuchsbergen" begleitet, die noch den alten Heidecharakter tragen, denn bis hierher reichte ja ehemals die Heide. Der Weg mündet dann in die Lettiner Straße (Feldstraße) ein (s. oben).

Der Lettiner Weg, der zwischen der Knochenfabrik und Nr. 23 Dölauerstraße ins Alluvialgelände nordwestlich abbiegt, führt an der Feuerwerkskörperfabrik von Pfeiffer vorbei, einem einsamen Gehöft mit kleinen Niederlagen usw.[25])

Die **Brandberge** (Großer Brandberg) eine Hügelkette, 120 Meter hoch, mehr als 40 Meter über den Saalespiegel, sind kahle düstere Höhen; ehemals waren sie Heidegebiete mit alten Hünengräbern gekrönt. Auf ihrer Nordseite steigen sie in früheres Morastgelände hinein, erscheinen hier wuchtiger und zeigen unverfälscht, schwarzbraun wie abgebrannt, den melancholischen Heidecharakter. Doch gewähren die Hügel einen wunderbaren Fernblick.[26]) Auf ihrer Nordseite befindet sich ein alter Steinbruch. Nordwestlich von den Brandbergen noch auf dem Exerzierplatz findet man Tongruben, die man ehemals beim Suchen nach Porzellanerde herstellte.

Der Schulberg. Die Petruskirche.

Der Schulberg beginnt an der Talstraße, steigt fast schmal wie ein Fußweg empor, kommt dann auf halber Höhe zu einem freien Platz, steigt weiter direkt zur Kirche, zum Kirchberg (früher Tannenberg) empor und wendet sich hier wiederum westwärts ab. Auf der Westseite des Kirchplatzes stehen die beiden Schulgebäude. -- Die Häuser des Schulberges sind allesamt älteren Ursprungs, 1- oder 2stöckig, mit dem Giebel der Straße zugewendet, bisweilen von Gärten umgeben. Hier entwickelte sich das Dorf nach der großen Ueberschwemmung von 1799. Nur einzelne Häuser, vorher aus Backsteinen gebaut, entstammen späteren Jahrzehnten.

Der Kirchplatz, der auf der Höhe am Schulberg liegt, ist frei, luftig, wohl an 10 Morgen groß, teils mit Rasen, auch mit alten Kastanien, jüngeren Linden besetzt. Die ersten Anfänge der Anlagen stammen vom Verschönerungsverein bereits aus dem Jahre 1884. — Im Osten fällt das Plateau steil in das Tal zur Talstraße hinab, auf deren Höfe und Häuser man herniedersieht. Auf diesem vorspringenden Tannenberg hat 1547 Kaiser Karl sein Zelt aufgeschlagen und zu Mittag gegessen. Der Umblick ist vielseitig: ins Tal des Dorfes, auf den Fluß, auf die Trothaer Berge, auf den Amtsgarten, auf die Alte Burg, zum Giebichenstein hinüber, zuletzt die Saale aufwärts, auf die Peißnitz usw. — Auf der Westseite des Platzes liegen die beiden Volksschulgebäude des ehemaligen Dorfes, Nr. 19 und 19a, 2 siebenfensterige Gebäude, das südliche älter und kleiner, das nördliche größer, mit 35000 Mark 1900 eingeschätzt, 1918 mit 75420 Mark. (Volksschulen Nr. XX und XXI.)

Die Petruskirche liegt auf der Ostseite des Kirchplatzes, frei, eindrucksvoll, allenthalben sichtbar, mit dem spitzen schlanken Turm ein Charakteristikum des Gesamtbildes. Zur Kirche wurde nach langen Verhandlungen am 6. März 1900 der Grundstein gelegt.[27]) Die Bausumme betrug über 100000 Mark, den Bauplatz schenkte die Gemeinde Cröllwitz. Wie die Johannis- und Pauluskirche nennt auch diese neue Kirche sich nach einem Apostel, nach Petrus. — Die Kirche ist aus roten Backsteinen errichtet, hat einen hohen, schlanken, schieferbedachten, spitzen Turm mit 4 Glocken (1901), das ebenfalls schieferbedachte Schiff hat beiderseits 4 dreigeteilte gotische Fenster — unter ihnen befinden sich 4 gedoppelt kleine Fensterpaare — und einen 3seitigen Schluß. Rechts und links am Turme sind Treppenaufgänge.[28]) Die Petrusgemeinde wurde am 1. April 1901 errichtet, sie wurde mit der Bartholomäusgemeinde Giebichenstein unter einem Pfarramt verbunden. Die Gesamtparochie hat 3 Geistliche, von denen der dritte in Cröllwitz amtiert.

Die Belfort-, die Weißenburg- und die Nordstraße.

Die Belfortstraße geht in einer Schlangenlinie erst um den halben Kirchplatz herum, um dann westwärts etwas bergab in die tiefer gelegene Weißenburgstraße zu münden. Sie hieß bis 1900 Ludwigstraße, da aber Halle schon eine Ludwigstraße besaß, wurde sie in Belfortstraße umgenannt. Der Name erinnert an die Uebergabe von Belfort am 16. Februar 1871 im deutsch-französischen Kriege. — Neben älteren Häusern aus den 80er Jahren finden sich einige neuere, so jene kleine Villa in roten Backsteinen mit Turmanbau in der Mitte, die weithin sichtbar ist (Nr. 22). — 1915: 15 Häuser (13 Nummern).

Das Säuglings- und Kinderheim des Bundes zur Erhaltung und Mehrung der deutschen Volkskraft. Seit 1915 für Kinder bis zu 6 Jahren errichtet; seit 1918 als staatliche Säuglingspflegerinnenschule anerkannt.

Die Weißenburgstraße, in welche die Belfortstraße mündet, ist die nordsüdliche Verbindung zwischen Dölauer- und Cröllwitzer Straße. Die Straße geht über eine Krümmung, deren höchste Erhebung bei der Einmündung des Schulbergs sich befindet, sie senkt sich alsdann südwärts hernieder. Sie ist mit 2- und 3stöckigen Häusern der 70er und 80er Jahre besetzt, ein viel älterer Teil sind die kleinen einstöckigen Dorfhäuschen Nr. 1/5 zwischen Dölauer- und Nordstraße. — Die Straße hieß bis 1900 „Steinstraße", seit der Eingemeindung aber „Weißenburgstraße", da Halle schon eine Steinstraße hatte. Man nannte sie in Erinnerung an das siegreiche Gefecht bei Weißenburg am 4. August 1870. — 1915: 18 Häuser (19 Nummern).

Die Nordstraße führt als ein kurzer Straßenzug von Osten nach Westen und verbindet die Weißenburgstraße mit der Wörthstraße. Er hieß bis 1900 Schulstraße, da aber Halle bereits eine Schulstraße hatte, erhielt sie den neuen, höchst unglücklich gewählten

Namen. 1912/13 wurde der Ausbau der Straße weiterhin gefördert (5564 Mark). Damals entstanden, außer den bereits vorhandenen älteren Häusern (Nr. 1/3), alle übrigen Häuser der Straße, große Mietshäuser im modernen Baustiel, mit Giebeln, Erkern, Loggien in Rauhputz usw. — 1915: 11 Häuser (10 Nummern).

Die Wörth-, die Elsässer, die Lothringer Straße.

Die Wörthstraße läuft emporsteigend vom Norden und senkt sich nach Süden hernieder, verbindet die Wettiner mit der Cröllwitzer Straße und durchschneidet in der Mitte die Dölauer Straße. Sie ist zum großen Teil noch unbebaut. Außer älteren dreistöckigen, meist in Mauersteinen erbauten Arbeiterhäusern (Nr. 1—7 und 10—12) finden sich einige Miethäuser im besseren modernen Stil und auch Einfamilienhäuser (Nr. 14a, 14b, 16, 15, 17). — Die Straße hieß ursprünglich bis 1900 Friedrichstraße, da aber in Halle schon eine Friedrichstraße sich befand, wurde sie in Erinnerung an die Schlacht bei Wörth am 6. August 1870 „Wörthstraße" umgenannt. — 1915: 22 Häuser (17 Nummern).

Die Elsässer Straße ist ein durchaus unbebauter, noch nicht einmal kanalisierter Straßenzug. Er soll die Dölauer mit der Cröllwitzer Straße verbinden und läuft nordsüdlich, parallel der östlich gelegenen Wörth- und Weißenburgstraße. Der Weg hieß bis 1900 die „Karlstraße", da aber Halle bereits eine Karlstraße besaß, wurde der neue Name gewählt, der an die Wiedervereinigung der deutschen Provinz Elsaß mit Deutschland erinnern soll.

Die Lothringer Straße führt westlich der Elsässer Straße nordsüdlich und verbindet die Dölauer mit der Cröllwitzer Straße. Sie ist vollkommen unbebaut und hieß bis 1900 Leopoldstraße, da aber Giebichenstein bereits eine solche hatte, wurde der neue Name ebenfalls zur Erinnerung an die Wiedervereinigung der deutschen Provinz Lothringen mit Deutschland gegeben.

Die Cröllwitzer Straße, der Hohe Weg.

Die Cröllwitzer Straße ist ursprünglich der alte Fahrweg, der vom Westgebiete (Mansfelder Land und Heide) zur Cröllwitzer Fähre hinab, also nach Giebichenstein hinüber führte. Als Straße ist der Weg erst seit den 70er Jahren und zwar vereinzelt angebaut worden. Er senkte sich zwischen zwei Höhenzügen (südlich das Bergschenken-, nördlich das Kirchbergplateau) zur Saale hernieder und bildete so in seinem unteren Teile eine Art Engpaß. Die Südseite ist daher außer von zwei Häusern (Nr. 24 und 25) beim Abzweigen des Hohen Weges gar nicht angebaut. Die Nordseite ist von ihrem oberen Teile her bebaut worden; um 1910 entstanden die sechs geschmackvoll erbauten Mehrfamilienhäuser (Nr. 2 d, e, f, g, h und 3 a). — Die Straße hieß ehedem bis 1900 die Brunnenstraße, wegen des Brunnenpfahls, der sich an ihrer Seite befand, seit dieser Zeit aber zur Erinnerung an das nunmehr eingemeindete und seinen Namen aufgebende Dorf die „Cröllwitzer Straße". Dieser Brunnen war der Hauptbrunnen des Ortes, er stand auf dem Hofe des ehemaligen weißen oder Callenbergischen Güichens, über dessen Boden die heutige Cröllwitzer Straße hinwegführt.

Nr. 6, der Lindenhof, eine hinter dem baumbepflanzten Garten zurückliegende Wirtschaft, zweistöckig mit Giebelaufsatz. Sie wurde etwa 1885 erbaut, damals gänzlich frei gelegen mit weiter Fernsicht; Veranda und Kegelbahn entstanden später.

Der Hohe Weg zweigt sich von der Cröllwitzer Straße südwestlich auf das Bergschenkenplateau ab. Er ist die Villenkolonie von Cröllwitz, nördlich vom Bergschenkenpark und den Anlagen der Fiebiger Schlucht gelegen. Das Plateau war bis 1911 ödes Kartoffelland auf kiesigem Untergrund. Nachdem die Besitzer die sogenannte Bastei, einen westlich von der Bergschenke und dem Bismarckdenkmal in das Saaletal vorspringenden Porphyrfelsen, und die kleine Taleinbuchtung dicht westlich bei ihm der Stadt geschenkt hatten, wurde das Terrain oberhalb dieser zu Bauzwecken erschlossen. Schöne Anlagen erstanden in der Einbuchtung und ein Promenadenweg führte hier ebenfalls zum Hohen Weg empor. 1912/13 wurde nach umfangreichen Erdarbeiten (1 bis 2 Meter mußte der Straßenboden abgetragen werden), der Hohe Weg auch mit der Cröllwitzer Straße verbunden, so wurden 1912 bereits 3 Villen hergestellt; 1915 standen schon 8 Villen. Die schön und hoch gelegene Straße führt oberhalb der Abhänge der Fiebigerschlucht und des Amselgrundes entlang und setzt sich als Fußweg in die Anlagen des Birkenwäldchens fort. Die schöne Aussicht der Häuser öffnet sich über den buschigen Grund und in das Saaletal.

Das Birkenwäldchen, die Geflügelzuchtanstalt, das Vorwerk Kreuz, das Gestüt und die Cröllwitzer Anlagen.

Das Birkenwäldchen ist ein mehrere Morgen großes mit spärlichen Birken und Föhren besetztes Porphyrgelände, an dessen Westseite sich eine freundliche einsame Wirtschaft erhebt, ein zweistöckiges mit Giebelaufsatz versehenes Haus. Tische und Stühle stehen unter den Birken und Kiefern, der Blick kann frei und weit bis nach Nietleben und zur Heide hinüberschweifen. Etwa 1912 hat man einen kleinen geschlossenen Saal etwas abseits vom Hause zur besseren Unterhalt im Winter und bei Regenwetter erbaut. Auch eine Kegelbahn unter den Bäumen dient zur Unterhaltung der Gäste.

Die Geflügelzuchtanstalt der Landwirtschaftskammer liegt gleich unterhalb (südlich) des Restaurants, ein mehrere Morgen großes Gelände, von Kiefern bestanden, das man von der Gemeinde Cröllwitz gepachtet hatte, rings von großer Holzplanke umschlossen; vielleicht das anmutigste Stück dieser gesamten Cröllwitzer Anlagen. Die Anstalt wurde 1900 von der Landwirtschaftskammer eingerichtet, 1912 fand ein Neubau statt. Niedrige zweistöckige Häuschen in gelben Backsteinen lagern sich zwischen Kiefern und Laubholz und an den Teichen. Denn eine kleine Quelle entspringt hier oben, die man schon in früheren Jahrhunderten zu drei etagenweise angelegten Teichen aufstaute, die man ehemals zur Schafschwemme des Vorwerks Kreuz, das gleich westlich der Geflüchelzuchtanstalt liegt, benutzte. Die Niveauunterschiede der Teiche betragen etwa 2 Meter. Alte Weiden, schneeige Birkenstämme spiegeln sich in ihnen wider, Libellen zittern über ihren Spiegel, Bienen summen um die Blumen am Ufer, Finken und Amseln schmettern und pfeifen in den Aesten, eine wunderbare Idylle des Friedens, leider den Großstädtern für immer verschlossen.

Das Vorwerk Kreuz, das nur durch den Weinbergsfahrweg von der Geflügelzuchtanstalt getrennt ist, ihr gradegegenüber westlich liegt, sonst von Aeckern umgeben, ist um 1740 als Schäferei des Amtes (Domaine) Giebichenstein neu entstanden; jedoch hat schon seit dem 15. Jahrhundert eine große Schäferei des Amtes auf derselben Stelle gestanden.[29]) Der jetzige geschmackvolle Bau wurde von dem Oberamtmann Ochs von Ochsenstein (s. Giebichenstein, Amt) aufgeführt, ein viereckiger Gehöftebau, auf dessen Südseite das kleine einstöckige Gutshaus mit Pfälzer Doppeldach und Giebelaufbau steht, auf den Seiten die später erneuten (so 1890) Stallungen in Bruchstein, in der Mitte des Hofes der alte Taubenturm, aus den Winkeln des Vierecks liefen vier Ausgänge ins Land (daher der Name „Kreuz"), auch zwei Hauptalleen. Zum Vorwerk gehörten 225 Morgen Acker, 16 Morgen Wiesen und der „Kleine Weinberg" in nächster Nähe, jetzt mit einigen Bäumen bepflanzt.[30]) Eine Menge Schafe und auch Rindvieh wurden hier gehalten. Als das Gestüt angelegt war, wurde einige Zeit später das Vorwerk eine Dependenze des Gestütes, als solche wird es noch heute benutzt.

Das Landgestüt Kreuz setzt sich südlich der Geflügelzuchtanstalt an, von dieser durch einen schmalen öffentlichen Fußweg geschieden. Das Gelände, mehrere Morgen groß, ist ein kleines Plateau, das sich ostwärts ins Saaletal vorschiebt und hier im abschüssigen Porphyr die sagenumwobene Brüderhöhle zeigt.[31])

Der Hauptbau des Gestütes liegt im Westen an der Birkenallee (Weinbergweg), auf der Südseite stehen oberhalb von Gärten die 4 Wohnhäuser der Angestellten, auf der Ostseite inmitten von Parkanlagen das Wohnhaus des Direktors, alles in roten Backsteinen erbaut, deren freundliche Farbe durch das Grün der Gärten und Parkanlagen gehoben wird. Auf feuchtem, fast unfruchtbarem öden Boden wurde diese schöne Hengsteanstalt 1888 angelegt und 1891 mit 95 Hengsten, 1900 mit 135, 1922 mit 175 bis 200 belegt (Belgier, Hannoveraner, Oldenburger Hengste, leichterer und schwerer Schlag, Halbblut- und Vollbluttiere).

Das alte Vorwerk Kreuz bei Halle.

Die Cröllwitzer Anlagen, die sich in einem Halbbogen um die Saalewiese von der Bergschenke bis zum Gestüt an den Abhängen des Plateaus dahinziehen, wurden bereits 1865, ehedem kahle mit spärlichem Rasen bewachsene Abhänge, von dem hallischen Verschönerungsverein, der sich damals gebildet hatte,[32]) in Angriff genommen. 1870 bepflanzte man das Plateau mit dem Birkenwäldchen (am Borkenhäuschen). Dann schuf man die Anlagen der Fiebiger-Schlucht, die von der Saalewiese zum Birkenwäldchen emporführen. Seitwärts vom Promenadenweg setzte man dem Schöpfer ein einfaches Denkmal, auf einer Grotte einen Steinobelisken mit der Inschrift: „Dem Andenken Fiebigers 1884". Man hat hier einen Blick auf eine Wiese, von Tannen umrahmt, der auf die große Wiese im Saaletale ausmündet. 1894 errichtete man, durch testamentarische Bestimmung verpflichtet, das kapellenartige Borkenhäuschen auf der Kuppe des Porphyrrandes mit weitem Fernblick über das Saaletal, die Peißnitz, nach Giebichenstein hinüber und ins Merseburgische. Auch wurde der schattige Promenadenweg hart an dem Felsen im Tale (Amselgrund) hergestellt, der wiederholt verbessert worden ist. Ferner wurde der westliche Ausstieg von diesem Wege zur Bergschenke, der ganz verwildert war, wieder hergestellt, Verdienste des Baurats Genzmer.[33]) — 1912 endlich wurde die Bastei und das westliche Gelände, 18000 qm, kostenlos von den Besitzern freigegeben, damit städtische Anlagen geschaffen würden und ein Promenadenweg vom Talwege zu dem neuerschlossenen Baugelände des Hohen Weges angelegt würde.

Die obere Talstraße (der Heideweg).

Die obere Talstraße, früher der Heideweg genannt, wendet sich bei der Brüderhöhle und dem Gestüt in gerader westlicher Richtung auf die Heide (Waldkater) s. oben die Talstraße. Die breite mit einer Fußgänger-Kastanienallee verbundene Straße erhielt erst 1913 ihre heutige Gestalt. Auf ihrer Südseite zieht sich die Villenkolonie auf dem Gelände der großen Gärtnerei von Schulz und Rundspaden (Obstplantagen) hin, deren einheitlicher Charakter freilich durch den nicht hineinpassenden älteren Bau (ein dreistöckiges Mietshaus) der Besitzer der Gärtnerei gestört wird.

Die Obstweinschenke erhebt sich am Westende der Gärtnerei, 1902 als kleiner Bau (Turm mit einstöckigem Anbau) entstanden, 1903 als Wirtschaft eröffnet, dann erhöht mit Glasveranda versehen, ebenso der Garten mit einer Reihe Sommerlauben.[34])

Der Heidepark liegt der Obstweinschenke gegenüber. Er wurde 1897 an der Ecke der Talstraße und des hallischen Lettiner Weges erbaut, ein zweistöckiges, in Fachwerk mit 2 Giebeln erbautes Eckhaus, dem sich die Talstraße entlang ein einstöckiger langer Nebenbau anschloß. 1912 wurde ein großer Festsaal beendet mit einer Bühne in Muschelform mit Empore, Zentralheizung und 1000 Stühlen Innenraum. An der Westseite, am Lettiner Wege, der Heide gegenüber zieht sich die Kolonnade entlang. — Die Wirtschaft wurde 1897 als „Pfälzer Schützenhof" erbaut; die Schießstände der Pfälzer Schützengesellschaft befanden sich früher auf der Kleinen Wiese, siehe Band II A. Robert Franzstraße Nr. 16. Die neuen trefflichen Schießstände[34a]) erstreckten sich nordwärts auf den Exerzierplatz. Der Grund und Boden wurde der Schützengesellschaft vom Fiskus in Erbpacht gegeben, die Gebäude selbst waren Privateigentum der Gesellschaft. Am 15. bis 22. Juni 1907 fand bei dem 23. Mitteldeutschen Bundesschießen, das hier aus Anlaß der 200jährigen Jubiläumsfeier der Gesellschaft abgehalten wurde, ein gewaltiger Zyklon statt, der in wenigen Minuten den großen Festplatz in einen Trümmerhaufen verwandelt die Festhalle stürzte ein, und 22 Personen wurden z. T. schwer verletzt. Das Fest wurde sofort abgebrochen. — Die Wirtschaft wurde einige Jahre darauf Privatbesitz. In der schweren Zeit des Weltkrieges diente das Gebäude als eins der großen Lazarette des Roten Kreuzes.

Zwischen Dölauer Straße und oberer Talstraße.

Zwischen der Dölauer Straße und der oberen Talstraße dehnt sich der große Exerzierplatz aus und zwar seine südliche Hälfte, die nördliche Hälfte erstreckt sich über den großen Brandberg nach der Lettiner Gemarkung. Der weite Platz mit spärlichem Gras bestanden, öder Heideboden, ist seit langen Zeiten schon der Heide abgerungen, er steigt von Süden, von etwas sumpfiger Niederung, dem Ellernwäldchen, nach Norden, den kleinen Brandbergen (30 Meter ü. M.) empor. Das Ellernwäldchen zählte noch zu unserer Zeit etwa 120 alte hohe Ellernbäume in einem länglichen Streifen, von einer Quelle, die hier entspringt, durchrieselt. 1913 wurde diese Idylle durch den Militärfiskus verwüstet, indem man durch den Streifen Aushaue legte und nur 5 bis 6 Trupps mit etwa 5 bis 7 Stämmen stehen ließ. — Die höchste Erhebung der kleinen Brandberge ist das Heidegrab, ein altes Hünengrab, das auf der Höhenkette im Westen errichtet wurde, eins der vielen, die in breiter Kette ehemals die Heide umgaben (so auch auf dem großen Brandberg, nördlich der Dölauer Straße). Der Hügel ist mit Akazien bepflanzt, eine Erinnerung an die letzte öffentliche Hinrichtung am 27. September 1850.[35]) — Die hallische (Cröllwitzer) Grenze führt hart an dem Ostrande der Heide entlang; nur bei Schurigs Garten, dem Pfälzer Schützenhof etwas nördlich gegenüber am Heiderand gelegen, springt sie ein wenig in die Heide ein, um am Waldkater, der bereits zum Saalkreis gehört, vorüber alsbald wieder ostwärts abzubiegen und parallel der großen Prachtstraße, dem neuen Heidewege, westlich von dieser entlang zu laufen, dann an der Provinzial-Heilanstalt (Irrenanstalt), die bereits auf Nietlebener Flur steht, wieder westwärts vorzustoßen (als Gimritzer Gemarkung), um dann etwa dem Passendorfer Chausseeweg gegenüber auf die Eisleber Chaussee zu stoßen. — „Schurigs Garten" hieß ursprünglich die „Cröllwitzer Sandgrube". Noch in den 80er Jahren legte der alte Waldkaterwirt Schurig, der die Sandgrube für wenig Geld gekauft hatte, einen Obstgarten auf dem öden Sandabhang an, friedigte ihn ein, später (1901) entstand eine kleine Wirtschaft mit einem größeren und kleineren Zimmer und freundlichen Plätzen im Garten, von denen man einen weiten Umblick über den Anger und über die Felder bis auf die ferne vieltürmige Silhouette Halles hat.

Zwischen Wilder Saale und Heideweg.

Geht man vom Landgestüt Kreuz an der Wilden Saale hinauf,[36]) so gelangt man auf einem Fußweg in einigen Minuten zur „Schäferei", hart an der Saale gelegen, ein Zug alter einstöckiger aneinandergebauter Arbeiterhäuser, nach Westen sich erstreckend, mit Gärten hinter sich, mit freiem Platz vor sich, gegenüber neuere Scheunen und Stallungen in rotem Backstein. Die Schäferei wurde für das Vorwerk Gimritz etwa 1630 angelegt und zwar auf einem Teile der Wüstung Peutnitz, die sich hier und am südlichen Abhang empor erhob. — Potenitz (1182: Putenize; 1462: Potenitz; später Peutnitz) war ein sorbisches Fischerdörfchen, das am 14. Februar 1182 dem Kloster Neuwerk durch Erzbischof Wichmann verliehen wurde nebst dem „Fischwasser" (der Wilden Saale). Am 12. November 1462 wurde Potenitz wiederum vom Erzbischof Johann an das Kloster zu Neuwerk gegen eine Wiese bei Passendorf vertauscht. 1472 tauschte Johann die Gemarkung wieder ein gegen die Mark Rugog bei Patzetz, um sie für sein Gut Gimritz zu gebrauchen. Sie heißt jetzt bereits „die wüste Margke zu Potenitz". Noch 1830 hieß die Stelle die „Dorfstätte", auch fand man damals beim Abgraben die Erde häufig mit Asche vermischt. Frühmittelalterliche und slavische Scherben zeigen sich noch jetzt.

Die Wüstung kam durch den Kardinal Albrecht an das von ihm gegründete Neue Stift. Er gestattete diesem am 12. April 1532 auf der „Margke zu Potenitz" eine Schäferei anzulegen, 1540 den 19. April überließ das Neue Stift die Schäferei (wie auch das Vorwerk Gimritz s. d.) dem Rat der Stadt Halle gegen einen Erbzins, jedoch unter der Bedingung, daß nicht über 1000 Schafe gehalten werden durften. Denselben Vertrag erneuert der Kardinal Albrecht mit der Stadt Halle am 19. Februar 1541. So kam die Schäferei mit dem Gut Gimritz an den Rat der Stadt. Uebrigens nannte man diese der unteren Peißnitz gegenüber gelegene Potenitz=Marke auch die „Ober=Peißnitz".

Wiederum nach etwa 8 Minuten auf dem idyllischen Fußweg zwischen der Wilden Saale (mit dem Blick auf die waldige Peißnitz) und den Westabhängen, mit Pflaumenbäumen bestanden, entlang, unter der ehemaligen Abladestelle der Nietleber Kohlenbahn hindurch, gelangt man zu dem hochgemauerten früheren alten Eckweinberggelände, das sich von der Saale empor westwärts zu dem heutigen Weinbergrestaurant hinaufzieht. In der Humusschicht über dem kleinen Steinbruch, der eine Grotte jetzt bildet, befindet sich eine 1 Meter hohe Aschenschicht mit vielen slavischen und vorslavischen Scherben und einer Unmasse von Tonzylindern, weshalb die Stelle die Tonstützenfabrik genannt wird. — Eine moderne zierliche Eisenbrücke in Girlandenform, erst 1892 von der Gemeinde

Cröllwitz erbaut (1900 auf 44 255 Mark taxiert), stellt die kürzeste Verbindung mit der Stadt, Ziegelwiese und Peißnitz her.

Der alte Eckweinberg, teilweise noch mit Wein bestanden, sonst als Gärtnerei eingerichtet, gehört der Bruckdorf-Nietlebener Bergbaugesellschaft (Neuglücker Verein). Der Kohlentunnel, der die Kohlenbahn, die von der Nietleber Grube an der Heide herkam, fortsetzte, führte durch die Höhe, um auf der Wilden Saale die Kohle in die Kähne hinabzuschütten. Ein Gebäude krönt die Spitze der Höhe; die gärtnerischen Anlagen, von massiver Futtermauer eingefaßt, erstrecken sich am Fußweg westwärts bis

Am Weinberg bei Halle (jetzt Heises Gärtnerei).

zur Gärtnerei Heise, einem einstöckigen malerisch alten Weinberghause mit Pfälzer Doppeldach, Giebelmittelbau und kleiner Freitreppe, hinten im Hofe von Ställen umgeben gelegen, einer kleinen Oekonomie ähnlich. Ihr gegenüber liegt ein alter tiefer Teich von hohen Bäumen umrauscht. Der Rest eines ehemaligen Saaledurchbruchs.[37]) Auch das Gelände der Heiseschen Gärtnerei zeigte wiederholt vorgeschichtliche Spuren. Auf seiner Höhe liegt ein mit Bäumen umstandener Hügel, der höchst wahrscheinlich ein Hünengrab ist. Das Volk erzählt, daß ein Franzose in ihm begraben liege. Steinzeitliche Scherben und auch bronzezeitliche findet man von hier aus bis zur Schäferei hin. Dann setzt sich westlich der Gärtnerei die Wirtschaft „Der Weinberg" an, ein schöner baumbeschatteter terrassierter Bier- und Kaffeegarten, rechts von neuen Kolonnaden eingefaßt, in deren Mitte die Konzerthalle steht, links dagegen erhebt sich das Restaurant, dessen mittlerer Teil noch das alte dreistöckige Weinberghaus aus dem 18. Jahrhundert zeigt, kleinere neuere Anbauten liegen zu seinen beiden Seiten. Zu unserer Zeit war der Garten dumpf und nur halb so groß, seine schmale Veranda trennte den nach Norden gelegenen großen Weingarten, der über 500 Weinstöcke zählte, ab; hier konnte man zwischen den Weinstöcken entlang gehen und im Herbste die schönen goldenen und blauen Trauben für weniges Geld erstehen. 1901 wurde das Grundstück von der Rauchfußbrauerei erworben, alles wurde verändert, der Garten vergrößerte sich um das Doppelte, die Veranden entstanden, der alte Weingarten wurde in einen anmutigen Park verwandelt, an seiner äußersten Ecke erhob sich ein reizvoller Aussichtsturm mit wunderbarem Rundblick; der westliche Teil des Geländes gestaltete sich zu einer großen Gärtnerei.

Blick vom Weinberg nach Cröllwitz und Giebichenstein.

Die Weinbergecke ist die Grenze zweier ganz verschiedener Gebiete auf dem linken Saaleufer, das südlich gelegene Gelände ist gänzlich Aluviallland, Saalaue, durchweg Ebene, das nördliche Gelände ist Porphyrgebiet, ein sich lang hinziehender Porphyrrücken (95,5 Meter hoch) begleitet die Saale, bis er sich hinter Cröllwitz in einzelne Kuppen wie Ochsenberg und Donnersberg verliert.

Neben dem Weinbergrestaurant hat sich als einziges Haus westlich eine Bäckerei angesiedelt. Der breite neue Heideweg geht hier vorüber, dann zieht er sich durch die Felder in nordwestlicher Richtung, an dem Westrand der Obstplantagen von Schulz und Rundspaden vorbei, wo er auf das Westende der oberen Talstraße trifft. So bildet er einen breiten prächtigen Zugang für das südliche und mittlere Halle (über die Mansfelder Straße und die Elisabethbrücke) zur Heide. Ehemals war er der alte Lettiner Weg, ein etwa 6 Meter breiter, sehr sandiger, unebener, mit krüppelhaften Pflaumenbäumen besetzter Feldweg, der Jahrhunderte alt ist. Auf seiner westlichen Seite lagerten sich die verschiedenen Weinberge inmitten der Felder, so der Bahrdtsche Weinberg (jetzige Irrenanstalt) und nördlich von ihm der Waisenhäuser Weinberg, den Franckeschen Stiftungen gehörig, über den jetzt der Feldweg zur Heide (nach Dölau) und links ab durch die Felder nach Nietleben führt.[38]) — Bei Anlage der Irrenanstalt wurde der Lettiner Weg bis dahin reguliert und chaussiert. Aber erst 1908 wurde das obere nördliche Stück vom Weinbergrestaurant bis zum Treffpunkt der Talstraße als neuer „Heideweg" oder als „Heidestraße" verbreitert und festgelegt, eine überbreite mehrfache Alleestraße auf Kosten vielen Ackerlandes des Gutes Gimritz.[39]) Sie war als die Hauptstraße eines neu zu erschließenden Villenviertels an der Heide geplant, die elektrische Bahn sollte vom Hettstedter Bahnhof oder vom Mühlweg über die Peißnitzbrücke die Heidestraße entlang fahren. — Dieser neue Heideweg ist 48 Meter breit (vorläufig 32 Meter) mit breitem Fußgänger-, Fahr-, Reit- und Radfahrweg versehen, mit fünffachen Alleereihen von Platanen und mit 3 Anlagestreifen. 1918 begann man auch das untere Stück südlich des Weinbergs zu kanalisieren und zu regulieren.

Anhang.

1. Die Saale floß damals seichter und ihr Spiegel lag tiefer. Das Wasser war noch nicht durch Schleusen und Wehre aufgestaut, auch verteilte sich ihre Wassermenge in eine Anzahl Nebenarme, sobald die Umgegend es gestattete. Der Strohhof z. B. lag um 6 Fuß mindestens tiefer denn heutzutage (s. d.). — 1a. Es wird ein Bischofsbrunnen im Dorfe erwähnt, und noch 1717 benutzt der Papiermühlenbesitzer Kermes die Quellen und Teiche im Garten eines gewissen Haaring zur Papierfabrikation. — 2. So eine Anzahl steinzeitlicher Urnen und Gerätschaften (Steinmeißel, Steinhammer, flache Urne mit Tupfverzierung (Bruchstücke), kleine becherartige Urne, Brandurne mit Knochensplitter usw.) — 3. Der Name kommt in ehemals slavischen Marken häufiger vor, so in unserer nächsten Nähe bei Merseburg. — 4. Ueber die vielen Streitpunkte, die der kriegerische Erzbischof mit der Stadt Halle um diese Zeit hatte vgl. Dreyhaupt I, 110. — 4a. Kermes wollte das Wasser des Brunnens 1713 für seine zu erbauende Papiermühle benutzen. — 5. Ueber die Wüstung Ersdorf oder Erichsdorf vgl. meine Wanderungen durch den Saalkreis Band I, S. 69. — 5a. Herzog in seinen Briefen zur näheren Kenntnis von Halle 1794. — 6. Der Pegelstand betrug 9 Meter; seit dem Jahre 1595 war dieser Stand nicht wieder erreicht worden. Der nächsthöchste vom Jahre 1830 blieb noch 1 Meter tiefer als der von 1799. Im Februar

1909 war 6,78 Meter der höchste Stand gewesen. — 7. Der Bericht des Schullehrers Braune in der Giebichensteiner Kirchturmkapsel übertreibt, wenn er „Mehr als die Hälfte“ Häuser angibt. — 8. Eine ausführliche Beschreibung des Kampfes gab ich in den „Wanderungen durch den Saalkreis“ Band I, S. 159 bis 164. Sumpfgelände und Engpaß, diese beiden strittigen Punkte, lassen mich noch heute die Ansicht Weißenborns (vgl. die Cröllwitzer Papierfabrik S. 106) ablehnen, es kommt nur die von mir angegebene Gegend in Betracht; für meine Ansicht sprechen auch die Begräbnisstätten der Toten. — 9. Es wurde 1908 die schöne prächtige Weißdornhecke, die den Fußweg von den Wiesen trennte, ausgerodet, dieser nördliche Fußweg wurde auf 6 Meter verbreitert, daneben wurde ein 3 Meter breiter Reitweg angelegt, auch wurden 34 Lindenbäume auf dem Fußweg angepflanzt. — 9a. Auch im Oktober 1813 wurde eine Schiffbrücke über die Saale durch die Russen geschlagen zwischen Peißnitz und der Fähre. — 9b. Vgl. Weißenborn, die Cröllwitzer Papierfabrik S. 129. — Am 26. September 1579 wollten einige Giebichensteiner vom Kindtaufen in Cröllwitz wieder über die Saale setzen, vermutlich ruhte die Fähre, da es wohl nachts war. So banden sie 2 Kähne zusammen, um so ans andere Ufer zu gelangen. Mitten im Strome rissen aber die Kähne voneinander, und so fielen 51 Personen ins Wasser, von denen 45 ertranken und nur 6 gerettet werden konnten — 10. Wollten Dampfer oder Schiffe die Brücke passieren, mußte ein Mittelstück aufgeleiert und herausgefahren werden. — 11. Die Pontonbrücke wurde nach Wettin verkauft, wo sie noch heutigen Tages über die Saale führt. — 12. Diese Cröllwitzer Bergschenke ist nicht zu verwechseln mit der alten Seebener Bergschenke am sogenannten Bergschenkenweg, die schon um 1700 nachzuweisen ist; vgl. über diese meine Wanderungen Band I. S. 241. — 12a. Nach Mitteilungen des Herrn Neuß. — 13. Unter „Musik“ verstand man die Zutat: Zucker, kleine Rosinen und Brotkrümeln, die in den Broihan getan wurden. — 14. Der Turm stand südlich vom Garten auf der höchsten Erhebung. Treppen stiegen von außen empor und führten an seinem fensterhellen Innenraum herum. Riesige Gesichter aus Stein gehauen trugen die Treppenausbuchtungen, ein grünes Helmdach mit langer Spitze krönte das Ganze. Da der Turm das später in seiner Nähe errichtete Bismarckdenkmal beeinträchtigte, wurde er im März 1917 durch die Stadt wieder abgerissen. — 15. Es ist eine Schöpfung des Bildhauers Juckow in Skopau. Der eiserne Kanzler steht als mittelalterlicher Recke mit dem Reichsschild vor sich, das Schwert in der anderen, die Wacht haltend, da. Der hohe viereckige Unterbau ist Granit, die Gestalt ist aus Sandstein; unter ihr die vielsagende Inschrift „Bismarck“. — 16. Das Grundstück hatte dem Vorbesitzer Richter 1902 mit An- und Neubauten sowie Inventar 278000 Mark gekostet. — 17. Nämlich Klosterstraße 7/8, Moritzkirchhof 4, Kleine Brunnenstraße 2/3, Talstraße 5, Oppiner Straße 5 und Böllberger Weg 116. — 17a. Die Erbauung von Papiermühlen war in Brandenburg-Preußen ein hohes Bedürfnis. Man hatte damals fast gar keine Druckereien im Lande. Die Lumpen wurden zum Nachteil des Landes in das Kurfürstentum Sachsen ausgeführt, das schon an 500 Papiermühlen (!) hatte. Man bezog das Papier aus Böhmen, Schlesien, Zwickau, Sachsen und von Ravensburg über Nürnberg. Die Buchhändler ließen ihre Bücher lieber in Merseburg, Delitz und Schleusingen drucken, da sie daselbst den Druck wohlfeiler bekamen. Siehe übrigens das treffliche Werk von B. Weißenborn, die Cröllwitzer Papierfabrik Halle 1914. — 17b. So legte er als einer der ersten den „Holländer“ an, eine Maschine zum Zerkleinern der Lumpen. — 17c. Die Stiftungen hatten im Laufe der Jahre an der Mühle eher zugesetzt als gewonnen, in den Jahren 1725 bis 1763 betrugen die Einnahmen 16560 Taler, die Ausgaben 18033 Taler. Die Kefersteins hatten sich aber kleine Güter (in Cröllwitz) und verschiedene Papierfabriken (so im Ilfelder Tal) erwerben können. — 17d. Das Nähere siehe Weißenborn: die Cröllwitzer Papierfabrik S. 73 und 74. — 17e. Vgl. Weißenborn 128. — Verhandlungen des Vereins zur Förderung des Gartenbaues in den königlich preußischen Staaten, N. R. III 1855 S. 111—117. — 17f. 1848 enthielt die Kasse schon 1016 Taler. Die Fabrik zahlte jährlich 100 Taler ein; die Arbeiter zahlten von jedem Taler nur $^1/_2$ Sgr. in die Kranken- und $^1/_4$ Sgr. in die Pensionskasse. — 17g. Vgl. das fleißige Werk Weißenborns S. 166. — 17h. 1912/13 produzierte man 12163325 kg Papier usw. für 3426250 Mark mit einem Bruttogewinn von 389745 Mark und verteilte 10 Prozent Dividende. — 18. Außer diesen Arbeiterwohnhäusern sind noch auf dem Fabrikgelände Wohnungen für Arbeiter vorhanden. Im ganzen sind in 9 Häusern 39 Wohnungen, 9 für Meister und 30 für Arbeiter eingerichtet. — 19. An die Ochsenberge, Ochsenfelder, Ochsenstiege, Ochsensteine knüpfen sich Sagen, welche uralte mythologische Bezüge verraten. Auf dem Ochsenberge am Solling prügelte einst der Teufel einen Korporal, der seine Braut verlassen hatte, weidlich ab (Donar war der Gott der Ehe!). Ein Ochsenstieg auf dem in heidnischer Zeit die Opfertiere auf den Berg getrieben wurden, zog sich westlich der Sachsenburg über den Kamm der Hainleite hin. Ueber den Osenberg im Oldenburgischen s. Grimm Deutsche Sagen Nr. 112. Vgl. auch meine Sagen der Stadt Halle und des Saalkreises. — 19a. Nach Mitteilungen des Herrn Neuß. — 20. Siehe hierüber auch meine Wanderungen Band I Seite 67 und 68. — 21. Diesen direkten alten Lauf nimmt noch heutigen Tages das Hochwasser auf, in der Tiefe findet man noch Saalsand. Freilich wird jetzt der ursprüngliche Stromlauf durch vorgelagerte Aschenberge der Papierfabrik immer mehr abgedämmt. — 22. Vgl. das Nähere in meinen Wanderungen Band I S. 69--71. — 23. Vgl. dazu meine Sagen der Stadt Halle usw. über den „Saalaffen“ und über die Sage vom Schwalchloch. — 24. Vgl. darüber die Wanderungen Band I S. 87. Das Gelände heißt hier die Lochbreite, etwa als Breite des Loches, der Senkung, zu deuten oder als Lohbreite, eine ursprüngliche Waldbreite. — 25. Diese pyrotechnische Kunstanstalt und Kunstfeuerwerkerei, ihre Fabrik, ihr Lager, aller Arten Salon-, Land- und Wasserfeuerwerk wurde bereits 1836 gegründet. — 26. Ein einsamer etwa 1 Meter hoher Stein steht von alten Zeiten her auf der Mitte der Nordseite des großen Brandberges aufgerichtet. Erinnert er vielleicht an die verhängnisvollen Oktoberkämpfe des Treskowschen Regiments im Jahre 1806 oder ist er ein mittelalterlicher Grenzstein oder gar noch ein Menhir? — 27. Sie zogen sich über 10 Jahre hin: die Gemeinde Cröllwitz hatte den Bauplatz geschenkt, einen Beitrag von etwa 60000 Mark. Dazu waren 10000 Mark durch Legate und Schenkungen vorhanden. Doch der Fiskus weigerte sich, sein Patronat über die neue Kirche und damit den Patronatsbeitrag anzuerkennen, der etwa 34000 Mark betrug. Endlich wurden vom Kaiser 20000 Mark bewilligt. — 28. Die Statue des segnenden Christus in der Kirche wurde 1913 durch den Bildhauer Horn modelliert und durch eine Schenkung in gutem Material ausgeführt, für das Innere der Kirche spendete z. B. die Cröllwitzer Papierfabrik 4000 Mark. — 29. In dem Inventar des Castrum Gebichensteyn ao 1464 werden 550 Schafe „in der Futterunge in Krolleswitz“ erwähnt, ebenfalls in späteren Inventarien. Auch standen hier die Teiche schon seit früherer Zeit, so will Kermes 1713 (12. 12) die Teiche an der Kreuzschäferei durch eine Röhrenanlage mit seiner künftigen Papierfabrik verbinden. Auch der Name „Kreuzschäferei“ ist alt. — 30. Dieser Weinberg war nicht der Waisenhäuser Weinberg, der den Franckeschen Stiftungen gehörte. — 31. Das Nähere über diese Höhle siehe Wanderungen Band I S. 72. Zwei Brüder sollen sich hier gegenseitig das Leben genommen haben. Dies beliebte Sagenmotiv haftet z. B. auch an zwei uralten Kreuzritterleichensteinen zu Freckleben bei Aschersleben Vgl. übrigens auch meine „Sagen der Stadt Halle und des Saalkreises“. — 32. Der Stadtrat Justizrat Fiebiger (gestorben 26. 10. 1882) gründete mit Dr. Thamhayn u. a. den Verschönerungsverein

1865. Er trug sehr zur Verschönerung der Umgebung Halles bei vgl. Topographie Band II die Würfelwiese. — 33. Genzmer verließ 1904 Halle, nachdem er sich große Verdienste auch um die gärtnerische Verschönerung unserer Stadt erworben hatte. — 34. Das Grundstück mußte durch die Verbreiterung der Talstraße einen breiten Streifen, fast 1000 qm, abtreten, wofür die Stadt 19 720 Mark Entschädigung zahlte. — 34 a. Es sollen die besten Schießstände in der Provinz für Pistolen-, Hasen-, Hoch- und Schwarzwild-Schießen sein; für kurze und weite Entfernungen dienen 16 Scheiben. — 35. Der Missetäter war der Gürtlermeister Lindner aus Schkeuditz. Er hatte seinen Schwiegervater, einen hiesigen Tischlermeister, vergiftet. Das Volk erzählte sich, Lindner sei vollständig unschuldig gewesen, seine Schwiegermutter habe ihren Mann mit Eierkuchen vergiftet. Zum Gedächtnis seiner Unschuld habe man die Bäume auf den Hügel gepflanzt (!). — 36. Die Wilde Saale zweigt sich oberhalb Halle an der Südspitze der Pulverweiden von der Hauptsaale ab, fließt unter der Elisabethbrücke dann westlich vom Sandanger und der Peißnitzinsel entlang und mündet an der Nordspitze der Peißnitz kurz vor der Cröllwitzer Brücke wieder in die Hauptsaale. Sie führt ihren Namen wegen ihres scharfen, gefährlichen Laufes. — 37. Leider hat jetzt dieses malerische Stückchen Erde sehr durch die Verbreiterung des neuen Heideweges gelitten. — 38. Auf dem Gelände dieses Waisenhäuser Weinberges hat man wiederholt vorgeschichtliche Funde geborgen, die der Steinzeit und auch späteren Perioden angehörten. 1826 ist der Waisenhaus-Weinberg noch mit 1 Haus und 6 Einwohnern registriert. — 39. Etwa 12 Morgen wurden dem Gimritzer Gute 1908 entzogen, ebenfalls noch 1 Morgen am Weinberge.

IV.

Gimritz.

Gimritz und Peißnitz.

Die Peißnitzinsel, auf deren südlicher Spitze das Gut Gimritz liegt, erstreckt sich etwa 2500 Meter lang und durchschnittlich 200 bis 300 Meter breit in südnördlicher Richtung zwischen der Haupt- oder Schiffssaale im Osten und der Wilden Saale im Westen. Die Insel, die sich um einige Felspartien entwickelt hatte, war Ueberschwemmungen stark ausgesetzt, auch war sie in alten Zeiten noch durch flachere Saalearme durchschnitten.[1]) So war die Insel unbewohnt, teils mit Waldgebüsch, teils mit Wiesen bestanden; darauf deutet auch ihr slavischer Name pusteniza „Einöde“, „Wildnis“. Das Heu ihrer üppigen Wiesen lockte einige Sorbenfamilien zur Ansiedlung, so entstanden erst seit dem 7. oder 8. Jahrhundert die paar Hütten auf der Südseite der Insel, die sich Gumniste (1135) nannten d. h. „Scheunenort“, deren Einwohner sich von Viehhalten und Fischfangen nährten. Gumno, Humno bedeutet Scheune: 1170, 1182 Gumeneste, daraus wird fälschlich Gumeriste und daraus Gimritz. Bereits 1238 tritt die Einschiebung des r in den Namen auf: Gummerit, das Vorwerk müßte eigentlich Gumnitz, Gömnitz heißen, ebenso wie die Pustenitzinsel richtiger Peußnitz genannt werden müßte, so hieß sie auch noch im 18. Jahrhundert „Beußnitz“.

In den schweren Zeiten der Bedrängnis des Slaventums durch die Franken mögen slavische Schutzbefestigungen auf der Mitte der Insel am heutigen Felsentor entstanden gewesen sein. Eine Menge kammverzierte slavische Scherben fanden sich auf dem Boden des heutigen Gartens des Lokals. Die Sage läßt sogar eine Entscheidungsschlacht der Sorben und Franken auf unserer Insel stattfinden, in welcher der letzte tapfere Sorbenhäuptling unterlag. Dieser Mildoach oder Melito, rex superbus (Chronikon Moissiacense) ist vielmehr östlich der Saale im Weriner Felde, einer Landschaft der alten Weriner zwischen Saale und Mulde, nach hartem Kampfe getötet worden. — Der kleine Sorbenort Gumeneste, der nur 4 Höfe und 3 Hufen zählte, gehörte wohl schon dem Grafen Gero von Alsleben, der durch Kaiser Otto II. nach einem Zweikampf auf der Rotenhorninsel bei Magdeburg mit des Kaisers Günstling Waldo daselbst enthauptet wurde.[2]) Durch Geros Tochter Athela kam auch unsere Sorbensiedelung nebst Umgegend an die

Grafen von Stade-Lleben. Ein Nachkomme war Graf Rudolf, dessen Witwe Richardis zu ihrer und der Kinder und des Grafen und seiner Vorfahren Seelenheil außer anderen großen Gebieten auch unser Gumeniste mit 3 Hufen und 4 Höfen nebst deren Leibeigenen dem Kloster Neuwerk schenkt, was am 6. Januar 1135 der Erzbischof Konrad bestätigt, ebenso Erzbischof Wichmann am 14. Februar 1182: „Das Dorf Gumeniste nebst der dabei gelegenen Wiese und dem Steinberge.“ [3]) Die Insel bestand damals zum größten Teil aus Weiden und Wiesen, die Felsenerhebungen um das heutige Felsentor (in der Mitte der Insel) waren als Steinbruch benutzt worden, dessen Spuren man ja noch heute deutlich verfolgen kann. Die Insel diente auch den Klosterbrüdern an heißen Sommertagen zur Erholung, indem man Kahnfahrten zu ihr hinüber veranstaltete.[4])

Zu Anfang des 13. Jahrhunderts erbaute das strebsame und tatkräftige Kloster auch bei der kleinen Gimritz-Siedelung eine Wassermühle, also an der Haupt- oder Schiffssaale. Ein Wehr, das ja heute noch an derselben Stelle existiert (von der Würfelwiese aus sichtbar), staute das Wasser des Stromes, so daß die deutschen Ordensritter, die sich südlich gegenüber auf dem heutigen Hafengelände (s. Band II A. S. 25) um 1200 niedergelassen hatten, großen Schaden an ihren tief gelegenen Ländereien wie Gehöften erlitten, indem diese jetzt sehr leicht vom Wasser überflutet wurden. Sie verlangten die Niederreißung der Mühle; endlich verglich man sich 1238 dahin, daß Mühle und Mühlendamm (Wehr) bestehen bleiben sollten, daß aber dafür die Brüder vom deutschen Hause (fratres domus teutonicae) samt ihren Höfen in Judendorf (Wüstung bei Schlettau) und Reideburg frei in der Mühle mahlen sollten.[5]) Der Streit erneuerte sich 1256 zu Ungunsten der Ordensritter: der Komtur Heidenreich mußte an das Kloster 10 Mark Silber zahlen und erklären, allen Ansprüchen des Freimahlens zu entsagen. 1369 wurde der alte Zank wegen des Mahlens in der Mühle durch einen Vergleich so beigelegt, daß der Komtur gemäß den früheren Privilegien wieder frei in der Mühle zu Gimritz mahlen durfte. 1462 erhielt das Kloster auch die Wiesen der Unter-Peißnitz (die also gegenüber der Potenizwüstung, der heutigen Schäferei, gelegen war) durch Erzbischof Friedrich; sie waren bisher Giebichensteiner Burglehen[6]) gewesen. Das Kloster gab dafür die Rathmars-Wiese an der Saale gegen Passendorf zu hin. — Unter Ober-Peißnitz verstand man jedoch die jenseits der Wilden Saale westlich gelegene alte Potenitz-Marke, die das Kloster 1472 ebenfalls eintauschte als Anger oder Viehtrift. —

Als das Neue Stift 1530 gegründet wurde, kamen das Vorwerk Gimritz wie die gesamte Peißnitzinsel nebst den anderen

Besitzungen des Klosters an das Neue Stift. Da die Schäferei auf dem Vorwerke sehr unbequem und eingeengt lag, gestattete Kardinal Albrecht am 12. 4. 1532 dem Neuen Stift, diese Schäferei zu verlegen und zwar auf die wüste Marke Potenitz, die ja schon als Viehweide benutzt wurde. So entstand die heutige Schäferei des Gutes Gimritz an der Wilden Saale, der unteren Peißnitz gegenüber. Am 19. 4. 1540 gab das Neue Stift das Vorwerk Gimritz nebst Schäferei und Mühle dem Rate der Stadt Halle in Erbpacht für 150 Gulden (der Gulden zu 21 Zinsgroschen gerechnet) auf Martinitag zu bezahlen. Nach Aufhebung des Stiftes gab der Kardinal unter denselben Bedingungen das Vorwerk nebst allem Zubehör an die Stadt; am 4. 7. 1592 bestätigte das Domkapitel zu Magdeburg nochmals den Vertrag. Seit dieser Zeit blieb bis 1821 das Vorwerk Gimritz samt Ländereien nebst Mühle, Schäferei und Peißnitzinsel im Besitz der Stadt Halle.

Der Dreißigjährige Krieg, namentlich das Jahr 1636, suchte auch das Vorwerk böse heim. Die Gutsgebäude wurden später notdürftig wieder aufgebaut, bis sie 1730/40 ganz neu erbaut wurden. Das stattliche Gut umfaßte außer den neuen Wirtschaftsgebäuden und der Mahl- und Oelmühle die große Schäferei an der Wilden Saale, die an 1000 Schafe zählte, 22 Hufen Land, teils vor Gimritz, teils zwischen Saale und der Heide gelegen, dazu 148 Acker Wiesenwachs, und die wüste Mark Peutnitz (die Obere Peißnitz) von 36 Acker, die ein Anger zur täglichen Viehtrift war, und ein Hopfen- und andere Gärten. Auch die Mühle hatte die Stadt 1732 ganz neu aufbauen lassen, sie hatte 4 Mahlgänge und 2 Räder (8 Ellen lang), eine Oelmühle mit doppelten Gängen wurde bald darauf angelegt, ebenfalls eine Schneidemühle. Die Wasserräder der Mühle waren wie üblich unterschlächtig und aufziehbare Panzerzeuge. Das obere Wasserrad arbeitete für die Handmüllerei, das untere für die Kundenmüllerei, so noch bis zum Jahre 1885. Die Mühle erzielte als Einnahmen 1725 insgesamt 620 Taler, 1731: 626 Taler. 1801 brannte sie ab; zu den Neubaukosten mußte der damalige Pächter Bartels 15000 Taler Kurant unverzinslich vorschießen und erst nach 2 Jahren durften jährlich 1000 Taler abgezogen und zurückerstattet werden. Es wurden täglich etwa 7 Tonnen vermahlen. Nach dem Neubau der Mühle betrugen 1803 die Einnahmen 650 Taler. 1821 ging sie wie der übrige Gimritzer Besitz in die Hände des Pächters Bartels über, denn damals mußte die Stadt wegen der schweren Schulden, die besonders in der Napoleonischen Zeit entstanden waren, außer anderem Besitz auch ihr Vorwerk Gimritz mit Mühle, Peißnitz, Schäferei usw. für ein Erbstandsgeld von 22530 Talern und einem 1853 mit 42036 Talern abgelösten Erbpachtskanon an den Giebichensteiner Domänenpächter Bartels veräußern.

Die schöne langgestreckte Insel, deren Nordhälfte ein Wäldchen und dann Wiesen bis zur Mitte (zum Felsentor) bedeckte (ungefähr 106 Morgen groß) — von da ab war alles dem Ackerbau dienstbar gemacht, so daß beiderseits der Birkenallee hohe Kornfelder wogten — war ein beliebter Ausflugsort der Studenten schon im 18. Jahrhundert. Ihnen verdankt wohl die Insel den jetzt immer mehr verschwindenden Namen „Nachtigalleninsel", der ihr offenbar im Gegensatz zu der oberen von Halle südlich gelegenen Raben- oder Kräheninsel gegeben war; ferner die Bezeichnung „Philosophengang" für jenen schattigen Weg, der auf der Insel der Saale entlang zur Nordspitze führte. Hertzog rühmte 1794 das kleine Wäldchen, „dessen größtes Verdienst heiliges Dunkel und stille Ruhe sei",[8]) indessen man auf dem Gute selbst, einer sehr besuchten Meierei, kühlende Milch genießen konnte. — Als im 19. Jahrhundert Gut und Insel Privatbesitz wurden, entstand da, wo jetzt das große Restaurant steht, ein kleines einstöckiges Aufseherhaus, ein „Jagdhof" des Besitzers, von einigen Buschanlagen und weiterhin von Wiesen umgeben. Hier konnte man Milch, wohl auch Kaffee erhalten, das man auf einfacher Naturbank an Holztischen verzehrte. Bei Unwetter gab ein Stübchen notdürftigen Unterschlupf. Der Amtsrat Bartels hatte in den Vierziger Jahren eine Menge künstlicher Anlagen geschaffen, er ließ das Felsentor wie die Grotten daselbst von wildem Wein und anderen Schlingpflanzen umranken und das Wäldchen durch verschlungene Pfade durchkreuzen. — Später verwilderte alles dieses wieder. Zu unserer Zeit lag die schöne Insel einsam und verlassen da, weder Fähre noch Brücke führte zu ihrer verzauberten Abgeschiedenheit hinüber, man landete nur mit der Gondel an ihr. Der einzige Zugang führte von der Eisleber Chaussee durch den Sandanger über eine kleine etwa 18 Schritte lange Brücke (Saubrücke) oder vom Lettinerweg rechts über die Gimritzer Gutsbrücke auf die Südspitze der Insel bezw. in das Gut. — Auch die Gutsgehöfte hatten sich unter den Besitzern der Bartelschen Familie sehr verbessert: ein neues Gutshaus im Stil eines kleinen Schlosses war erbaut worden, geschmackvolle Gartenanlagen entstanden, Ställe und Scheunen wurden erneuert bezw. erweitert.

Endlich 1887 am 14. 5. und 2. 7. ging das Landgut Gimritz nebst Insel und allem Zubehör wieder in die Hände der ehemaligen Besitzerin, der Stadt Halle, über mit einem Flächeninhalt von 398 ha 17 ar, mit Inventar, Wirtschafts- und Wohngebäuden und ebenfalls mit der darauf befindlichen Mühle und Stärkefabrik für 1105600 Mark. Die prächtigen Wald- und Wiesenflächen der Insel (26 ha 27 ar) sollten zu einem Stadtpark und zu einer Erfrischungsstätte der Bevölkerung umgeschaffen werden. Der verbleibende Rest von 371 ha 89 ar wurde auf 18 Jahre für jährlich 35500 Mark an den Gutsbesitzer Kohnert verpachtet.

Ungesäumt ging man an die Ausgestaltung des Parkes und an die Erbauung eines großen Restaurants. Man riß, diesem Platz zu schaffen, das alte kleine Aufseher- oder Gärtnerhaus nieder. Man errichtete dicht am Felsentor auf der nördlichen Einbuchtung ein provisorisch 2stöckiges Wirtschaftshaus mit je zwei Gastzimmern oben wie unten, und um einen bequemen Zutritt zu schaffen, legte man schon 1890 von der Ziegelwiese zu unserer Insel etwas südlich von der jetzigen Brücke eine Fähre mit Drahtseil (Pendelfähre) an (für 2500 Mark Taxwert). Dann wurde 1892/93 das große Gesellschaftshaus grade in der Mitte dicht östlich vom Felsentor und seinen Erhebungen errichtet, im Rücken von diesen buschigen Anlagen gedeckt, mit der Front auf den großen freien Kaffeegarten gerichtet, der südwärts von Boskets und einer Baumallee begrenzt war, und auf der Ostseite von den schönen weiten Wiesen, die durch einzelne prächtige Bäume oder Baumgruppen unterbrochen waren, begrenzt. 1500 qm groß ist die bebaute Fläche des Hauses, hohe und weite bogige Unterkellerungen schützen es gegen die Ueberschwemmungen; ein breiter Treppenaufgang führt auf der Südseite empor, rechts zu einer kleinen offenen Veranda, links auf eine freie halbkreisrunde Bastei, auch mit Tischen und Stühlen für die Gäste und gradaus in den großen Gesellschaftssaal, dem sich auf der linken (westlichen) Seite die kleineren Gesellschaftszimmer anschließen. Das Gebäude ist 2stöckig, in seiner Mitte erhebt sich ein viereckiger Turm mit hohem spitzen Dach, der einen schönen Umblick über die Insel und ihre Umgebung gewährt. Die westliche Haushälfte ist als anmutiger Giebelbau gestaltet, die östliche ist mit einfachem Satteldach versehen. Der Hauswert nebst Inneneinrichtung betrug 155 960 Mark (1914). Ein großer Gesellschaftsgarten dehnt sich von der Ostseite auf die Südseite bis zum Felsentor entlang. Die Wirtschaft wurde verpachtet, in den ersten Jahren für 25 000 Mark. Jedoch ging die Pacht bald auf 15 000 Mark zurück, als nämlich die Gemeinde Cröllwitz jene Brücke von der Insel nach dem Weinbergufer, die sogenannte Weinbergbrücke, baute, also daß die Gäste über die Peißnitz, durchs Felsentor sofort auf diese Brücke und das jenseitige Ufer erreichen und nun den Weinberg oder die Heidelokale besuchen konnten. Auch die Eröffnungen bezw. neuzeitlichen Umbauten und Vergrößerungen anderer Wirtschaften, wie z. B. die der Bergschenke und jener Heidelokale zogen weitere Gäste ab, so sank die jährliche Pacht zuletzt bis auf 6000 Mark ab.

Erst 1899 wurde die schon 1895 geplante Peißnitzbrücke von der Ziegelwiese zur Insel hinüber errichtet. Hüben und drüben wurde je ein Pfeiler bis auf 7 m Tiefe, bis auf Porphyrfelsen hinab fundiert. Auf jedem Pfeiler erhoben sich 2 eiserne Masten, zwischen denen sich der guirlandenhafte eiserne Ueberbau, 350000 kg schwer, etwa 5 m hoch über der Saale ausspannte. Die Brücke ist dreiteilig, das hängende Mittelstück ist 66 m lang, der Auf- bezw. Niedergang zu und von den eisernen Masten ist mit einem auf- und niedergespannten Geländer versehen. Die Breite der Brücke mißt 8,80 m und zwar die Fahrstraße 4,5 m und jeder Fußweg 2,15 m. Die Gesamtbaukosten betrugen 285904 Mark. Ein Brückenhäuschen am westlichen Ausgang, also auf der Insel bereits, diente zur Brückengeldeinnahme.

1903 stellte man die große Kolonnade, die den Gesellschaftsplatz nach Süden begrenzt, zu Pfingsten fertig und zwar für 12800 Mark. Um dieselbe Zeit begann man allmählich die Felder rechts und links der großen Birkenallee, die vom Gute Gimritz direkt auf die Restauration führt, zu beseitigen. Das Gelände wurde in Rasen- bezw. Parkanlagen gelegt, so daß sich das Parkterrain auf 39,50 ha erhöhte (1910). Auf diesem neugewonnenen Raume erstand 1909 der Lawntennisplatz und zwar auf der Westseite, an der Wilden Saale, südlich vom Felsentor — 1911 wurde das übrige 59000 qm große Ackerland zwischen Birkenalle und Wilder Saale als Spielwiese umgewandelt, zugleich eine kleine Hausanlage zum Schutz gegen Unwetter usw. geschaffen. — Auch der östlich der Birkenallee gelegene Acker wurde 1913 zur Spielwiese umgeschaffen, eine Laufbahn, eine Hindernislaufbahn und zwei Tamburinplätze wurden angelegt.

Der Südteil der Insel und das Gut hatten ebenfalls verschiedene Verbesserungen erfahren. Das Gut schätzte man 1897 auf 1009677 Mark, seine Größe auf 370 ha 11 ar, seine Nutzung auf 40866 Mark; eine Mühle und eine Stärkefabrik gehörten dazu. Die Taxe der Gutsgebäude betrug 329487 Mark. 1907 erneuerte man das Herrenhaus für 25200 Mark, eine neue Feldscheune kostete 6311 Mark, ein viel umstrittener großer Kuhstall entstand zwischen den beiden Gutseingängen.

Die Gimritzer Gutsbrücke über der Wilden Saale, die vom Gute auf den Lettiner Fahrweg führt, war schon 1898 erneuert worden. Die alte schmale Holzbrücke wurde abgerissen, eine neue Brücke, 35 m lang, mit einer Fahrbahn von 5,40 m und zwei Bürgersteigen von je 2,81 m Breite wurde geschaffen (Kostenanschlag 75000 Mark). Zugleich legte der Verschönerungsverein passende Anlagen hier an. 1911 schuf man einen breiten Promenadenweg von dieser Gimritzer Gutsbrücke bis zur Sandbrücke, also auf der südlichen Spitze der Insel, nördlich vom Sandanger. Der Wirtschaftsgarten und der Park des Gutes wurden durch ein leichtes Drahtgitter abgegrenzt.

Die Gimritzer Mühle wurde 1897 völlig umgebaut, sie erhielt nur ein Wasserrad mit 50 P.S. und ihr Gerinne wurde erneuert. Größere innere Umbauten wurden 1908 bewerkstelligt, so daß täglich 10 Tonnen vermahlen werden konnten; auch wurden die neuesten Maschinen verwendet. Ein Silo in Holz neben der Mühle vermag 100 Tonnen zu fassen. Die Mühle verarbeitete nun jährlich an 3500 Tonnen, wovon etwa 700 Tonnen das Stadtgut lieferte, das übrige muß hinzugekauft werden und zwar wurde ein Viertel Weizen und drei Viertel Roggen vermahlen. Die Gesamtunkosten für die Tonne betragen 12 Mark. Das Personal war 1 Geschäftsführer, 1 Buchhalter, 1 Obermüller, 2 Müller, 2 Arbeiter und 2 Knechte.[9])

Auch der Rudersport blühte an unserer Insel und zwar auf ihrem Ostufer, an der Haupt- oder Schiffssaale auf. Unterhalb der Mühle auf dem Mühlwerder erstand noch ein zweites Bootshaus, nachdem das erste der Ruderklub von 1874 (ehemals „Nelson") noch unterhalb des Mühlenwerders im lauschigen Grün der Bäume errichtet hatte.[10])

Der Gebäudekomplex des Gimritzer Landgutes liegt auf der Südspitze der Insel an der Hauptsaale. Zwei Eingänge führen in ihn, beide auf der Westseite gelegen. Der südliche führt in den geräumigen Gutshof, der von älteren (so im Osten) und neueren Stallungen umgeben ist, auf der Südseite nach der Saale zu erhebt sich das einfache aber geschmackvolle Gutshaus in grauem Zementputz, ihm gegenüber ein älteres Wohnhaus; der nördliche altertümliche Eingang, ein hoher gotischer Bogen, leitet in den Mühlenhof; hinter dem vorliegenden alten Bau ragt die moderne in Backstein erbaute Mühle vor. Dieser Teil gewährt noch, wenn man durch das Tor eintritt, einen malerischen altertümlichen Anblick.[11])

1900 wurde der Gutsbezirk Gimritz wie die Dörfer Giebichenstein, Trotha und Cröllwitz der Stadt Halle einverleibt, er brachte der Stadt 203,48 ha und 78 Einwohner zu.

V.

Der Sandanger und die Große Ratswiese.

Der Sandanger erhielt seinen Namen wegen des sandigen Untergrundes seiner Wiesen. Er liegt, wenn man die Elisabethbrücke passiert hat, gleich rechts (nördlich), eine Insel, die von zwei Armen der Wilden Saale umflossen wird, die sich im Norden zwischen Sandanger und Peißnitz wieder vereinen (durch die Saubrücke jetzt überbrückt).

Mit dem Uebergang des Landgutes Gimritz in die Erbpacht der Stadt wurde wohl auch, wenn nicht schon früher, der Sandanger Besitz von Halle. Die Insel war Wiese und Gehölz, gänzlich durch Wasser abgeschlossen, und war nur durch Kahn zu erreichen; die Hohe Brücke ging südlich von ihr mitten durch die Saale entlang und berührte sie nicht. Erst die neue Elisabethbrücke, 1843 erbaut (s. Band II A S. 10), berührte sie, ihre Südspitze, und jetzt erst wurde sie dem Verkehr zugänglich, indem man einen Wiesenweg bis zur Spitze (zur heutigen Saubrücke) anlegte. Um 1740 sehen wir noch ihre westliche Hälfte bewaldet;[12]) im 19. Jahrhundert ist das Gebüsch ausgerodet, Wiesen bedecken die Insel, von vereinzelten großen Bäumen wie Pappeln an der Ostseite beschattet. Dann wandelte man den Wiesenweg in eine Eschenallee um und noch etwas später verband man die Insel mit der Peißnitz durch eine kleine Holzbrücke, die Saubrücke. In dem neuen Jahrhundert wurde die Insel durch mancherlei Anlagen in Kultur genommen. Man schuf bereits 1904 einige Pflanzungen und den Fachwerkbau der Bedürfnisanstalt (für 3250 Mark.) 1908 legte man Gehölzpflanzungen (für 900 Mark) und eine Ligusterhecke (für 650 Mark) auf dem neu eingerichteten Spielplatz an, denn der westliche Teil der Insel wurde als Spielplatz für die Schulen Halles von jetzt ab bestimmt und die Ufer an der Wilden Saale wurden mit Weidengebüsch befestigt. Auch ein Lawntennisplatz, später noch mehrere andere, wurden an der Chausseeseite eingerichtet. — 1910 taxierte man den Sandanger auf 42149 Mark Wert und seine Größe betrug 8,10 ha.

Die Große Ratswiese. Das hallische Stadtgebiet erstreckt sich westlich, jenseits der Saale (der Wilden Saale) als ein Wiesengelände südlich vom Sandanger weiterhin, und zwar östlich von der Wilden Saale begrenzt, westlich durch Wassergräben vom Passendorfer Gebiet geschieden, fast bis zur Rabeninsel. — Die nördliche Hälfte dieses Wiesengeländes etwa bis zur Goldenen Egge gegenüber heißt die Große Ratswiese. Sie gehörte bereits im Mittelalter der Stadt Halle. Damals setzte sich daran südwärts die Zöllners Wiese und die Lucke, eine Wiese von 150 Acker. Die Lucke bestand aus Rohr- und Weidenwuchs an der Saale, sie lag zum Teil schon im Merseburger Gebiet, die Passendorfer Grenze ging hier entlang, siehe Grenzbeschreibung vom Jahre 1535 (Dreyhaupt II 942). Dr. Türck, der bekannte Kanzler Kardinal Albrechts, hatte sie nebst vielen anderen Neuerwerbungen zu seinem Rittergute Passendorf geschlagen. — Im 18. Jahrhundert diente die Große Ratswiese dem Fürsten Leopold von Anhalt und seinem Regiment zum Exerzieren. Am 23. 5. 1738 desertierten zwei Soldaten während des Exerzierens nach dem nahen Passendorf auf kursächsisches Gebiet. Der Fürst ließ sie sofort durch Offiziere zu Pferde einholen. Die Eingefangenen mußten um ihr Leben würfeln: der Verlierende wurde sogleich an einem Baum aufgehängt, nachdem der Regimentshenker und die Patres (die Deserteure waren französische Katholiken) geholt worden waren, während der andere auf den Bau nach Magdeburg, auf die Citadelle, kam.

Die Wiese war durch eine Anzahl Gräben auf der Westseite durchschnitten und begrenzt, die mit dem alten Saalarm, der sich von hier über Passendorf (wo er heute noch steht) über Angersdorf, Beuchlitz und Holleben hinzog.[13]) Ueber einen dieser Gräben führte die uralte kleine Markusbrücke zu der Hohen Brücke empor. Die Marx- oder Markartsbrücke (1475: Margkwartzbrucke) diente stets als Grenzbrücke, die sich jedoch noch innerhalb der Magdeburger Grenze befand (Dr. II 941). Den Namen empfing sie entweder von dem Patrizier Marquard Zistorp (oder Zugstorff), der hier in der Passendorfer Aue große Wiesenstrecken besaß, die er 1358 dem Pauliner Predigerorden schenkte, oder die Patrizierfamilie Marquard erbaute die Brücke, die im 14. Jahrhundert reichbegütert in Halle saßen.[14]) Am 7. 8. 1758 im dritten Jahre des Siebenjährigen Krieges schlugen hier 30 preußische Husaren die aus der Stadt geflüchteten Oesterreicher mit großer Tapferkeit in die Flucht und am 17. 10. 1806 mußten hier die zähe kämpfenden Preußen endlich der Uebermacht der Franzosen weichen, so daß diese auf der Hohen Brücke vordrangen und dadurch 2 Kompagnien Preußen auf den Pulverweiden abschnitten (s. Bd. II A S. 32). Als 1815 das merseburgisch kursächsische Gebiet preußisch wurde, ging auch das preußische Zollhaus, das an einem Tümpel bei der Eisleber Straße und der Hohen Brücke lag, ein. Hallische Bürger und Bürgerinnen, die das Kursächsische besucht hatten, mußten sich hier auf Kontrebande untersuchen lassen. Tabak, Zucker und besonders Porzellan wurden trotz alledem oft genug eingeschmuggelt.[14a]) Auch die Zöllner mögen nicht immer die redlichsten gewesen sein, so soll der letzte so manche Sünde auf dem Gewissen gehabt haben, daß er nach seinem Tode die Ruhe im Grabe nicht finden konnte. Zwar war er am Eingange des Granau-Nietleber Kirchhofs begraben, doch sein schadenfroher Geist wandelte jahrelang in der Nähe der alten Brücke und des dabei gelegenen Pfuhls um, bis die geängstigte Nachbarschaft einen katholischen Geistlichen eigens dazu herbeirief, den Unglückseligen in die Heide zu bannen, die er jetzt noch unsicher macht.[15])

Südlich der Großen Ratswiese erstreckt sich die sogenannte Glauchasche Wiese, die sich bis gegenüber vom Stadtgute (am Böllberger Weg) ausdehnt und die Grenze des hallischen Gebietes bildet. Angrenzend der Großen Ratswiese liegt die sogenannte Spitzwiese, die ebenfalls dem Magistrat der Stadt Halle gehört, beide Wiesen sind ::: t fast gleich groß, jede umfaßt etwa 10 ha oder 40 Morgen.[16]) Die Ratswiese wurde 1914 auf 44061 Mark abgeschätzt, die Spitzwiese auf 43723 Mark.

Schon 1913 wurde auf dem großen Wiesenkomplexe von dem Sächsisch-Thüringischen Reiter- und Pferdezuchtverein (s. Band II A S. 179) östlich von dem alten pappelnbesetzten Fahrweg die Pferderennbahn eingerichtet. Ein Zufahrtsweg wurde von der Stadt 1914 für 11575 Mark hergestellt. Rechts vom Eingang steht die große Tribüne, neben dieser rechts die offenen Tribünen, bei diesen die Totalisatoren. Platz II und III befinden sich im Norden des Wiesengeländes. — Das gesamte Wiesenterrain bis zur Saale dient als Rennbahn mit ihren verschiedenen Spezialitäten und Hindernissen (Flachbahn, Jagdbahn usw.). — 1921 fanden umfangreiche Neuerungen und Verbesserungen statt: der Neubau eines Boxenstalles mit 40 Boxen, hinter der Tribüne ein Sattelstall mit 12 Ständen, in denen sämtliche Pferde vor dem Rennen gesattelt werden müssen, eine Rennbahnuhr von 1 Meter großem Zifferblatt läßt die Zeit bis auf ein Zehntel Sekunde messen; die Gräben wurden bis auf 3 Meter im Lichten erweitert; zahlreiche neue und bessere Hindernisse wurden geschaffen; das Geläuf ist eines der besten, mit moosartigen Untergräsern dicht versehen; die Flachbahn erhielt für alle Strecken (1200 m, 1400 m, 1600 m, 2000 m, 2400 m und 2600 m) Startmaschinen.

Der verlassene pappelbesetzte Fahrweg ist ursprünglich die alte Lauchstedter Chaussee gewesen, die von Halle, von der Hohen Brücke, über die Markusbrücke in dieser Linie in Passendorf hineinführte, die alte Dorfstraße, nördlich vom alten Saalarme (ehemals der „Große Bach“ genannt) entlang, und die dann an den Berghäusern, an Schlettau vorbei usw. auf Lauchstedt zuging, Dieser alte Fahrweg war in unserm Auegelände gegen das Aushöhlen durch Hochwasser, dem er oft genug und sehr leicht ausgesetzt war, durch große dicke Steine wie durch einen Steinwall gegen die Wiesen geschützt; man konnte auch die wiederholten Wegverbesserungen durch Porphyr- und sonstige Steinaufschüttungen fast bis ins Dorf hinein verfolgen. Einige sehr starke deutsche Pappelbäume am Wege stammten noch aus jenen alten Tagen des Postverkehrs. Jetzt ist der Weg (in dem letzten Jahrzehnt) vielfach abgepflügt und zu Acker geworden; er, den noch Goethe und Schiller befahren haben und den unzählige Tausende von Studenten und Bürgern zum Theater nach Lauchstedt gewandert, gefahren, geritten sind. — Als die Bahn nach dem Städtchen gebaut war, gingen die Postfahrten auf unserer alten Straße ein. — Bei Hochwasser fuhr man die Nietleber Chaussee entlang, bog kurz vor dem Dorfe die alte Poststraße links ab, die bei den Berghäusern auf die Lauchstedter Straße mündet. Die alte Landstraße, die an einer Menge teils eingegangener Slavensiedlungen, aber auch an dem alten warinischen Holleben, einer starken Wasserfeste eines Burgwardiums vorbeiführte, und über das Merseburger Plateau nach Freyburg a. d. U., zuletzt über Eckartsberga, Erfurt, Eisenach nach Frankfurt a. M. zieht, ist eine uralte Handels- und Heerstraße gewesen, im späteren Mittelalter unter dem Namen Königs- oder Hohe Straße, früher als Frankenstraße bekannt. Die Heere der Karolinger wie der Merowinger waren sie zeitweise gezogen und der Salzexport hatte auf ihr aus dem Hall schon in der Hermundurenzeit stattgefunden.

Anhang.

1. So sah man vor etwa 10 Jahren deutlich ein solches flaches Saalebette mitten durch die nördliche waldige Hälfte der Insel sich hinziehen, es entstand durch die natürliche Strömung des Flusses bei Hochwasser. Es wurde durch Abtragung des Porphyrhügels bei Gelegenheit der Verbreiterung der Talstraße (gegenüber dem Kreuzgestüt) durch dessen Geröll ausgefüllt (1913/14). — 2. Der tapfere, tüchtige Mann war von seinen Feinden bei dem jähzornigen, leidenschaftlichen Kaiser wegen Hochverrats angeklagt worden. Ueber das Weitere siehe meine Wanderungen durch den Saalkreis, Band III S. 4. — 3. „Villam Gumniste cum prato adjacente monteque lapidum.“ — 4. Siehe meine Sagen der Stadt Halle und des Saalkreises Nr. 85: der heilige Lambertus rettet Ertrinkende. Uebermütige Scholaren fingen auf dem Wasser an, mit dem Kahn zu schaukeln, dieser schlug um. Die schon Ertrinkenden wurden durch Anrufen des heiligen Lambertus, des ersten konfirmierten Propstes des Klosters zum Neuen Werk († 1144), gerettet. Sie stiegen wohlgemut am Strande der Insel ans Land. — 5. Die Sache wurde auch in späterer Zeit wiederholt behandelt; so 1256 und 1369, da der Streitpunkt durch den Propst von St. Moritz als Schiedsrichter geschlichtet wurde. Deutschritter und Klosterbrüder waren nicht die besten und friedlichsten Nachbaren, wenn sie sich auch gegenseitig in Brüdergemeinschaft aufnahmen, vgl. Topographie Band II A S. 26. — 6. Die Wiesen hatten vor Zeiten ein Stiftsvasall Jürge Kröllwitz und die Landknechte inne gehabt. Sie waren 6 „gemessene Acker“ groß, etwa 38 Acker. — 7. Alte Verpflichtungen des „Freimahlens“ ruhten wie auf der Trothaer, der Böllberger so auch auf der Gimritzer Mühle, vgl. den Kaufvertrag des Kardinals mit der Stadt vom 19. 2 1541 (wöchentlich 35 Scheffel hallisch Maß). — 8. Der Verfasser der „Briefe zur näheren Kenntnis von Halle“ 1794. — 9. Vgl. Kriegenburg, das hallische Mühlengewerbe 1917 S. 94 und S. 107. — 10. Halle zählt (1915) 5 Rudervereine: 1. den Hallischen Ruderklub, 1895 gegründet, Bootshaus Holzplatz 6; 2. den Hallischen Ruderverein von „Böllberg“, 1884 gegründet, Bootshaus in Böllberg; 3. die Rudergesellschaft von 1874 (ehemals Ruderklub Nelson), 1874 gegründet, Bootshaus auf der Peißnitz; 4. Saale-Regatta-Verein, 1904 gegründet; 5. Touren-Klub Hallischer Canoe-Segler, Bootshaus Saalberg 11. — 11. Eine eingehendere Beschreibung der Gutsgehöfte wurde mir durch das taktlose Benehmen des Gutsinspektors verleidet, der sich soweit vergaß, daß er plötzlich erschien und, ohne sich meiner Frau und mir vorzustellen und die Berechtigung zu solcher Handlungsweise auf städtischem Grund und Boden darzulegen, in barscher Weise nach meinem Namen fragte und ihn wie den eines verdächtigen Spions oder Attentäters breitspurig in sein Notizbuch vor meinen Augen eintrug. Welche Sympathie wirbt solche Menschenkenntnis und solches Taktgefühl eines Landbewohners

für die Landwirtschaft und ihre Vertreter! — 12. Vgl. den Prospekt von Halle von J. C. Homann. — 13. Dieser alte Saalarm, vielfach jetzt Wiesengrund und mit Bäumen bepflanzt, ist noch heute deutlich zu verfolgen. Bei Angersdorf z. B. gleich nördlich sieht man ihn in ziemlicher Breite (etwa 25 Schritte) als Rasenstreifen, beiderseits von Weidenbäumen bestanden, von kleinen Dämmen eingefaßt, auch Ried und Wassertümpel finden sich noch vor. Dieser alte Saalarm ist die Fortsetzung des Mühlgrabens, der bei Hohenweiden von der Saale abbiegt, an Neukirchen, Rockendorf, Benkendorf, Holleben, Beuchlitz vorbeifließt und jetzt bei Beuchlitz plötzlich ostwärts in die Saale wieder einbiegt, während er noch im 18. Jahrhundert sich weiter in natürlicher Richtung nordwärts östlich unter Schlettau vorbei, an Angersdorf vorüber, dann nach Passendorf fortsetzte. — 14. Näheres über die bemerkenswerte kleine Brücke findet man in meinen Wanderungen Band I S. 131 und 132. — 14a. Um 1795 lebten in Passendorf 3 Kaufleute und noch ein Einwohner, die sich mit Porzellan und Glaswaren ihren Unterhalt verdienten. Da die Studenten am Zollhause nicht visitiert wurden, schmuggelten diese für ihre Wirte und Wirtinnen Zucker, Kaffee, Tabak und besonders Porzellan nach Halle ein. — 15. Vgl. Hagen, die Stadt Halle 1867 Band I S. 205. — 16. Früher war die Spitzwiese kleiner, sie umfaßte 29 Morgen und wurde für 230 Taler verpachtet (1868), während die Ratswiese 48 Morgen enthielt und 510 Taler einbrachte.

Stadtpläne
Halle a.d.S.
1895–1906–1920
Die Francke'schen Stiftungen
– mit Straßenverzeichnisse
und Umgebungskarte –
Verlag Rockstuhl

Weitere Bücher von Siegmar Baron von Schultze-Galléra
im Verlag Rockstuhl erschienen

Das mittelalterliche Halle
Band 1 von 2
Dr. Siegmar Baron von Schultze-Gallera
Tb., Reprint 1925, 456 Seiten, 49 Abb., Fraktur
ISBN 978-3-95966-122-5 **28,95 €**

Das mittelalterliche Halle
Band 2 von 2
Dr. Siegmar Baron von Schultze-Gallera
Tb., Reprint 1929, 572 Seiten, 93 Abb., Fraktur
ISBN 978-3-95966-123-2 **29,95 €**

Die Stadt Halle
Anfänge bis 1930
Dr. Siegmar Baron von Schultze-Gallera
Tb., Reprint 1930, 294 Seiten, Fraktur
ISBN 978-3-95966-115-7 **19,95 €**

Alte und neuere Gasthöfe von Halle
Dr. Siegmar Baron von Schultze-Gallera
Tb., Reprint 1928, 88 Seiten, Fraktur
ISBN 978-3-95966-119-5 **10,95**

Die Burg WETTIN und die Wettiner
Dr. Siegmar Baron von Schultze-Gallera
Tb., Reprint 1912, 72 Seiten, Normalschrift
ISBN 978-3-95966242-0 **9,95 €**

Die Burg WETTIN
Dr. Siegmar Baron von Schultze-Gallera
Tb., Reprint 1926, 72 Seiten, Fraktur
ISBN 978-3-95966-108-9 **9,95 €**

Schloß und Bad SEEBURG
Dr. Siegmar Baron von Schultze-Gallera
Tb., Reprint 1928, 78 Seiten, Fraktur
ISBN 978-3-95966-118-8 **9,95 €**

Häusernamen und -wahrzeichen
Dr. Siegmar Baron von Schultze-Gallera
Tb., Reprint 1929, 116 Seiten, 12 Abb., Fraktur
ISBN 978-3-95966-117-1 **12,95 €**

Dunkel- und Nachtleben 18. Jahrh.
Dr. Siegmar Baron von Schultze-Gallera
Tb., Reprint 1930, 104 Seiten, Fraktur
ISBN 978-3-95966-120-1 **12,95 €**

Unterburg Giebichenstein
Dr. Siegmar Baron von Schultze-Gallera
Tb., Reprint 1913, 138 Seiten, Fraktur
ISBN 978-3-95966-128-7 **12,95 €**

GIEBICHENSTEIN
Dr. Siegmar Baron von Schultze-Gallera
Alte Burg - Oberburg - Unterburg
Tb., Reprint 1933, 90 Seiten, 9 Abb., Fraktur
ISBN 978-3-95966-107-2 **9,95 €**

Halle im Rokoko (1730 bis 1780)
Dr. Siegmar Baron von Schultze-Gallera
Tb., Reprint 1935, 86 Seiten, Fraktur
ISBN 978-3-95966-114-0 **9,95 €**

Weitere Bücher von Siegmar Baron von Schultze-Galléra im Verlag Rockstuhl erschienen

Sagen Stadt Halle Saalkreis
Dr. Siegmar Baron von Schultze-Gallera
Taschenbuch, 310 Seiten, 108 Sagen, Fraktur
ISBN 978-3-95966-106-5 19,95 €

Sagenbuch Stadt Halle
Dr. Siegmar Baron von Schultze-Gallera
Taschenbuch, 142 Seiten, 108 Sagen, Fraktur
ISBN 978-3-95966-105-8 12,95 €

Petersberg und sein Augustiner Chorherrenstift
Dr. Siegmar Baron von Schultze-Gallera
Taschenbuch, 60 Seiten, 10 Abb., Fraktur
ISBN 978-3-95966-176-8 9,95 €

Saal-Kreis Wanderbuch
von Dr. Siegmar Baron von Schultze-Gallera

Band 5– 1924
Dr. Siegmar Baron von Schultze-Gallera
Taschenbuch, Reprint, 270 Seiten, 37 Zeichnungen von Alfred Weßner-Collenbey.
Original: Wanderungen durch den Saalkreis.
ISBN 978-3-95966-239-0 17,95 €

In Vorbereitung:

Band 1– 1913
ISBN 978-3-95966-309-0

Band 2– 1914
ISBN 978-3-95966-310-6

Band 3– 1920
ISBN 978-3-95966-311-3

Band 4– 1920
ISBN 978-3-95966-312-0

Stand Februar 2018

Topographie oder Häuser- und Straßengeschichte der Stadt Halle a. Saale
Erster Band – Altstadt
Dr. Siegmar Baron von Schultze-Gallera
Taschenbuch, 308 Seiten, Fraktur
ISBN 978-3-95966-305-2 19,95 €

Topographie ...
Zweiter Band, erste Hälfte
Vorstädte und Stadterweiterungen, Südlicher Halbkreis
Dr. Siegmar Baron von Schultze-Gallera
Taschenbuch, 224 Seiten, Fraktur
ISBN 978-3-95966-306-9 19,95 €

Topographie ...
Zweiter Band, zweite Hälfte
Vorstädte und Stadterweiterungen, Nördlicher Halbkreis
Dr. Siegmar Baron von Schultze-Gallera
Taschenbuch, 262 Seiten, Fraktur
ISBN 978-3-95966-307-6 19,95 €

Topographie ...
Dritter Band (Schlußband)
Die Eingemeindungen der Stadt Halle: Giebichenstein, Trotha, Cröllwitz, Gimritz
Dr. Siegmar Baron von Schultze-Gallera
Taschenbuch, 214 Seiten, Fraktur
ISBN 978-3-95966-308-3 19,95 €

Stadtpläne Halle a.d.S.

1927 – 1943

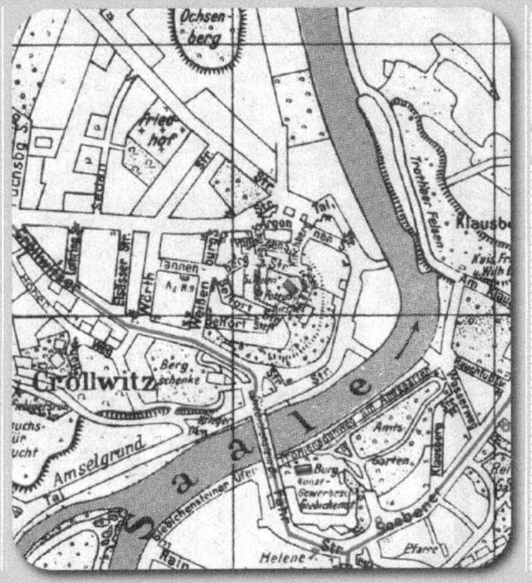

mit Straßenverzeichnissen

– Beilagen zum Halleschen Adreßbuch 1927 und 1943 –

A 4, 44 Seiten mit 35 Abbildungen, Spiralbindung

ISBN 978-3-95966-182-9 **19,95 €**

A 4, 48 Seiten mit 40 Abbildungen,
Spiralbindung
ISBN 978-3-95966-150-8 **19,95 €**